U0450383

本书受到国家社科基金资助和南昌大学"哲学社会科学学术精品培育"项目资助

地方行政层级改革中的市县关系
转型与优化

韩艺 著

中国社会科学出版社

图书在版编目（CIP）数据

地方行政层级改革中的市县关系：转型与优化 / 韩艺著. —北京：中国社会科学出版社，2023.11

ISBN 978-7-5227-2774-5

Ⅰ.①地… Ⅱ.①韩… Ⅲ.①地方政府—行政管理—研究—中国 Ⅳ.①D625

中国国家版本馆 CIP 数据核字（2023）第 234569 号

出 版 人	赵剑英
责任编辑	孔继萍　周怡冰
责任校对	王　龙
责任印制	郝美娜

出　　版	中国社会科学出版社
社　　址	北京鼓楼西大街甲 158 号
邮　　编	100720
网　　址	http://www.csspw.cn
发 行 部	010-84083685
门 市 部	010-84029450
经　　销	新华书店及其他书店
印刷装订	北京市十月印刷有限公司
版　　次	2023 年 11 月第 1 版
印　　次	2023 年 11 月第 1 次印刷
开　　本	710×1000　1/16
印　　张	18
字　　数	284 千字
定　　价	108.00 元

凡购买中国社会科学出版社图书，如有质量问题请与本社营销中心联系调换
电话：010-84083683
版权所有　侵权必究

目　录

第一章　导论 …………………………………………………………（1）
    一　问题的提出 ……………………………………………………（1）
    二　研究目的与研究意义 …………………………………………（4）
    三　文献综述 ………………………………………………………（5）
    四　研究思路与主要内容 …………………………………………（23）
    五　研究方法与技术路线 …………………………………………（25）

第二章　地方行政层级体制变革：历史回顾与战略分析 …………（29）
  第一节　市管县体制概述 …………………………………………（29）
    一　市管县体制界定 ………………………………………………（29）
    二　市管县体制的历史回溯 ………………………………………（32）
    三　市管县体制的动因、优点与问题 ……………………………（41）
  第二节　省直管县体制改革：提出及实践 ………………………（41）
    一　省直管县体制改革提出 ………………………………………（42）
    二　省直管县体制改革实践 ………………………………………（45）
  第三节　两种体制比较：战略分析 ………………………………（50）
    一　战略分析视角及框架 …………………………………………（50）
    二　市管县体制的 PEST – SWOT 分析 …………………………（51）
    三　省直管县体制的 PEST – SWOT 分析 ………………………（59）
  第四节　两种体制战略分析比较结论及发现 ……………………（68）
    一　结果归总与关系类型 …………………………………………（68）
    二　比较结论及发现 ………………………………………………（71）

第三章　市县关系：理论分析与现实考量 …………………… (77)

第一节　市县关系：一个概述 ………………………………… (77)
　　一　市县关系研究缘起 ………………………………………… (77)
　　二　市县关系：界定、标准及分类 ……………………………… (98)
　　三　当前中国市县关系：类型、转型与优化 …………………… (107)

第二节　国外市县关系考察 …………………………………… (111)
　　一　美国 …………………………………………………………… (111)
　　二　日本 …………………………………………………………… (119)

第四章　地方行政层级改革进程中的市县关系：总体框架 ……… (126)

第一节　地方行政层级改革进程中的市县关系研究：
　　　　　　一个分析框架 ………………………………………… (126)
　　一　社会科学研究中的框架、理论与模型 …………………… (126)
　　二　市县关系分析框架 ………………………………………… (133)

第二节　市县关系：基于理论的维度、类型与因子研析 ……… (140)
　　一　府际关系理论之关系维度、关系因子与关系类型 ……… (140)
　　二　组织间关系理论之关系维度、关系因子与关系类型 …… (143)
　　三　关系维度、关系类型与影响因子归总 …………………… (150)

第三节　市县关系演化模型分析：维度—因子—类型 ………… (152)
　　一　三个时期的市县关系嬗变及模型分析 …………………… (152)
　　二　归类与总结 ………………………………………………… (159)

第五章　省直管县体制改革试水期—过渡期的市县关系：
　　　　　　验证与对策 ……………………………………………… (163)

第一节　试水期—过渡期的市县关系：一个概览 …………… (163)
　　一　试水期—过渡期 …………………………………………… (163)
　　二　试水期—过渡期的市县关系——基于政策文本考量 …… (174)

第二节　试水期—过渡期的市县关系验证与结论 …………… (183)
　　一　试水期—过渡期的市县关系验证 ………………………… (183)

二　结论 ……………………………………………………… (211)
　第三节　试水期—过渡期的市县关系转型与优化 ……………… (214)
　　一　因子与对策点分析 ………………………………………… (214)
　　二　主要对策建议 ……………………………………………… (217)

第六章　结论与展望 ……………………………………………… (230)
　第一节　本书的主要结论 ………………………………………… (230)
　　一　市县关系研究缘起 ………………………………………… (230)
　　二　市管县体制与省直管县体制并非绝对排他和完全
　　　　替代关系 …………………………………………………… (231)
　　三　地方行政层级改革进程各个阶段都涉及市县关系 ……… (234)
　　四　市县关系研究囊括关系的实质、性质和内容 …………… (235)
　　五　市县关系可进行"框架—理论—模型"研究设计 ……… (237)
　　六　省直管县体制改革试水期—过渡期的市县关系问题
　　　　多元复杂 …………………………………………………… (239)
　　七　省直管县体制改革试水期—过渡期的市县关系
　　　　调查结果与发现 …………………………………………… (240)
　　八　省直管县体制改革试水期—过渡期的市县关系
　　　　优化路径 …………………………………………………… (240)
　　九　地方行政层级改革进程中的市县关系嬗变机理 ………… (242)
　　十　从体制改革走向府际关系、关系管理与府际治理 ……… (246)
　第二节　展望：未来的市县关系 ………………………………… (247)
　　一　未来市县关系的基本走向 ………………………………… (247)
　　二　城市化与区域化背景中的市县关系 ……………………… (253)

参考文献 ………………………………………………………… (260)

后　记 …………………………………………………………… (281)

第 一 章

导 论

一 问题的提出

作为一国行政制度乃至国家制度的重要组成部分，地方行政层级指的是纵向间的政府职能分工、权责结构与关系模式，事关地方治理绩效。中华人民共和国成立以来，一直在探索适合中国国情的地方行政层级体制，其间，历经了大区（管辖若干个省、自治区或直辖市）、专区（省与市县间的管辖机构）①、市管县体制、省直管县体制改革探索的过程。鉴于大区只是短暂实行过，专区历经了虚—实—虚的变迁，最后融入了市管县体制，因此，地方行政层级变革主要体现为由全面推行市管县体制（1983—2004 年）到省直管县体制试点（2005—2016 年），其间，全国范围内大致历经了"市管县体制"—"省直管县体制改革试点"—"市管县体制与省直管县体制改革并存但以市管县为主"的发展阶段。

1983 年开始在全国范围内推行的"市管县体制"②，一定程度上发挥了满足城市蔬菜和副食品供应、壮大中心城市和以城带乡的作用，但也存在"市刮县""市压县""市挤县"等限制县域经济发展、县乡财政困难及"城乡悖论""财政悖论""效率悖论"③ 等问题。因此，关于改革传

---

① 关于大区、专区的设立、撤销与变更过程，详见本书第二章内容。
② 中华人民共和国成立后最早推行的市管县体制中的"市"指的是直辖市和较大的市，但随后经过地市合并、撤地建市改革形成了全国多数地区范围内地级市领导县的体制即"市管县体制"，本书研究中的"市管县体制"定位在地级市层面，即"地级市管县体制"。
③ 庞明礼：《"市管县"的悖论与"省管县"的可行性研究》，《北京行政学院学报》2007 年第 4 期，第 16—19 页。

统的市管县体制,实行省直管县的呼声越来越高。鉴于此,2005年,时任国务院总理温家宝在农村税费改革工作会议上指出:"具备条件的地方,可以推进'省直管县'和'乡财乡用县管'的改革试点。"2009年,财政部出台《关于省直接管理县财政改革的意见》。2011年,《中华人民共和国国民经济和社会发展第十二个五年规划纲要》指出,"在有条件的地方探索省直接管理县(市)的体制""扩大县域发展自主权,稳步推进扩权强县改革试点""推进市县空间规划工作,落实区域主体功能定位"。2012年,党的十八大报告提出,要"优化行政层级和行政区划设置,有条件的地方可探索省直接管理县(市)改革"。2013年,党的十八届三中全会指出,"优化行政区划设置,有条件的地方探索推进省直接管理县(市)体制改革""完善设市标准,严格审批程序,对具备行政区划调整条件的县可有序改市"。

省直管县改革最早源于海南省和浙江省。1988年,海南省建省便实行省直管县,一步到位构建起"省—市县—乡"三级地方行政管理体制;而1950年以来浙江省一直延续财政省直管县,特别是历经五轮扩权改革(1992年、1997年、2002年、2006年、2008年;前四轮为强县扩权改革,第五轮为扩权强县改革),义乌市也因此被称为"中国权力最大县",浙江人均收入连续27年居全国第一。[①]"海南先行"与"浙江经验"为后续省份改革提供了示范效应,自2005年国家层面的政策倡导后,全国大范围的省直管县体制改革探索逐步推进。根据课题组对所搜集到的省直管县改革政策文本的不完全统计,截至2016年,全国至少有22个省开展了不同程度的省直管县改革[②]。基本做法是:财政上省直管县,或试水强县扩权或扩权强县并试图逐步过渡到全面的行政上省直管县体制。大体上有三步走推进战略:第一步,省内试点单列。即在改革初期选取试点省份部分所辖县(市)进行强县扩权、扩权强县或者财政省直管县改革,其目的在于

---

① 吴金群等:《省管县体制改革现状评估及推进策略》,江苏人民出版社2013年版,第10页。

② 22个省指山东、江苏、安徽、浙江、福建、广东、海南、湖北、湖南、河南、江西、河北、山西、青海、陕西、甘肃、四川、云南、贵州、辽宁、吉林、黑龙江。鉴于省直管县与扩权强县和强县扩权改革交织,129份文本中包括扩权改革文本,即省直管县改革相关政策文本(详见第五章表5-1)。

通过扩权或财政省直管，壮大县域经济，缓解县乡财政困难。第二步，扩大试点规模。将省内单列试点扩展到其余县（市），发挥更大的政策效应。第三步，全面省直管县试点。选择部分经济发达的县（市）进行行政上的全面省直管，试图完全突破市管县体制，发挥省直管县在减少管理层级、增强县级财政实力、改善公共服务和提高行政效率等方面的综合效应。

随着省直管县改革的推进，市县①之间原有的纵向行政隶属关系被打破，面临着横向分治与合作的转型；同时转型中伴生的利益竞争与矛盾冲突、治理碎片化、区域性公共事务治理等问题的凸显又要求适时改进与优化市县关系。实际上，肇始于1992年浙江、2005—2016年全国多数省域探索的省直管县改革，本质上是试图通过地方行政层级变革达到市县横向分治合作与优化市县关系的目的。可见，省直管县改革既因市县关系问题而缘起，又始终面临着市县关系转型的挑战：市管县体制下市县纵向管理存在着"市卡县、市挤县"等潜在矛盾；省直管县改革过渡期市县纵横向关系出现分歧、竞争、矛盾甚至冲突；而地方治理及区域性公共事务又要求市县间展开横向合作治理。由此，市县关系特别是市县合作，不仅是以省直管县改革为核心的地方行政层级调整能否顺利推进的关键，更是关乎未来府际关系和地方治理绩效的基点。这表明，市县关系转型与优化已成为地方行政层级改革和地方治理中亟待解决的突出难点和重要课题。

实行省直管县，就是要打破市县间原有的行政隶属关系，使地方行政层级由"省—市—县"三级管理转为"省—市、省—县"二级管理，试图推行市县分治与合作治理。作为一项系统工程，省直管县改革涉及纵向层级体制变革、行政区划调整、财政体制改革、府际关系协调、政府职能转变等多个复杂内容，其中的一个突出难点即，市与原所辖县的关系转型、嬗变及新型合作关系的构建问题。然而，不论理论研究还是实务部门在很长一段时间内都主要聚焦于如何推进以省直管县为突破口的地方行政层级变革，对改革过程中最为突出和棘手的市县关系问题缺乏足够的关注。比如，市县关系在省直管县改革整个进程（试水期、过渡期、完成期）中将经历怎样的变迁，其

---

① 在中国，市有直辖市、副省级市、地级市、县级市和镇级市。鉴于市的复杂性以及本书研究主题，本书中市县关系的"市"界定在地级市层面，"县"则包括县和县级市，为表述便利，县级市一律用县指代。

类型、趋势、规律与因素（背后的因子）有哪些？特别是改革试水—过渡期的利益博弈中，市县关系面临哪些可能的矛盾与困境？市县如何重构各自角色以解决可能面临的矛盾甚至冲突？市县间如果解除行政隶属关系后，如何就解决跨界公共事务展开横向合作治理？未来新型的市县关系又将如何？市县如何有效融入都市圈与区域治理？为此，剖析市县关系转型与演变，特别是分析地方行政层级改革试水期—过渡期的矛盾困境，并有针对性地提供未来市县关系的优化策略，实属必要。

二 研究目的与研究意义

（一）研究目的

地方行政层级改革中的市县关系既是一项理论焦点，更是当前和今后地方治理所面临的重大现实问题。本书的预期目标在于：一方面，在一定程度上丰富和完善有关省直管县改革、府际关系特别是市县关系等领域的理论研究；另一方面，在对地方行政层级改革即省直管县试水期—过渡期的市县关系进行全面扫描分析的基础上，为市县关系的转型与优化提供建设性意见，同时勾勒未来市县关系的趋势与方向。具体看来，包括：

一是旨在系统分析地方行政层级改革进程中市县关系的历程阶段、演进逻辑、关系维度、关系类型、影响因子、关系模式，形塑市县关系演化模型，同时基于战略视角对未来市县关系进行前瞻，探寻市县关系从合治、分治再到共治的演进逻辑与规律，以丰富现有市县关系理论研究。

二是全面剖析省直管县改革试水期—过渡期市县关系转型中存在的突出问题和背后的影响因子，有针对性地提出市县关系转型与优化的因应对策。同时，基于未来战略趋势与情境，将市县关系放到区域治理、都市区治理、城市群协同、跨域治理中综合加以考察，形塑未来良性市县关系的路径与策略。

（二）研究意义

1. 理论意义

聚焦地方行政层级改革中的市县关系转型与优化这一极为重要但却未引起足够关注的研究主题，能够引发学界对市县关系这一改革难点问题的重视，起抛砖引玉作用。同时，通过重构涉及市县关系界定、类型、维度、因子等内容的市县关系理论将能够推进和丰富市县关系和府际关系研究。另外，本书借鉴 Ostrom（2011）关于"理论—框架—模型"制度分析思路构建起"关系维度—影响因子—关系类型"的研究设计与 SPP 分析框架，对于市县关系及府际关系领域的相关研究可能具有一定的拓展意义。

2. 实践意义

全面分析地方行政层级改革进程中市县关系面临的现实问题及未来挑战，将有利于解决省直管县改革试水期—过渡期出现的市县之间潜在非合作式对抗、地区分割、盲目竞争、撤县并区争执、跨界治理困境等问题，对于回应"是坚持市管县体制，还是推行省直管县改革"的争议、"省直管县为何进退两难"的疑惑、"下一步该如何选择"具有一定的启发意义。同时，市县关系转型与优化研究，对于促进市县适时加快各自职能和角色转变，建立起市县之间新型的共生、竞合关系，从而全面提升地方政府的治理能力、优化府际治理与促进区域合作具有一定的指导价值。

三 文献综述

（一）国内外相关研究

1. 关于府际关系

府际关系是政治学与公共行政领域的研究热点，国外对府际关系的研究起步较早。府际关系概念产生于 20 世纪 30 年代的美国，当时联邦政府为了有效应对经济危机，需要超越联邦主义下联邦与州泾渭分明的分权框架，实施联邦与州及地方政府间的合作。在这种情况下，既不打破美国宪法分权框架，又更为强调政府间互动关系运作以解决经济大萧条问题的"府际关系"应运而生。随后，府际关系（Intergovernmental Relations，IGR）一词逐渐出现在美国学术界和实务领域，但一直未有正式的概念界定[①]。1960 年，美国学者 Anderson 将 IGR 首次界定为："联邦系统中各类和各级政府单元间的系列行为与互动，包括联邦—州、州—州、州—地方、地方—地方、联邦—地方、市—县等主体间的涉及职能、利益和权力方面的诸

---

① Deil S. Wright. *Understanding Intergovernmental Relations*. California：Brooks/Cole Publishing Company，1988，p. 13.

如宪法的、法律的、财政的、职能的、政治的、立法的、行政的或者司法的关联。"① 府际关系研究的集大成者 Wright 在 Anderson 研究的基础上指出,府际关系是政治与行政关系。Wright 从政府单元的数量和种类、所涉及的公共官员的数量和种类、官员间互动的频率、官员行为态度的重要性、政策议题中财政议题的重要性这五个方面(特征)界定府际关系②。另一位美国学者 O'Toole 将 1960 年以来美国府际关系运作的重要特性概括为相互依赖(Interdependence)、复杂性(Complexity)与妥协(Bargaining)。③ 随后,府际关系研究在美国成为政治学与公共行政研究的热点领域,形成大量研究成果,早期研究代表人物主要有 Daneil J. Elazar④、David B. Walker⑤ 等人。20 世纪 90 年代以来,府际关系更是与地方治理(Local Governance)、区域主义(Regionalism)、大都市区治理(Metropolitan Governance)、协作性公共管理(Collaborative Public Management)、网络治理(Network Governance)等相结合,涌现出 R. A. W. Rhodes⑥、G. Stoker⑦、Laurence J. O'Toole⑧、

---

① William Anderson. *Intergovernmental Relations in Review*. Minneapolis: University of Minnesota Press, 1960, p. 3.

② Deil S. Wright. *Understanding Intergovernmental Relations*. California: Brooks/Cole Publishing Company, 1988, pp. 14 – 15.

③ Laurence J. O'Toole. "American Intergovernmental Relations: An Overview." in Richard J. Stillman II, *Public Administration: Concepts and Cases*. Boston: Houghton Mifflin Company, 2000, pp. 127 – 146.

④ Daniel J. Elazar. "The Shaping Intergovernmental Relations in The Twentieth Century." *The ANNALS of the American Academy of Political and Social Science*, Vol. 359, No. 1, 1965, pp. 10 – 21.

⑤ David B. Walker. "Intergovernmental Relations and the Well-Governed City: Cooperation, Confrontation, Clarification." *National Civic Review*. Vol. 75, No. 2, 1986, pp. 65 – 87.

⑥ R. A. W. Rhodes. *Understanding Governance: Policy Networks, Governance, Reflexivity and Accountability*. Buckingham: Open University Press. 1997.

⑦ Gerry Stoker. "Intergovernmental Relations." *Public Administration*, Vol. 73, No. 1, 1995, pp. 101 – 102.

⑧ Laurence J. O'Toole, Jr., Robert K. Christensen. *American Intergovernmental Relations: Foundations, perspectives and issues* (5th). California: CQ Press. 2012. Laurence J. O'Toole, Jr. "Treating Networks Seriously: Practical and Research-Based Agendas in Public Administration." *Public Administration Review*, Vol. 57, No. 1, 1997, pp. 45 – 52.

Agranoff & McGuire①、Richard C. Feiock②、J. Kincaid③、Stenberg & Hamilton④、J. Phillimore⑤、Erik-Hans Klijn⑥等一大批著名学者（详见第三章关于府际关系的文献分析）。

从国内看，大陆地区最早并未出现"府际关系"一词，而称为"政府间关系"。林尚立（1998）教授最早将我国政府间关系归纳为各级政府间和各地区政府间关系，具体分为静态的法律、制度关系及动态的政策、人际、行政调控关系；主要由权力关系、财政关系和公共行政关系三重关系组成。⑦这一时期，中央与地方关系（代表人物有辛向阳、薄贵利⑧等一大批学者）成为政府间关系研究的热点。但在中国台湾地区，对 IGR 的学术用语一直采用"府际关系"一词。2000 年，北京大学谢庆奎教授在国内大陆地区第一次启用"府际关系"一词，认为"府际关系即政府

---

① Robert Agranoff, Michael McGuire. *Collaborative Public Management: New Strategies for local Governments.* Washington, D. C.: Georgetown University Press, 2003. Robert Agranoff, Michael McGuire. "Expanding Intergovernmental Management's Hidden Dimensions." *The American Review of Public Administration*, Vol. 29, No. 4, 1999, pp. 352 – 369. Robert Agranoff, Michael McGuire. "Inside the Matrix: Integrating the Paradigms of Intergovernmental and Network Management." *International Journal of Public Administration*, Vol. 26, No. 12, 2003, pp. 1401 – 1422. Robert Agranoff. "Autonomy, Devolution and Intergovernmental Relations." *Regional & Federal Studies*, Vol. 14, No. 1, 2004, pp. 26 – 65.

② Richard C. Feiock. "The Institutional Collective Action Framework." *The Policy Studies Journal*, Vol. 41, No. 3, 2013, pp. 397 – 425. Richard C. Feiock. *Metropolitan Governance: Conflict, Competition and Cooperation.* Washington, D. C.: Georgetown University Press. 2004.

③ John Kincaid, Carl W. Stenberg. "'Big Questions' about Intergovernmental Relations and Management: Who Will Address Them?" *Public Administration Review*, Vol. 71, No. 2, 2011, pp. 196 – 202. John Kincaid, Richard L. Cole. "Is the Teaching of Federalism and Intergovernmental Relations Dead or Alive in U. S. Public Administration?" *Journal of Public Affairs Education*, Vol. 22, No. 4, 2016, pp. 515 – 530.

④ Carl W. Stenberg, David K. Hamilton. *Intergovernmental Relations in Transition: Reflections and Directions.* New York: Routlege, 2018.

⑤ John Phillimore. "Understanding Intergovernmental Relations: Key Features and Trends." *Australian Journal of Public Administration.* Vol. 72, No. 3, 2013, pp. 228 – 238.

⑥ Walter J. M. Kickert, Erik-H. Klijn, Joop F. M. Koppenjan (eds.). *Managing Complex Networks: Strategies for the Public Sector.* London: Sage Publications Ltd., 1997.

⑦ 林尚立：《国内政府间关系》，浙江人民出版社 1998 年版，第 14—68 页。

⑧ 辛向阳：《大国诸侯：中国中央与地方关系之结》，中国社会出版社 1996 年版；辛向阳：《百年博弈：中央与地方关系 100 年》，山东人民出版社 2000 年版。薄贵利：《中央与地方关系研究》，吉林大学出版社 1991 年版；薄贵利：《集权、分权与国家兴衰》，经济科学出版社 2001 年版。

间在垂直和水平上的纵横交错关系,以及不同地区政府之间的关系",其赞同林尚立关于府际关系由权力关系、财政关系和公共行政关系构成的同时,认为还应加上利益关系。① 关于府际关系的向度方面,从纵向研究主导到逐步重视横向研究甚至斜向和网络关系研究：杨宏山（2005）指出,府际关系包括纵向、横向关系及斜向关系。② 蔡英辉（2008）认为,府际关系不仅表现为纵向和横向关系,还存在斜向关系。③ 陈振明（2003）指出,"所谓政府间关系是指中央政府与各级地方政府之间纵横交错的网络关系,包括纵向的中央政府与地方政府、各级地方政府之间的关系,还包括同级地方政府之间以及不存在行政隶属关系的非同级地方政府之间关系"。④

2. 关于省直管县改革

省直管县改革是地方行政层级乃至行政体制改革的重点,涉及省、市、县三级政府和部际关系,府际层面以省—市、省—县、市—县关系为主轴,部际关系以省—市—县三者各部门间互动为表现。"财政省直管县""强县扩权与扩权强县""扩大县域经济自主权"是具体改革方式。近年来随着省直管县改革的推进,学界对此展开了大量研究,截至2017年12月,在中国知网输入"省直管县""省管县""省领导县"进行篇名搜索,发现学界早在1988年业已对此开展研究,2004年之后大量研究成果涌现。

（1）对省直管县改革持不同立场的观点

梳理发现,关于省直管县改革,大致分为赞同派与质疑派。持赞同观点的有大量学者：孙学玉（2004）率先提出,省直管县（市）体制改革须因地制宜并与省级行政体制改革相配套。⑤ 薄贵利（2006）认为,省直管县体制在减少行政层级、提高政府管理效能、实现城乡协调发展和克服

---

① 谢庆奎：《中国政府的府际关系研究》,《北京大学学报》（哲学社会科学版）2000年第1期,第26页。
② 杨宏山：《府际关系论》,中国社会科学出版社2005年版,第2页。
③ 蔡英辉：《我国斜向府际关系初探》,《北京邮电大学学报》（社会科学版）2008年第4期,第40页。
④ 陈振明：《公共管理导论》,中国人民大学出版社2003年版,第144—145页。
⑤ 孙学玉：《省直管县市体制改革建议》,《瞭望新闻周刊》2004年第10期,第59页。

市管县体制的弊端方面有其现实需要性。① 张占斌（2009）认为，省直管县有利于提高行政、财政效率，有利于发展县域经济。② 姜秀敏、戴圣良（2010）从省直管县体制利于"城乡分治"和县域经济发展层面出发，提出省直管县体制改革是我国行政管理体制改革的突破口。③ 才国伟、黄亮雄（2010）④ 的实证研究证实了省直管县改革显著提高了县域的财政支出和经济增长速度。张占斌（2014）从我国城镇化发展趋势入手，认为省直管县改革无论对传统城镇化发展模式的修正还是对新型城镇化发展的变革均具有正相关作用。⑤ 郭峰、汤毅（2017）基于浙江、黑龙江、甘肃三省的县级面板数据，利用双重差分法进行评估发现，市管县体制削弱了县域经济增长率2.19个百分点，同时也削弱了县农民人均纯收入增长率5.05个百分点。⑥

也有学者对省直管县改革持质疑或谨慎态度。何显明（2004）认为，在政府职能和政府运作方式还很不规范，地方政府还在对地方经济社会发展进行强有力的行政干预的前提下，全面推行"省管县"体制并不一定能有效地解决市管县体制的弊端。⑦ 郑风田（2009）⑧ 认为，省直管县有可能严重阻碍城市化进程，有可能延缓我国经济规模的集中度，阻碍区域经济的分工与合作且省级政府面临较高的对县级监管成本。李金龙、马珍妙（2015）认为，市管县在经济欠发达地区具有一定的积极作用，不应该急于推行省直管县体制改革。⑨ 宁静、赵国钦、贺俊程（2015）以全国

---

① 薄贵利：《稳步推进省直管县体制》，《中国行政管理》2006年第9期，第29—32页。
② 张占斌：《省直管县体制改革的实践创新》，国家行政学院出版社2009年版。
③ 姜秀敏、戴圣良：《我国"省直管县"体制改革的阻力及实现路径解析》，《东北大学学报》（社会科学版）2010年第7期，第343—347页。
④ 才国伟、黄亮雄：《政府层级改革的影响因素及其经济绩效研究》，《管理世界》2010年第8期，第73—83页。
⑤ 张占斌：《新型城镇化进程中的省直管县改革研究》，《西南大学学报》（社会科学版）2014年第7期，第47—54页。
⑥ 郭峰、汤毅：《地域性城市与县域经济发展："市领导县"体制再评估》，《经济与管理研究》2017年第3期，第43—52页。
⑦ 何显明：《市管县体制绩效及其变革路径选择的制度分析——兼论"复合行政"概念》，《中国行政管理》2004年第7期，第70—74页。
⑧ 郑风田：《不宜神化"省直管县"》，《人民论坛》2009年第18期。
⑨ 李金龙、马珍妙：《行政省直管县体制改革的理性思考》，《湖南师范大学社会科学学报》2015年第3期，第19—26页。

县级数据为样本,采用 PSM-DID 方法分析得出,省直管县财政体制改革总体上不利于民生性公共服务水平的提高。① 刘佳、马亮、吴建南(2011)对 6 个省份的面板数据进行实证研究,发现省直管县改革对县级财政影响主要在改革当年,而改革后的年份均与财政自给率呈负相关。②

(2)案例分析、实证研究、文本分析类

一是对各地省直管县改革实践案例的研究。何显明(2009)剖析了浙江省从省管县体制到"强县扩权"改革再到"扩权强县"改革演进路线。③ 骆祖春(2010)对江苏省近三年关于省直管县财政体制改革的成效、问题进行实践调查并总结深入开展该项改革应完善的配套措施。④

二是实证研究。吴金群等人(2010)以我国 26 个省区为样本进行聚类研究,分析各省份改革困境并给予前瞻性意见指导。⑤ 马骁、冯俏彬(2010)以大省财政省直管县为样本对改革中的问题加以统计分析并提出建设性解决路径。⑥ 庞明礼、石珊、金舒(2013)对 H 省的 174 位财政局长进行访谈与问卷发放,归纳该省财政省直管县体制改革面临的困境与出路选择。⑦ 宁静、赵国钦、贺俊程(2015)考察了省直管县财政体制改革对民生性公共服务的影响。刘佳、吴建南、吴佳顺(2012)以河北省 136 个县(市)为样本,分析省直管县改革对县域公共物品供给的影响。⑧

三是以政策文本为研究对象,进行省际间的省直管县改革比较研究。周湘智(2009)在区分省直管县相关概念的同时对各省改革的模式及时

---

① 宁静、赵国钦、贺俊程:《省直管县财政体制改革能否改善民生性公共服务》,《经济理论与经济管理》2015 年第 5 期,第 77—87 页。
② 刘佳、马亮、吴建南:《省直管县改革与县级政府财政解困——基于 6 省面板数据的实证研究》,《公共管理学报》2011 年第 7 期,第 33—43 页。
③ 何显明:《从"强县扩权"到"扩权强县"——浙江"省管县"改革的演进逻辑》,《中共浙江省委党校学报》2009 年第 4 期,第 5—13 页。
④ 骆祖春:《省直管县财政体制改革的成效、问题和对策研究》,《经济体制改革》2010 年第 3 期,第 118—122 页。
⑤ 吴金群等:《省管县体制改革现状评估及推进策略》,江苏人民出版社 2013 年版。
⑥ 马骁、冯俏彬:《大省财政"省直管县"改革中的问题与对策》,《中国财政》2010 年第 4 期,第 49—51 页。
⑦ 庞明礼、石珊、金舒:《省直管县财政体制改革的困境与出路》,《财政研究》2013 年第 4 期,第 6—10 页。
⑧ 刘佳、吴建南、吴佳顺:《省直管县改革对县域公共物品供给的影响——基于河北省 136 县(市)面板数据的实证分析》,《经济社会体制比较》2012 年第 1 期,第 35—45 页。

间、批次、覆盖面等信息加以比较归纳分析，探讨省直管县体制绩效评价标准。① 吴帅（2010）从财权维度、事权维度及人事权维度对我国 22 个省开展的改革进行具体剖析。② 庞明礼、徐干（2015）以 22 个省的改革文本为样本，分析改革进程、改革目标、基本原则、主要内容及扩权方式，并据此提出相应的改革配套措施建议。③

（3）现状分析与未来展望类

一是以前人研究作为论据对省直管县改革遇到的瓶颈与未来发展态势进行分析。杨志勇（2009）归纳前人观点，以财政省直管县目标定位为中心，探析省直管县体制改革需要的动力机制即重建分税制财政体制。④ 李兆友、陈亮（2012）归纳学者们对市管县体制走向省直管县体制的选择原因，提出分权化操作与制度创新是省直管县体制改革的未来思路走向。⑤

二是省直管县体制改革现状与对策分析。杨德强（2010）以省直管县体制改革中各省的改革趋势为分析要点，主张处理好政府管辖区域内公共服务布局、重大建设项目安排、干部人才配备等五大条件。⑥ 徐继敏、杨静愉（2017）认为，目前省直管县存在推进速度慢、缺乏法律规范和配套改革等问题，认为下一步需要运用法治手段，重构各级政府的关系和完善相关的配套改革等。⑦

3. 关于市县关系

从国外看，地方自治、市县分治决定了其相关研究更强调市县之间、

---

① 周湘智：《我国省直管县（市）研究中的几个问题》，《科学社会主义》2009 年第 6 期，第 76—80 页。

② 吴帅：《"省管县"改革的维度与进度：基于政策文本的分析》，《北京行政学院学报》2010 年第 6 期，第 12—16 页。

③ 庞明礼、徐干：《"强县扩权"体制改革的文本分析》，《北京行政学院学报》2015 年第 4 期，第 18—30 页。

④ 杨志勇：《省直管县财政体制改革研究——从财政的省直管县到重建政府间财政关系》，《财贸经济》2009 年第 11 期，第 36—41 页。

⑤ 李兆友、陈亮：《从"市管县"体制到"省直管县"体制改革：一个文献综述》，《东北大学学报》（社会科学版）2012 年第 1 期，第 52—56 页。

⑥ 杨德强：《省直管县财政改革需要处理好五大关系》，《财政研究》2010 年第 3 期，第 52—53 页。

⑦ 徐继敏、杨静愉：《我国"省直管县"改革现状评估及进一步改革建议》，《广西社会科学》2017 年第 11 期，第 118—123 页。

多元治理主体之间的分治、合作与协同治理。Walker（1987）全面分析了市县政府间的合并与兼并、契约、协议、联盟等多种关系形式。① 国外市县关系领域，市县合并研究是重点。市县合并指的是将一个县和一个或多个市通过合并以形成单一的政府实体。关于市县合并形成了肯定与质疑两种态度不同的阵营。

一是肯定观点。认同派认为，分散的碎片化的政府无法解决城市扩张中产生的住房、环境和交通问题，不利于区域经济的发展。市县合并能够更有利于解决区域问题（Olberding，2002②），充分发挥规模经济的优势，减少大都市区内的不公平和收入差距、带来更民主的治理、促进经济发展和公平（Lowery，2000③；2001④），有助于解决多辖区间的经济萧条和非均衡发展问题（Hawkins，Ward & Becker，1991⑤），城市扩张和收入再分配问题得以缓解（Rusk，1993⑥）。Feiock认为，"市县合并可以消除管辖权力间的竞争，将发展视角置于区域整体层面，通过专业化管理，减少重复和浪费的市县资源配置，达到规模经济，降低政府服务的成本并提高服务质量与效率。"⑦

二是质疑观点。质疑派认为，政府组织的统一化不能促进经济发展（Carr & Feiock，1999⑧），市县合并会导致税收和支出的增加（Benton &

---

① David B. Walker. "Snow White and the 17 Dwarfs: From Metro Cooperation to Governance." *National Civic Review*, Vol. 76, No. 1, 1987, pp. 14 – 28.

② Julie C. Olberding. "Does Regionalism Beget Regionalism? The Relationship between Norms and Regional Partnerships for Economic Development." *Public Administration Review*, Vol. 62, No. 4, 2002, pp. 480 – 491.

③ Lowery D. "A Transaction Costs Model of Metropolitan Governance: Allocation VS Redistribution in Urban America." *Journal of Public Administration Research and Theory*, Vol. 10, No. 1, 2000, pp. 49 – 78.

④ David Lowery. "Metropolitan governance structures from a Neoprogressive perspective." *Swiss Political Science Review*, Vol. 7, No. 3, 2001, pp. 130 – 136.

⑤ Brett W. Hawkins, Keith J. Ward And Mary P. Becker. "Governmental Consolidation As A Strategy For Metropolitan Development." *Public Administration Quarterly*, Vol. 15, No. 2, 1991, pp. 253 – 267.

⑥ David Rusk. *Cities without suburbs*. Washington, DC: Woodrow Wilson Center Press. 1993.

⑦ Richard C. Feiock. "City County Consolidation Efforts: Selective Incentives and Institutional Choice." Available on line. http://localgov.fsu.edu/publication_files/Feiock&Park&Kang_Consolidation_K3.pdf.

⑧ Jered B. Carr, Richard C. Feiock. "Metropolitian Government and Economic Development." *Urban Affairs Review*, Vol. 34, No. 3, 1999, pp. 476 – 488.

Gamble，1984①），合并行为产生管理成本（Condrey，1994②），而分权化的政府比合并政府更利于竞争、成本更低、效率更高（Ostrom，Tiebout & Warren，1961③；Leland & Thurmaier，2000④），较之于市县合并更具优势。Savitch & Vogel（2000）基于 Louisville 都市区的治理实践得出，市县合并不是改进大都市区治理的有效路径，只有地方政府间构建以信任基础和相互尊重的合作才是促进大都市区有效治理的路径选择。⑤ Carr & Sneed（2004）针对 Jacksonville/Duval 的合并研究发现，市县合并没有改善地方经济。⑥ Faulkner 等人对现有有关市县合并有效性的文献进行全面梳理发现，合并在效率和促进经济发展上的收益并不明显，合并有可能提升公共服务效果但并不能确定。⑦

总的看来，国外市县关系研究大致经历了从府际关系学派强调市县平等分治、合并整合、政府间制度安排，到公共选择学派主张引入竞争机制实现"多中心治理"，再到区域主义学派提倡市、县政府、社会多元主体实现"合作治理"和"网络治理"的转型。

在国内，学界将关注点多聚焦于市管县体制弊端、省直管县体制改革及未来路径选择，而对于省直管县改革中的市县关系关注度较低。截至

---

① J. E Benton, Darwin Gmable. "City-County Consolidation and Economies of Scale: Evidence from a Time Series Analysis in Jacksonville, Florida." *Social Science Quarterly*, Vol. 65, No. 1, 1984, pp. 190 – 198.

② Stephen E. Condrey. "Organizational and Personnel Impacts of City-County Consolidation." *Journal of Urban Affairs*, Vol. 16, No. 4, 1994, pp. 371 – 383.

③ Vincent Ostrom, Charles M. Tiebout, Robert Warren. "The Organization of Government in Metropolitan Areas: A Theoretical Inquiry." *The American Political Science Review*, Vol. 55, No. 3, 1961, pp. 831 – 842.

④ S. M. Leland, K. Thurmaier. "Metropolitan Consolidation Success: Returning to the Roots of Local Government Reform." *Public Administration Quarterly*, Vol. 24, No. 2, 2000, pp. 202 – 213.

⑤ Walter A. Rosenbaum, Gladys M. Kammerer. *Against Long Odds: The Theory and Practice of Successful Governmental Consolidation*. California: Beverly Hills. Sage Publications, 1974.

⑥ Jered B. Carr, Behtany G. Sneed. "The Politics of City-County Consolidation: Findings from a National Study." in Jered B. Carr, Richard C. Feiock (eds.). *City County Consolidation and Its Alternatives*. New York: Routledge. 2004, pp. 183 – 218.

⑦ Dagney Faulk, Suzanne M. Leland, D. Eric Schansberg. "The Effects of City-County Consolidation: A Review of the Recent Academic Literature." http://www.state.in.us/legislative/interim/committee/2005/committees/prelim/MCCC02.pdf.

2017年12月，课题组以关键词"市县关系"在CNKI进行篇名检索，发现研究市县关系的文章共有31篇，而对于省直管县改革中的市县关系研究凤毛麟角。

一是没有专题研究，而是散见于论文观点中且多为分析市县矛盾。文剑、光福（1988）最早指出，市管县产生市县矛盾，甚至有"市刮县""市卡县"的现象。① 周一星和胡大鹏（1992）② 通过对县长的调查问卷，发现市管县体制下市县之间普遍存在（占88%）争原料、争投资、争项目、重复建厂等情况，24%的县反映这种情况还比较严重。戴均良（2001；2004）概括了市领导县体制中市县之间在经济利益、行政管理和城乡关系三大方面的矛盾。③ 李清芳（2005）对西方国家和我国的市县关系发展历程加以对比分析，提出确立"省管县"体制、调整行政区划、建立"都市联盟"或城市委员会是市县关系的改革路径选择。④ 薄贵利（2006）认为，市县内耗严重，导致大量资源浪费。⑤ 张占斌（2009）指出，市对县的"挤出效应"使得城乡差距越来越大。⑥ 鲍晨辉（2007）认为，省直管县后，市县二者在财政上平起平坐，市级帮扶县级政府的积极性被削弱，市县之间矛盾增加。⑦ 杨志勇（2009）分析了市管县体制中，强市与强县关系（SS）、强市与弱县关系（SW）、弱市与强县关系（WS）、弱市与弱县关系（WW）四种类型，认为"强市弱县"对县较为有利，而其他关系都不利于县域经济增长与县级政府公共服务能力的提高。⑧ 迟福林、汪

---

① 文剑、光福：《行政领导体制必须适应经济发展的要求——关于"省直接领导县"新体制的设想》，《唯实》1988年第3期，第50—51页。

② 周一星、胡大鹏：《市带县体制对辖县经济影响的问卷调查分析》，《经济地理》1992年第1期，第8—14页。

③ 戴均良：《行政区划应实行省县二级制——关于逐步改革市领导县体制的思考》，《中国改革》2001年第9期，第38—39页；另见戴均良《省直接领导县：地方行政体制的重大改革创新》，《中国改革》2004年第6期，第67—70页。

④ 李清芳：《市县关系的法律研究》，博士学位论文，中国政法大学，2005年。

⑤ 薄贵利：《稳步推进省直管县体制》，《中国行政管理》2006年第9期，第29—32页。

⑥ 张占斌：《省直管县改革的经济学解析》，《广东商学院学报》2009年第4期，第16—23页。

⑦ 鲍晨辉：《财政体制简化之路慎行——"省直管县"财政体制弊端分析》，《地方财政研究》2007年第1期，第27—31页。

⑧ 杨志勇：《省直管县财政体制改革研究——从财政的省直管县到重建政府间财政关系》，《财贸经济》2009年第11期，第36—41页。

玉凯（2009）则分析了其中的"三农"问题突出。①

二是2011年之后出现省直管县体制下的市县关系专题研究。王雪丽（2011）论述了中华人民共和国成立以来市县关系历经"分治—合治—分治"的逻辑演化过程，并讨论了省直管县体制改革下市县关系面临的新挑战。② 王娜（2011）采纳"复合行政"理念，提出打破市县行政壁垒是省直管县体制改革中市县关系的良性运作方式。③ 徐雪梅、王洪运、王宁（2011）以辽宁省为个案，分析了市县组合模式差异在省直管县改革中呈现出的成效殊异。④ 吴金群（2013）全面分析了四类市县组合（市强县强型、市强县弱型、市弱县强型、市弱县弱型）的省直管县改革路径，认为市县协调发展是省直管县改革的本质，应构建起市县分工合理、互惠共生的区域治理体系。⑤

截至2018年3月，笔者利用CNKI，采用"省管县"（或含"省直管县"）并含"市县关系"（或含"府际关系"）进行主题和篇名高级检索，一共得到65篇检索结果，经筛选发现其中46篇与"省直管县改革中的市县关系"主题相关，17篇高度相关，有的篇名即为"省直管县改革中的市县关系"。基于65篇检索结果的"计量可视化分析"结果可得（见图1-1）：

一是从2006年浙江大学硕士学位论文《省市县府际关系的变革与发展——基于金华义乌市的案例研究》中涉及省直管县中的省市县关系开始，相关研究持续增长至2018年，其中，2015年和2016年达到峰值。2009年开始不少学者提及省直管县须直面市县关系调整，但未做专门研究。2011年起针对省直管县中的市县关系专题研究出现（王雪丽，2011⑥；王娜，2011⑦）。研究涉及的学科分布情况为：行政学及国家行政

---

① 迟福林、汪玉凯：《稳步推进"省管县"》，《刊授党校》2009年第4期，第38—41页。
② 王雪丽：《新中国成立以来市县关系的逻辑演化与重构——兼论"省直管县（市）"改革》，《中共浙江省委党校学报》2011年第5期，第88—93页。
③ 王娜：《"省直管县"体制下的市县关系新发展——基于复合行政的理念》，《惠州学院学报》（社会科学版）2011年第4期，第61—65页。
④ 徐雪梅、王洪运、王宁：《"省直管县"管理体制改革对策研究——以辽宁省为个案》，《财政研究》2011年第2期，第21—24页。
⑤ 吴金群：《省管县体制改革：现状评估及推进策略》，江苏人民出版社2013年版。
⑥ 王雪丽：《新中国成立以来市县关系的逻辑演化与重构——兼论"省直管县（市）"改革》，《中共浙江省委党校学报》2011年第5期，第88—93页。
⑦ 王娜：《"省直管县"体制下的市县关系新发展——基于复合行政的理念》，《惠州学院学报》（社会科学版）2011年第4期，第61—65页。

管理为 53（占 74.65%），财政与税收、经济体制改革、中国政治与国际政治、宏观经济可持续发展均为 4（各占 5.63%），宪法、医药卫生方针政策与法律各为 1（各占 1.43%）。

二是关键词分布情况为：省直管县、市县关系、府际关系、省管县、市管县、市管县体制、省直管县体制、省直管县改革、省直管县体制改革、省县关系、区域治理、优化、区域差异性、府际信任、科层、地方政府、省管县改革、海南模式、复合行政、全球城市化、区域合作、行政管理体制、多头领导、城乡合治、县级区划变更、全面直管、行政改革等。总体呈现出以省直管县、市县关系、府际关系为中心节点的聚类状态。

三是其中 23 项研究成果所冠以的基金项目中，国家社会科学基金成果 16 项（占 66.67%）、跨世纪优秀人才培养计划成果 4 项（占 16.67%）、国家留学基金 2 项（占 8.33%）、河北省软科学研究计划和国家自然科学基金各 1 项（各占 4.17%）。

四是发文机构的分布情况：南昌大学与浙江大学各 10 项（各占 16.39%），南开大学 5 项（占 8.2%），天津商业大学与华东理工大学各为 3 项（各占 4.92%），浙江师范大学、中国财政部财政科学研究所、国家发改委、南京大学、湖北大学均为 2 项（各占 3.28%），湖北大学等 21 家机构均为 1 项（各占 1.64%）。

针对所筛选出的与主题高度相关的 46 篇文献的"计量可视化分析"所得结论与 65 篇几乎一致，详见图 1-2。

> 数据来源：文献总数：65篇；检索条件：（（（主题=省管县或者主题=省直管县）或者（题名=省管县或者题名=省直管县））并且（（主题=市县关系或者主题=府际关系）或者（题名=市县关系或者题名=府际关系）））（模糊匹配），专辑导航：全部；数据库：文献跨库检索

总体趋势分析

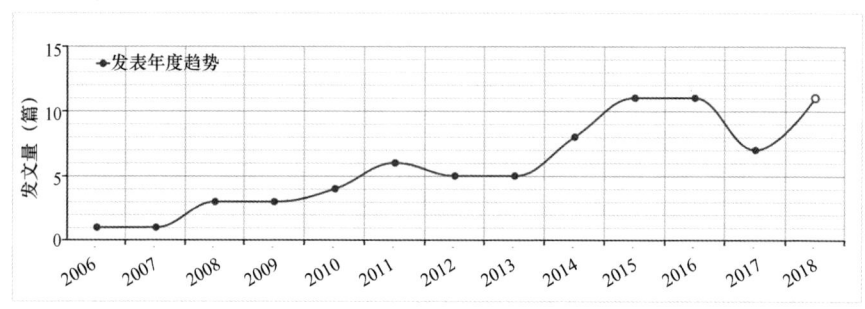

第一章 导论 / 17

学科分布 »

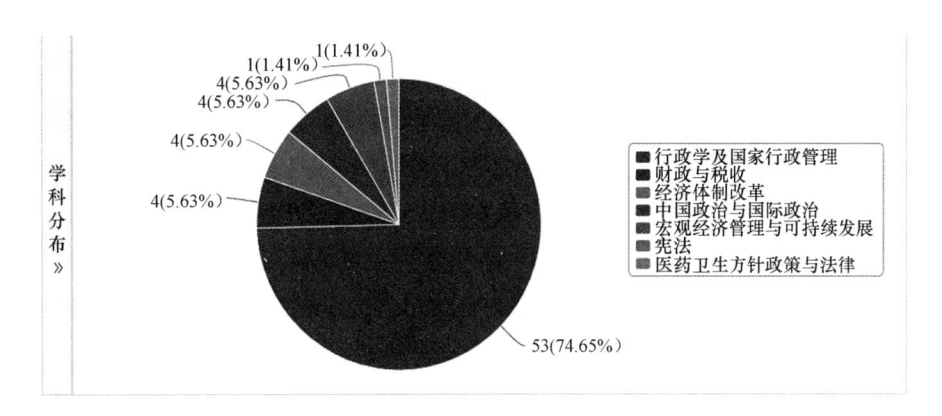

- 行政学及国家行政管理 53(74.65%)
- 财政与税收 4(5.63%)
- 经济体制改革 4(5.63%)
- 中国政治与国际政治 4(5.63%)
- 宏观经济管理与可持续发展 4(5.63%)
- 宪法 1(1.41%)
- 医药卫生方针政策与法律 1(1.41%)

关键词分布 »

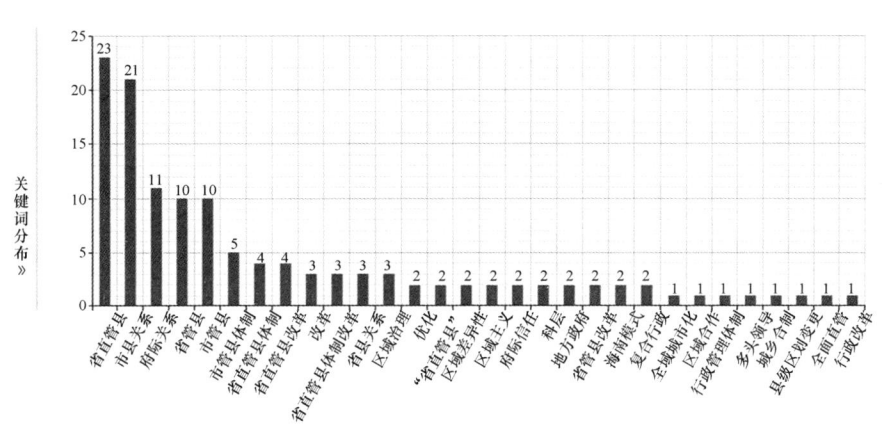

关键词	数量
省直管县	23
市县关系	21
府际关系	11
省管县	10
市管县	10
市直管县体制	5
省直管县体制	4
省直管县政改	4
改革	3
省直管县体制改革	3
省县关系	3
区域治理	3
"省直管县"	2
区域差异性	2
区域主义	2
府际信任	2
科层	2
地方政府	2
府际管理改革	2
海南模式	2
复合行政	2
区域合作	1
全域城市化	1
行政管理体制	1
多头领导	1
城乡分制	1
县级区划处置	1
全面直管	1
行政改革	1

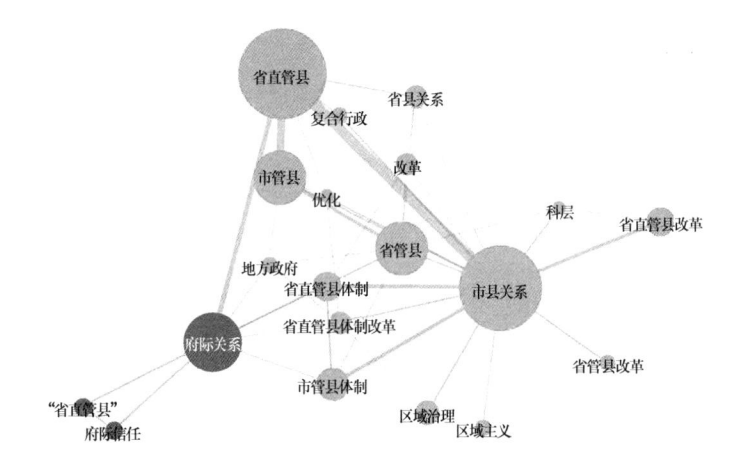

基金分布

- 国家社会科学基金 16 (66.67%)
- 跨世纪优秀人才培养计划 1 (4.17%)
- 国家留学基金 1 (4.17%)
- 河北省软科学研究计划 2 (8.33%)
- 国家自然科学基金 4 (16.67%)

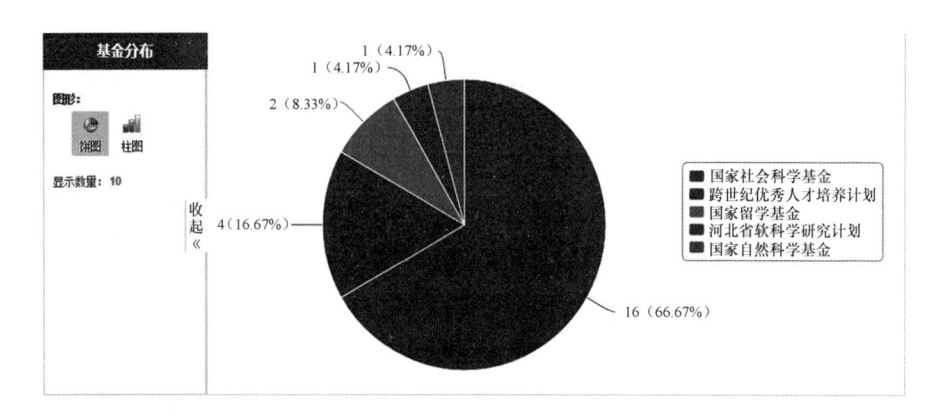

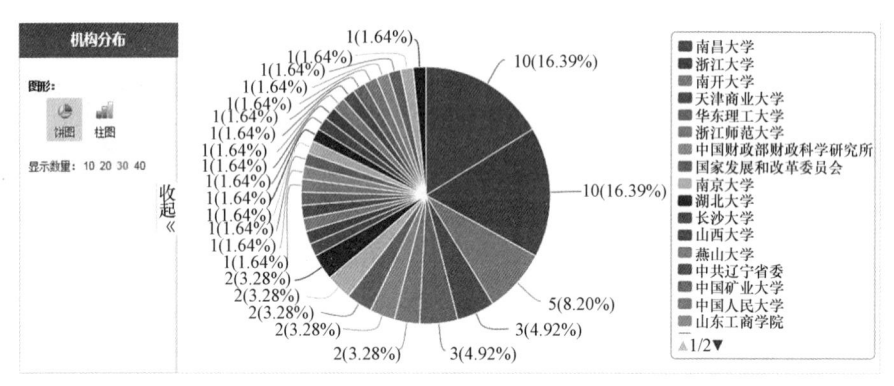

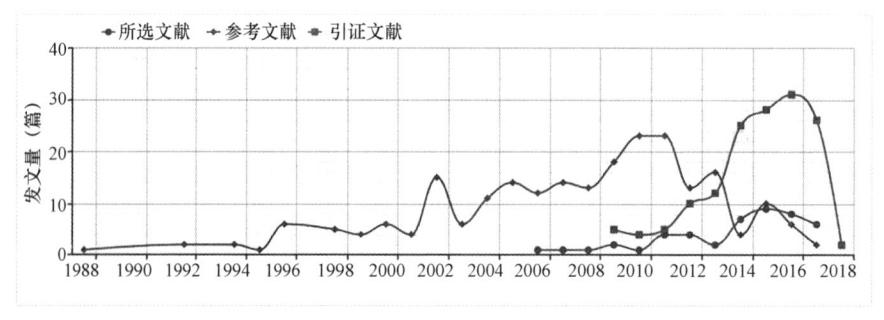

机构分布

- 南昌大学 10 (16.39%)
- 浙江大学 10 (16.39%)
- 南开大学 5 (8.20%)
- 天津商业大学 3 (4.92%)
- 华东理工大学 3 (4.92%)
- 浙江师范大学 2 (3.28%)
- 中国财政部财政科学研究所 2 (3.28%)
- 国家发展和改革委员会 2 (3.28%)
- 南京大学 2 (3.28%)
- 湖北大学 2 (3.28%)
- 长沙大学 1 (1.64%)
- 山西大学 1 (1.64%)
- 燕山大学 1 (1.64%)
- 中共辽宁省委 1 (1.64%)
- 中国矿业大学 1 (1.64%)
- 中国人民大学 1 (1.64%)
- 山东工商学院 1 (1.64%)

图 1-1 基于 CNKI 检索"省直管县与府际关系"主题所得 65 篇文献的可视化分析

指标分析

文献数	总参考数	总被引数	总下载数	篇均参考数	篇均被引数	篇均下载数	下载被引比
46	1136	229	16393	24.7	4.98	356.37	71.59

总体趋势分析

分布分析

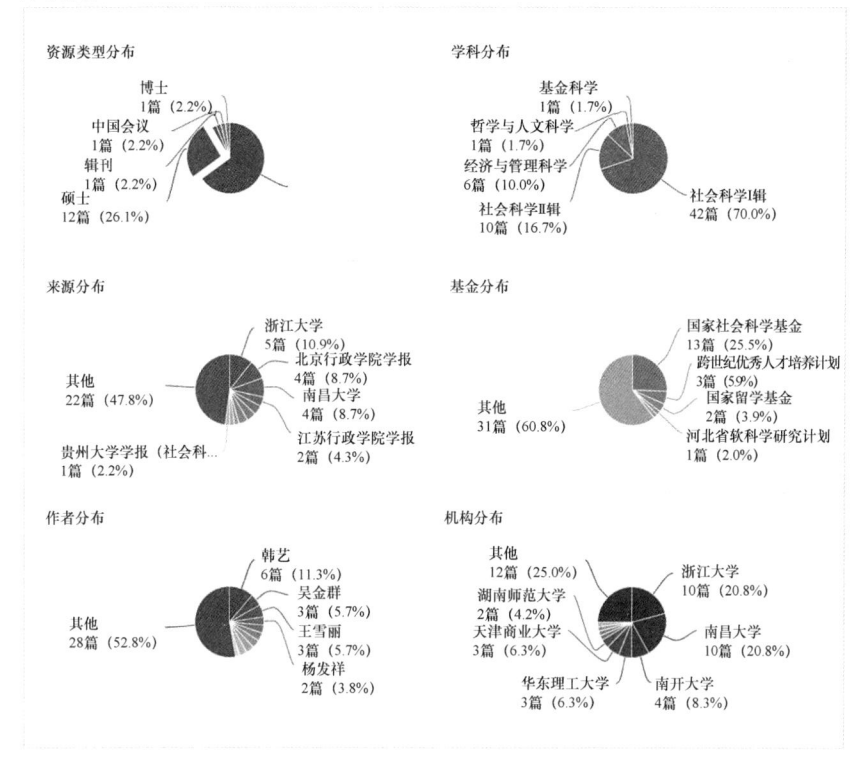

**图 1-2　基于 CNKI 检索 "省直管县与市县关系" 主题
所得 46 篇文献的可视化分析**

这 17 篇篇名为《省直管县体制与市县关系》的研究主要以地方行政层级改革中的市县关系发展历程及未来方向为焦点，具体可分为市县关系类型与演变、市县关系个案分析、市县关系优化建议三个方面。

第一，探讨市县关系类型与演变。王雪丽（2011）回顾市县关系的总体演变历程并对省管县与市管县两种体制并存下的市县关系未来走向加以分析。① 韩艺、雷皓桦（2014）从地方行政层级改革中探究不同时期市县关系模型、背后的相关变量及演变规律，提出相关对策建议。② 韩艺

---

① 王雪丽：《新中国成立以来市县关系的逻辑演化与重构——兼论"省直管县（市）"改革》，《中共浙江省委党校学报》2011 年第 5 期，第 88—93 页。
② 韩艺、雷皓桦：《地方行政层级改革中的市县关系：一个演化模型分析》，《国家行政学院学报》2014 年第 3 期，第 56—60 页。

（2015）论述了市县关系从改革前的纵向隶属到改革试水期的纵横向竞合再到改革后的横向分治等嬗变过程，并分析其背后的影响因子，在此基础上有针对性地提出未来良性市县关系的构建策略。① 魏振兴（2015）从资源依赖理论视角出发，将省直管县改革下的市县竞合模式分类并针对改革现状提出政策建议。② 张剑（2015）概述市管县与省管县下市县关系状况，重点分析浙江模式、海南模式、河南模式中的市县关系并借鉴国外府际关系实践寻求省直管县下市县关系的未来走向。③ 吴金群（2016）分析了省直管县条件下科层主导的竞合关系、交错混合的竞合关系和斜向分治的竞合关系三种类型及演变。④

第二，围绕个案进行讨论。刘福超（2014）对四川省"扩权强县"改革进行整体分析，提出在省市县管理职责清晰、行政效率及公共服务职能提升的良性效果下市县关系及各政府行政管理水平和财政体制改革须进一步跟进。⑤ 徐雪梅、王洪运、王宁（2011）对辽宁省"省直管县"改革进行个案分析，提出，建立区域协调机制并建议辽宁省的改革应按照不同的市县关系采取不同的改革方式。⑥ 杨文彬（2016）发现，河北省直管县改革中市县关系不和谐削弱了改革效果，认为应重构政府间关系，实现政府间协同治理。⑦ 周宇航（2012）分析河南省邓州市强县扩权改革中的省市县政府关系，并对改革探索期出现的府际对接问题从权力下放及机构改革层面给予相关建议。⑧

---

① 韩艺：《省直管县体制改革进程中的市县关系——嬗变、困境与优化》，《北京社会科学》2015年第5期，第73—79页。

② 魏振兴：《省管县改革进程中的市县竞合模式比较研究——基于资源依赖理论的视角》，硕士学位论文，浙江大学，2015年。

③ 张剑：《省直管县体制改革背景下市县关系研究》，硕士学位论文，广西师范大学，2015年。

④ 吴金群：《省管县改革进程中市县竞合关系的演变与比较》，《江苏行政学院学报》2016年第6期，第102—106页。

⑤ 刘福超：《市县协调发展：四川"扩权强县"改革的目标和方向》，《四川省社会主义学院学报》2014年第2期，第62—64页。

⑥ 徐雪梅、王洪运、王宁：《"省直管县"管理体制改革对策研究——以辽宁省为个案》，《财政研究》2011年第2期，第21—24页。

⑦ 杨文彬：《论河北省直管县改革与政府间关系重构》，《法制与社会》2016年第2期，第169—170页。

⑧ 周宇航：《省直管县体制改革中省市县政府关系研究——以河南省邓州市为例》，《学术园地》2012年第1期，第14—16页。

第三，为润滑市县关系开药方。王娜（2011）以"复合行政"理念提议建立多元化区域合作治理结构从而构建省直管县体制下市县关系发展新模式。① 李院林（2013）提出市县互补、互惠、互强是其良性互动的前提。② 杨宏山（2014）以国外市县关系模式为证，提出省管县体制改革可采取混合型市县关系发展模型。③ 姜秀敏、陈华燕、单雄飞（2014）分析直管县体制中市县关系存在权力下放、管理体制等问题，并从法律制度、权力分配等层面给予对策建议。④ 韩艺（2015）认为，在规范的市县关系与事实的市县关系之间存在张力与悖论，需要采取一系列优化措施以构建良性市县关系。⑤ 刘铮（2015）提出，在"全面直管"的新阶段应从经济发展方向、专注核心职能和加强公务员交流等层面构建新型市县关系。⑥

（二）文献述评

上述文献综述表明：一方面，市县关系背后的府际关系理论及相关研究从20世纪60年代兴起已渐趋成熟，但主要发源于国外情境，然国外学者无法具体关注中国地方行政层级改革这一特定情境中的府际关系问题。另一方面，国内学界对省直管县改革问题从2004年以来已经持续了长达14年的关注，省直管县中的府际关系专题也从2011年起开始出现，研究领域逐步扩大。应该说，现有从府际关系、市县关系、省直管县等视角的相关研究，其意义不言而喻，但由于受国别因素、情境不同，以及研究视角、研究方法、关注焦点的差异，对地方行政层级改革中的市县关系的重视度还有待增强，针对这一特定问题的中外间的比较研究、学科间串联式交叉性研究和全国层面的综合研究较少。

---

① 王娜：《"省直管县"体制下的市县关系新发展——基于复合行政的理念》，《惠州学院学报》（社会科学版）2011年第4期，第61—65页。
② 李院林：《浅析地方政府间的市县互动关系》，《才智》2013年第6期，第126页。
③ 杨宏山：《"省管县"体制改革：市县分离还是混合模式》，《北京行政学院学报》2014年第1期，第10—14页。
④ 姜秀敏、陈华燕、单雄飞：《"省直管县"下的市县关系调整对策》，《大连海事大学学报》（社会科学版）2014年第6期，第40—42页。
⑤ 韩艺：《在规范与事实之间：省直管县改革中的市县关系及其优化》，《北京行政学院学报》2015年第4期，第31—37页。
⑥ 刘铮：《省直管县改革的新路径：构建新型市县关系》，《行政管理改革》2015年第8期，第47—50页。

1. 国外府际关系研究颇丰，但鉴于国别因素，其未关注中国地方行政层级特别是省直管县改革情境中的市县关系；国内府际关系长期集中于中央与地方纵向关系研究，市县关系研究较少。

国外府际关系理论从20世纪60年代兴起至八九十年代兴盛，成果颇丰；特别是市县关系研究领域提倡市县之间、多元治理主体之间的合作，反映了市县关系的趋势——分治基础上的合作与共治。然而，其研究与国外普遍实行地方自治的政治制度和地方治理的成形紧密相关，中外市县管理体制的差异决定其不可能涉及类似中国省直管县这一行政层级改革中的市县关系研究，于我国的借鉴效用毕竟有限。国内府际关系长期集中于中央与地方纵向关系研究，2003年以来逐步重视府际间的横向关系和斜向关系研究，但对市县关系研究仍较少，特别是关于市县关系的理论亟待充实。

2. 针对省直管县改革的国内研究，其关注焦点仍主要局限于从市管县体制的弊端引申出如何推进省直管县体制改革，但对改革过程中亟待解决的市县关系问题缺乏足够重视。

2004—2018年，省直管县改革引起了长期的持续关注，然而，其关注焦点仍主要集中于从市管县体制的弊端引申出如何推进省直管县体制改革，对改革过程中亟待解决的市县关系问题（比如，市县关系在省直管县体制改革进程中将经历怎样的变迁？特别是，改革试水期—过渡期的利益博弈中市县如何重构各自角色以解决可能面临的冲突与问题？市县分治后，市县如何就解决跨界公共问题展开横向合作治理？未来新型的市县关系如何？）缺乏足够的关注。另有少量研究虽涉及市县关系的法律完善及未来趋势，但未将市县关系置于地方行政层级变革这一总体背景中加以综合考量，针对市县关系转型与优化尚未提供基于大量实证的全面方案。

3. 少数学者对省直管县改革中的市县关系问题有所关注，但尚需拓展性研究。

省直管县体制改革大背景下针对市县关系的研究凤毛麟角，多以市县关系演变为分析对象，少量研究辅以个案论证并提及普遍性对策建议，极具研究价值。然而，现有研究总体呈分散和宏观状态，有待串联、整合与微观细化。特别是在市县关系理论构建与创新，市县关系博弈过程、不同类型市县关系实证及当前和未来良性市县关系构建的综合性策略等方面仍缺少全观性和整合性的探析。

基于此，本书以地方行政层级改革中的市县关系为研究对象，拟以全观性、务实性、前瞻性的视角，通过构建起有效的分析框架，全面分析从市管县到探索省直管县体制改革这一地方行政层级变革进程中的市县关系演化历程、基本逻辑、市县关系转型的因应对策，形塑市县关系优化的路径选择和未来趋势，并在此基础上搭建市县关系基本理论。

四 研究思路与主要内容

（一）研究思路

本书旨在探索地方行政层级改革进程中的市县关系转型与优化问题，涉及市县关系的历史、市管县时期的市县关系、省直管县改革试水期—过渡期市县关系的因应转型与优化、未来市县关系的演进趋势前瞻等重点内容。围绕探寻市县关系转型与优化，将借助 PEST、SWOT 战略分析工具和 Ostrom "框架—理论—模型"框架，在历程回顾、理论分析、现状扫描、中外比较的基础上，搭建市县关系研究分析框架并构建起有效的市县关系演化模型，同时基于大量调研和访谈，对演化模型进行验证，得出市县关系变革的维度、因子与类型，并在此基础上重点分析改革试水期—过渡期的市县关系转型与优化的因应对策，最后对未来的市县关系进行前瞻。

具体看来，本书遵循的基本思路为：回溯分析：市管县体制历程回顾、省直管县改革现状扫描 → 逻辑关联：针对市管县和省直管县两种体制进行 PEST - SWOT 战略分析，得出市县关系与地方行政层级体制改革的内在逻辑与过程机理，引出市县关系研究的必要性 → 研究设计：基于市县关系理论构建"框架—理论—模型"的市县关系研究设计（分析框架、基本理论和演化模型）→ 实证研究：基于市管县体制、省直管县改革试水期—过渡期市县关系的调研，对研究设计中的关系维度、影响因子和演化模型进行验证，得出相关结论 → 因应对策：省直管县改革试水期—过渡期市县关系转型与优化的因应对策 → 前瞻思考：地方行政层级变革及未来市县关系的发展趋势与路径选择。

（二）主要内容

围绕上述研究思路，本书各主要章节的内容要点如下。

第一章导论部分，涉及选题缘起、相关研究与评价、研究思路与主要内容、研究方法与技术路线等内容。

第二章"市管县体制与省直管县体制：历史回顾与战略分析"。市管县体制是如何形成的，其与省直管县体制有何内在关联？市管县体制与省直管县体制孰优孰劣？市管县体制将何去何从？省直管县体制是否更胜一筹，其是否是对市管县体制的绝对替代？两种体制背后的根本因素是什么？此章旨在回答这些问题，从市管县体制的历史形成及利弊，引出省直管县体制改革，接着运用战略之 PEST-SWOT 分析法比较两种体制，得出二者间绝非完全的替代关系而是各有利弊及优势互补、可并行实践的结论；从中重点透析出制约两种体制的根本因素是市县关系，即问题的关键不在于市管县还是省直管县纵向层级体制与行政区划结构变革，而在于优化市县关系和融入区域治理。

第三章"理论分析与现实考量"。第二章基于市管县的历史回顾和运用战略分析法得出，市管县体制与省直管县体制可同时并存，但问题的关键很大程度上并不在于体制性变革，而在于背后的市县关系。然而，究竟何为市县关系，如何进行学理上的界定？市县关系类型有哪些？省直管县体制改革当中市县关系如何？国外市县关系如何，有何启示与借鉴反思？此章基于府际关系理论从学理上对市县关系进行界定，接着将视野转到现实，对国外市县关系进行比较，基于理论分析与现实考量，既试图回答这些问题，又得出地方行政层级改革与市县关系转型的内在关联逻辑，认为以省直管县为核心的地方行政层级改革既因市县关系而缘起，改革中又面临从市县合治向市县分治的转型与如何优化市县关系的问题。

第四章"地方行政层级改革进程中的市县关系：总体框架"。此章是本书承上启下的衔接点，即进行"分析框架—理论循证—模型构建"的研究设计。究竟省直管县改革中的市县关系将如何发生转型，关系类型有哪些，省直管县改革过程中的市县关系变迁的背后有哪些影响因子？如何对此进行学理上的分析？此章进行基于"框架—理论—模型"的省直管县改革中的市县关系研究设计，构建起针对省直管县改革中的市县关系SPP分析框架，基于此剖析其背后的影响因子，并对市县关系的模型进行勾勒，从而为第五章基于实践对比的验证及分析创造前提。

第五章"省直管县体制改革试水期—过渡期的市县关系：验证与对策"。本章与第四章一起构成主体章。第四章从理论上勾勒出省直管县体制改革中市县关系的关系维度、关系类型与影响因子，具有较强的创新性。然而，理论上得出的这些维度、类型与因子是否具有可验证性？省直管县改革试水期与过渡期的市县关系究竟如何，是否还有其他的维度、类型与影响因子？如何从实证验证分析中得出优化策略建议？此章基于调研、问卷和访谈对省直管县改革试水期—过渡期的市县关系维度、类型和因子进行验证，在得出相关验证发现的基础上，基于因子与治理条件的内在逻辑，探索试水期—过渡期的市县关系转型与优化的可行路径与基本方略。

第六章"结论与展望"。对本书的内容、思路、观点和结论进行总结。鉴于市县不仅处在省域的区划范围内，还是特定区域内（intra-region）的构成甚至区域间（inter-region）的节点的事实，特别是综合考量全球化、城镇化、全球城市背景中市县融入区域治理、大都市区治理的情境，对未来市县关系的基本走势、市县合作进化、大都市区治理中的城市转型、市县结构化调整、市场化竞争和合作化机制等内容进行展望和前瞻分析。

五　研究方法与技术路线

（一）研究方法

作为一项兼具理论分析与应用对策相结合的综合研究，尤其是一项跨越政治学、公共管理学、社会学、地理学等多学科的交叉研究，拟综合运用战略分析、比较分析、文本分析、问卷调查与访谈、力场分析等多种研究方法。

1. 战略分析

综合运用 PEST 和 SWOT 分析，研究市管县体制与省直管县体制的改革进程、背景因素、环境系统，分析各自的优势、劣势、机会与威胁，得出两种体制间的关系结论，从中勾勒体制改革背后的市县关系这一决定要素并对未来市县关系趋势进行战略前瞻。

2. 比较分析

既纵向比较市县关系的历史发展（市管县体制→省直管县改革试水期—过渡期→两种体制并存期→未来市县共治期）和各省的省直管县改革历程（2002—2016 年历史跨度比较）；同时，又横向比较国内外市县关系的共性与差异，涉及宏观层面的一般国别比较、中观层面的国内地区间差异比较（分省维度比较）和微观层面的针对个体的问卷与访谈比较，等等。

3. 文本分析

衡量各地省直管县改革实践，首要是分析各地改革文本。经课题组不完全统计发现，2002年以来，有22个省共计出台了约129份省直管县改革政策文本，这些政策文本呈现出时间跨度大、覆盖面广、渐进性强等特征，然而从府际关系视角看，其体现了哪些府际关系内容？反映出哪些特色、共性和不足？进一步地看，省直管县政策文本应如何完善，趋势如何？这些问题都有待基于内容分析法（context analysis）中的文本分析法加以研究。研究方法大师Berg指出，官方文献记录通常隐含着研究者能够加以有效利用的重要、有用的信息。[①] 倘若分析文本资料，分析单位可能是字词或术语、主题、章节、段落、条款、概念、语意或者是这些元素的组合。[②] 为此，需要基于文本分析，对22个省的省直管县改革政策文本中的字词、段落、概念、语意等的综合分析，试图基于对各省显性文本内容的分析揭示和展现其背后的隐性府际关系逻辑。

4. 问卷调查与访谈

基于理论分析和现状扫描，构建省直管县改革试水期—过渡期的市县关系演化模型，同时通过调研访谈获取各地改革的具体做法、创新特色、存在困境等，对理论内容、演化模型及影响因子进行证明或证伪，得出相关验证结论。为此，课题组从2013年起进行了为期四年的大量调研，采用的调研方法为：一是问卷调查。即通过深入调研地向政府各部门工作人员发放问卷、MPA课堂发放问卷。[③] 问卷几乎涵盖了省、市、县、乡镇四级政府部门人员。二是深度访谈。对所选取的省直管县地区运用个体对象专访和集中会议共鸣等方式进行了深度访谈，从访谈回答中发现和提取市

[①] Bruce L. Berg. *Qualitative Research Methods for the Social Sciences*. MA：Allyn & Bacon，2001，p. 195.

[②] Bruce L. Berg. *Qualitative Research Methods for the Social Sciences*. MA：Allyn & Bacon. 2001，p. 247.

[③] 从2013—2014年为第一轮试问卷后，课题组对问卷内容各细项进行了筛选、优化与完善，2015—2017年为第二轮正式问卷。MPA课堂是指借助于笔者工作单位的MPA班的上海、浙江、江西、广东、江苏常州、湖南长沙、山东等省市的在读MPA发放问卷，同时有少量委托其他省份的高校MPA教学点发放。

县关系的细节和隐性内容①。综合问卷调查能够针对市县关系的特定问题进行较精准的衡量，一对一访谈则能够真切了解实务部门工作人员对市县关系的看法和心声，焦点团体访谈则能在受访者之间产生共鸣，三种方法间能起到有效的互补作用。

5. 力场分析

"力场"是各种力的存在状态与作用空间。以 Lewin 为代表的力场理论（Force Field Theory）认为，推动事物变革的是驱动力，试图保持原状的是制约力。变革发生，驱动力必须超过制约力。力场分析图是建立在作用力与反作用力基础上的图表分析模型。② 力场理论为研究省直管县改革中的市县关系变迁提供了有效的分析路径。鉴于实际主导省直管县这一行政层级改革中的市县合作关系变迁的是一个包括引力、压力、阻力、动力等在内的"力场"系统，为此，借用力场理论可以构建起"力场"4F（Force）分析模型，以此分析市县关系背后的各种力，并剖析市县关系的演进与变化。

（二）技术路线

首先，从对市管县体制与省直管县体制的历程回顾出发，运用战略分析法对两种体制进行 PEST – SWOT 综合分析，得出两种体制的比较分析结论，引出行政层级体制改革背后的市县关系变革的必要（第二章）。

其次，基于府际关系理论从学理上对市县关系进行全面界定，并进行现实扫描，比较国外市县关系，得出市县分治的趋势性和市县关系优化的必然性（第三章）。

再次，进行"分析框架—理论循证—模型构建"研究设计，搭建基于"关系维度—影响因子—关系类型"分析框架，构建市县关系演化模型，推导市县关系维度、因子和类型（第四章）。

复次，通过调研、问卷和访谈，对所提出的模型和维度、类型和因子进行验证分析，得出验证发现与验证结论，在此基础上，有针对性地提出省直管县改革试水期—过渡期市县关系转型与优化的路径选择与相关策略

---

① 考虑到被访谈者的顾虑特别是不公开的要求，对访谈者所在地和姓名进行了匿名处理，仅保留所在部门，但访谈内容征得受访对象的同意用于课题研究。

② Kurt Lewin. *Field Theory in Social Science*. London: Harper and Row, 1951, pp 200 – 236.

（第五章）。

最后，对市县关系及未来趋势进行勾勒与前瞻分析（第六章）。

总的看来，本书的研究进路为：历史与战略分析→研究缘起→理论分析与现实考量→研究设计（分析框架—理论循证—模型构建）→验证分析→结论与因子→对策分析（市县关系转型与优化的路径与对策）→研究结论与展望。本书研究框架与技术路线详见图 1-3。

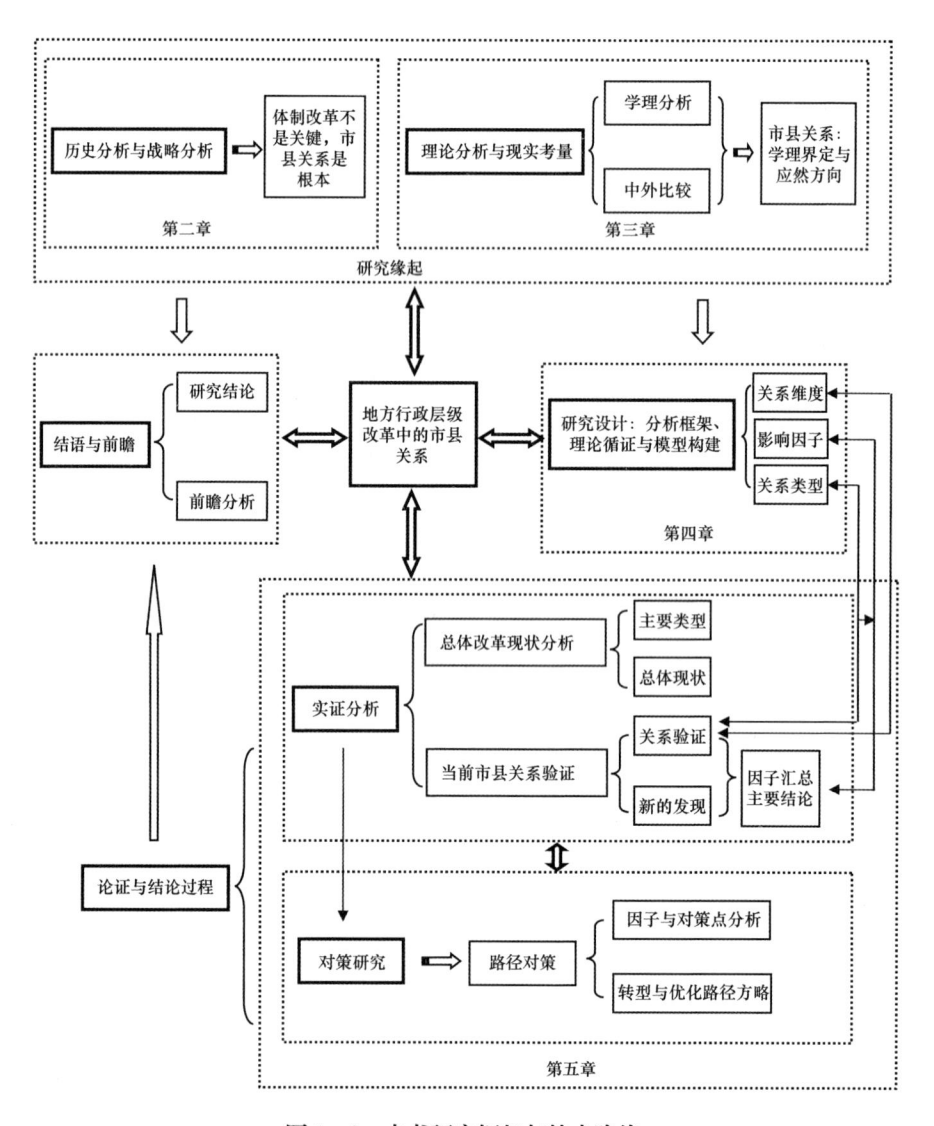

图 1-3　本书研究框架与技术路线

第二章

地方行政层级体制变革：
历史回顾与战略分析

2005—2016年全国范围内兴起的省直管县体制改革，动因于传统的市管县体制在实践中的问题，试图通过纵向行政层级变革革除传统市管县体制的弊端。市管县体制是如何形成的，将何去何从？市管县体制与省直管县体制孰优孰劣？省直管县体制是否更胜一筹，是否是对市管县体制的绝对替代？两种体制背后的根本因素是什么？本章试图回答这些问题，从市管县体制的历史形成及利弊，引出省直管县体制改革，接着运用战略PEST-SWOT分析法比较两种体制，得出二者间绝非完全的替代关系而是各有利弊及优势互补、可并行实践的结论，从中重点透析出制约两种体制的根本因素是市县关系，未来的战略方向不在于单纯的纵向层级体制与行政区划改革，而是优化市县关系和融入区域治理。

第一节 市管县体制概述

一 市管县体制界定

市管县在表述中多为"市管县体制"或者"市领导县体制"，少量为"市带县体制"。前两种几无争议，但"市带县体制"被认为不妥，原因在于：一是应以官方政策和文件为准。有研究指出，有的地方常常把市领导县体制说成"市带县体制"，这种提法不确切，应以人大立法为依据，统一称"市领导县体制"。① 二是市管县与市带县不一致。实际中，行政区往往与经济区不一致。行政上不允许两个同级地方政府共管一个县，但经济上却往往需要几个中心城市带动一个县，甚至需要外省的市来带县（比如上海对其周围的江苏和浙江等广大地区的县的带动作用）。市管县只是强化了一个地级市但却限制了其他市对该县的带动作用。② 的确，"管"是行政区概念，而"带"是经济区概念；作为跨越行政区疆界偏重经济辐射作用的"市带县体制"，并不能合理解释市县之间的上下级行政隶属关系，而"市管县"或"市领导县"则涵盖了基于行政隶属关系的纵向间"管理和带动"作用。因此，从行政体制角度看，只有"市管县体制"和"市领导县体制"这两种表述能合理指涉现实中的特定市县纵向间关系。而现有研究中，也多以约定俗成的"市管县体制"出现，"市领导县体制"多出现在官方语境和20世纪80年代的相关研究中。

市管县体制的概念界定有三种典型代表。

其一，中心城市论，即将管县的"市"界定为中心城市。浦善新等（1995）认为，市领导县体制，即由市管辖若干县、自治县，以经济发达的中心城市带动周围农村的行政管理体制。③ 刘君德、汪宇明（2000）④持完全一致观点。王春霞（2000）持中心城市论的同时分析了"管"的原因，即市管县体制，是指在行政区划上，根据国家政权和执行国家职能的需要，并兼顾地理条件、历史传统、风俗习惯、经济联系、民族分布等实际情况，把同一经济区内的一些县（市）划入中心城市进行管理，成为由省直接领导的一级地方政权。⑤

其二，地级市论，即将管县的"市"明确为地级中心城市。孙学玉、伍开昌（2004）认为，市管县体制，是指以中心地级市对其周围县实施领导的体制。它以经济发达的城市为核心，依据行政权力关系，带动周围

---

① 郑定铨：《论市领导县体制》，《中国行政管理》1992年第3期，第36—38页。
② 宫桂芝：《地级市管县：问题、实质及出路》，《理论探讨》1999年第2期，第77页。
③ 浦善新等：《中国行政区划概论》，知识出版社1995年版，第398页。
④ 刘君德、汪宇明：《制度与创新——中国城市制度的发展与改革新论》，东南大学出版社2000年版，第128页。
⑤ 王春霞：《市管县体制：变迁、困境和创新》，《城乡建设》2000年第12期，第12页。

农村地区共同发展,形成城乡一体的区域整体。① 王佃利(2004)认为,市管县,就是由市(地级市)管辖若干县,以经济发达的中心城市带动周围农村发展的一种行政管理体制。②

其三,地级及以上城市论。吴帅、陈国权(2008)认为,是市(地级市及更高级别城市)管辖若干县级行政区的一种行政管理体制。③ 周仁标(2012)认为,市领导县体制,即是以一个地级以上的城市(含直辖市、较大的市和地级市)为中心对其周边县(市)实施领导的体制,它是伴随着我国工业化和城市化的发展而逐步建立起来的。④ 吴金群等(2013)认为,是由地级以上的中心城市领导或管辖周边若干县(自治县、县级市、旗),试图实现中心城市带动周边县域发展、周边县域服务于中心城市发展的一种行政管理体制。⑤

概而言之,上述三种界定均合理。区分在于:广义的市管县体制就是指地级及以上的中心城市(地级市以及更高级别的较大的市、直辖市)管辖若干个县级行政区(包括县、县级市、自治县、旗)的一种地方行政体制;然而从狭义上看,市管县体制特指地级市直接领导县级行政区的管理体制。

鉴于本书"地方行政层级改革中的市县关系转型与优化"这一特定的研究对象且为便于统一表述,本书的"市管县体制",特指狭义上的市管县体制,即1983年以来基本覆盖全国范围的地级市领导县体制。但出于尊重并考察中华人民共和国成立以来市管县的变动历史,在本章下文的市管县历史回溯中,取广义的市管县体制。

---

① 孙学玉、伍开昌:《当代中国行政结构扁平化的战略构想——以市管县体制为例》,《中国行政管理》2004年第3期,第80页。

② 王佃利:《市管县实践的反思:"复合行政"的视角》,《北京行政学院学报》2004年第4期,第19页。

③ 吴帅、陈国权:《中国地方府际关系的演变与发展趋势——基于"市管县"体制的研究》,《江海学刊》2008年第1期,第100页。

④ 周仁标:《市领导县体制的战略意涵、历史嬗变及重构理路》,《社会主义研究》2011年第2期,第77页。

⑤ 吴金群等:《省管县体制改革:现状评估及推进策略》,江苏人民出版社2013年版,第8页。

二 市管县体制的历史回溯

市领导县体制萌发于市制创立之初，1926年沘口市（今武汉一部分）辖汉阳县，开市领导县体制之先河。① 中华人民共和国成立后，市管县1949年底开始于无锡市（领导无锡县，1952年止）、徐州市（领导铜山县，1952年止）、兰州市（领导皋兰县，1951年止），而后1950年旅大（今大连，领导金县、长山县）、重庆（领导巴县）。1951年昆明（领导昆明县）、1952年贵阳（领导贵筑）、1953年本溪（领导抚顺）、1957年杭州（领导杭县）等市也曾短暂实行过市领导县。当时实行市领导县只在少数大城市实行，出发点主要是为了保证大中城市的蔬菜、粮食、水果等副食品供应。按1949年12月和1950年1月中央人民政府委员会、政务院先后颁布《市各界人民代表会议组织通则》和《市人民政府组织通则》的规定，当时的市按行政隶属关系分为三种类型：中央直辖市、大行政区②辖市、省辖市。1949年全国共有132个市（不含台湾省）③，到1950年年底，全国共有设市城市148个（不含台湾省）④，但领导县的市仅限于部分直辖市、省会城市和个别大城市。除旅大市领导过2个县外，一般1个市只领导1个县。

1954年，第一部《中华人民共和国宪法》和《中华人民共和国地方各级人民代表大会和地方各级人民委员会组织法》规定我国行政区划为三级制，即省、自治区、直辖市—自治州、县、自治县、市—乡、民族乡、镇。同时明确，直辖市和较大的市分区。截至1957年年底，全国仅有3个市领导4个县、代管1个县级市。⑤ 因此，从中华人民共和国成立

---

① 浦善新等：《中国行政区划概论》，知识出版社1995年版，第398页。
② 新中国成立之初，在中央与省之间增设了大行政区建制，实行大区—省—县—乡四级制。当时，全国设立有东北、华北、西北、华东、中南、西南6个大行政区，它们为最高一级地方政府，每个大行政区分辖若干个省、自治区或直辖市。1952年11月，《关于改变大行政区人民政府（军政委员会）机构与任务的决定》将各大区政府改为大区行政委员会，作为中央政府的派出机关。1954年6月，《关于撤销大区一级行政机构和合并若干省市的决定》撤销了6个大行政区行政委员会，各省、自治区、直辖市改由中央直辖。
③ 其中直辖市（包括北京、天津2个中央直辖市和上海、武汉、广州、重庆、西安、沈阳、旅大、鞍山、抚顺、本溪10个大行政区直辖市）12个，地级市54个，县级市66个。详见浦善新等《中国行政区划概论》，知识出版社1995年版，第358、360页。
④ 戴均良：《中国市制》，中国地图出版社2000年版，第44页。
⑤ 旅大市领导旅顺市、金县、长海县；本溪市领导本溪县；杭州市领导杭县。

至 1957 年，市领导县仅为特例实践，还不能称为严格意义上的"市管县体制"。

1958 年，河北省撤销天津地区，将其所辖的武清等 12 个县划归已改为省辖市的天津市领导，开创了省辖地级市可以领导县的先例。随后，国务院先后批准北京、上海、天津三市和辽宁省全部实行市管县体制，并且逐步在一些较为发达市或地区开始试点推广。到 1958 年年底，全国已有 29 个市领导 118 个县、2 个自治县，代管 2 个县级市，领导县的市、市领导的县（含代管的县级市）分别比 1957 年增加 26 个和 117 个，是 1957 年年底的 9.7 倍和 24.4 倍，形成了第一次市领导县的高潮，其规模之大是前所未有的，几乎所有的直辖市、省会城市、大城市都实行了市领导县体制。[①]

1959 年 9 月，全国人大常委会通过了《关于直辖市和较大的市可以领导县、自治县的决定》，确定了市管县行政体制，奠定了市管县体制大规模推广的基础。1960 年，河北省撤销全部专区，在全省范围内实行市领导县体制。[②] 至 1960 年年底，除北京、上海两个直辖市实行市领导县体制外，在 24 个省、自治区有 50 个省辖市（约占全国省辖市的 75%）实行了市领导县，共辖县 237 个，占全国县总数的 1/7（只有宁夏、广西没有实行市领导县体制的市）。同年，我国设置市建制出现了高潮，新设市 20 个，是 1983 年以前设市最多的一年。[③]

20 世纪 60 年代，全国处于困难时期，国家提出压缩和撤销市镇建制，减少城镇人口，绝大多数市领导的县又划回专区，市管县体制的发展随之进入低谷。到 1964 年，实行市管县体制的省辖市减少到 24 个，所管辖的县减少到 61 个，领导的县还不到 1960 年的 1/3。1965 年年底，仅剩 25 个市领导 78 个县、1 个自治县。[④] 至 1966 年年底，仅剩 23 个市领导 68 个县、1 个自治县，代管 1 个县级市，领导县的市、市领导的县分别相当于 1960 年年底的 47.9% 和 29.2%；平均每个市领导 3 个县，相当于 1960 年

[①] 浦善新：《中国行政区划改革研究》，商务印书馆 2013 年版，第 65—66 页。
[②] 刘君德、汪宇明：《制度与创新：中国城市制度的发展与改革新论》，东南大学出版社 2000 年版，第 39 页。
[③] 田穗生、罗斌：《地方政府知识大全》，中国档案出版社 1994 年版，第 670—671 页。
[④] 浦善新等：《中国行政区划概论》，知识出版社 1995 年版，第 400 页。

的60%。①

1978年新宪法明确规定"直辖市和较大的市分区、县",市管县的行政体制历史性地载入我国宪法。1978年年底,领导县的市的数量恢复到1960年的水平。20世纪80年代初,由于新的形势与发展要求,市管县体制的实施出现了第二次高潮。1982年,为统筹城乡发展,中共中央出台《关于省、市、自治区党政机关机构改革的若干问题的通知》指出,"在经济发达地区将省辖中等城市周围的地委、行署与市委、市政府合并,由市管县、管企业"。1983年,中共中央、国务院出台了《关于地市州党政机关机构改革若干问题的通知》,明确"以经济发达的城市为中心,以广大农村为基础逐步实行市领导县体制,使城市与农村紧密结合"。同年,国务院正式批准江苏省全面实行市领导县体制试点,将62个县划归11个地级市领导,尔后又在辽宁、广东两省全面试行,由此产生示范效应。此后通过地市合并②(如江苏南通、浙江宁波、江西九江、湖北襄樊)、地区改市③(如江苏扬州、浙江绍兴、福建三明)、撤地建市④(如山东烟台市)、县升格为市(如吉林四平市、辽源市;浙江嘉兴市、湖州市),市管县体制在全国得到推广。至1983年年底,共有126个市领导517个县、5个自治县、9个旗、3个特区,代管8个县级市,平均每个市领导4.3个县,领导县的市、市领导的县分别是1982年的2.2倍和3.2倍。⑤然而,由于市管县体制在实践中出现了一些问题,理论上也存在许多不同意见和争议,市管县体制的推行在1989年陷入低谷。⑥

20世纪90年代,出现了地市合并带来的市管县第三次热潮。1993年的《政府工作报告》再次要求:"地区机构改革要同调整行政区划相结合;各级派出机构要大力精简;地区和地级市并存一地的,原则上要合并。"到1996年年底,除广西壮族自治区的4个地区与地级市同在一城市

---

① 浦善新:《中国行政区划改革研究》,商务印书馆2013年版,第66页。
② 即撤销地区,将所属的县级行政区划归地级市,相当于地区并入地级市。
③ 即将地区改为地级市,地区行政公署所在的县级市改为市辖区,相当于县级市升格为地级市与地区合并。
④ 即撤销地区,将所属的县划归新设的地级市管理。1983年8月撤销烟台地区,设烟台市,同时县级威海市改为省辖县级市,由烟台市代管,文登、荣成、乳山3县归烟台市管辖。
⑤ 浦善新:《中国行政区划改革研究》,商务印书馆2013年版,第68页。
⑥ 刘嬿毅:《我国市管县体制的现实困境与走向》,《科学发展》2009年第7期,第17页。

外，全国其余地区都实行了地市合并。① 此外，地改市和撤县建市模式也在继续推行，初步形成了地级中心城市管理下属县（市）的市管县体制。1999 年，中共中央、国务院《关于地方政府机构改革的意见》指出："要调整地区建制，减少行政层级，避免重复设置。与地级市并存一地的地区，实行地市合并；与县级市并存一地的地区、所在市（县）达到设立地级市标准的，撤销地区建制，设立地级市，实行市领导县体制；其余地区建制也要逐步撤销，原地区所辖县改由附近地级市领导或由省直辖，县级市由省委托地级市代管。各自治区调整派出机构——地区的建制，要结合民族自治的特点区别对待。盟的建制原则上不动。"这次改革，在 2000 年形成了仅次于 1983 年的又一次市领导县高潮。除少数省保留地区行署建制外，全国范围内基本确立了"省—市—县—乡"四级地方行政体制，市管县体制成为地方政府最基本的行政区划模式。

从数量上看，至 1994 年年底，全国（除海南省外）已有 196 个市管辖 741 个县、31 个自治县和 9 个旗、2 个特区，另代管 240 个县级市，领导县的市占直辖市、地级市总数的 93.77%；市领导的县占县（不包括县级市、市辖区）总数的 45.13%。② 到 1998 年年底，全国 211 个地级市领导和管理了 1186 个县级政区，约占全国县级政区的单位总数的 56%；70% 的人口直接或间接地生活在"市管县"体制之下。③ 到 2001 年年底，全国 265 个地级市中已经有 253 个实行了市管县体制，管辖着 1445 个县级行政区（不含市辖区），占行政区总数的 70%，人口占总人口数的 80%。④ 数据显示市管县明显增长：1982 年为 55 个，1987 年为 152 个，1998 年为 202 个，到 2001 年则达 253 个，领导着 1445 个县级行政区（不含市辖区），分别占市和县级总数的 95.5% 和 70%。⑤ 至 2004 年年底，共有 18 个省、自治区、直辖市全面实行市领导县体制，除了 30 个自治州、3 个盟、17 个地区（其中黑龙江 1 个、贵州 2 个、西藏 6 个、青海 1 个、

---

① 王佃利：《市管县实践的反思："复合行政"的视角》，《北京行政学院学报》2004 年第 4 期，第 20 页。
② 浦兴祖：《当代中国政治制度》，复旦大学出版社 1998 年版，第 185 页。
③ 闫思虎：《县域经济论纲》，暨南大学出版社 2005 年版，第 135 页。
④ 刘嬿毅：《我国市管县体制的现实困境与走向》，《科学发展》2009 年第 7 期，第 17 页。
⑤ 梁小青：《市管县体制的演变与利弊分析》，《现代商业》2008 年第 36 期，第 151 页。

新疆7个）外，273个市领导1146个县、81个自治县、34个旗、3个自治旗、1个特区，代管312个县级市，平均每个市领导5.8个县，创历史新高。① 如果以全国范围内省直管县试点改革倡导的2005年为时间节点，截至2006年，全国共有333个地级行政机构，其中地级市283个，下辖2007个县（包括县级市、自治县、旗等）。② 而截至2009年，333个地级行政机构中地级市283个，下辖县（包括市辖区、县级市、自治县、旗等）达到2040个。这表明，省直管县改革并没有从实质上改变原有的市管县体制格局。

学者浦善新③在《中国行政区划改革研究》一书中归纳总结了历年（1949—2004年）市领导县的数量变迁情况（见表2-1）。而基于此变迁表，围绕"领导县的市数""市领导的县合计"这两个维度可制作出市管县数量折线图（见图2-1），由图2-1可得：一是领导县的市的数量、市领导的县的数量，都呈总体增长趋势。这表明，从1958年真正全面推行至2005年全面省直管县改革试点之前，市管县体制已成为我国地方最基础性的纵向行政体制架构。二是两者的数量均受特定时期的政策影响。1960年是增长点，但随之很快下降。1983年是重要的时间跃升点，之后增长迅速。原因在于，1959年9月，全国人大常委会通过了《关于直辖市和较大的市可以领导县、自治县的决定》，而1983年，中共中央、国务院出台了《关于地市州党政机关机构改革若干问题的通知》，提出"以经济发达的城市为中心，以广大农村为基础逐步实行市领导县体制，使城市与农村紧密结合"。可见，市县数量变迁背后的根本因子是政策因素。三是表2-1中的数据与前文中引用的不同学者关于特定年份的统计数据略有出入，原因在于，不同数据对于"市"（即除了地级市，是否涵盖直辖市、较大的市）和县（是否涵盖自治县、旗）的统计口径不一，但总体上现有研究在市县数量涨落的判断上并无二致。

---

① 浦善新：《中国行政区划改革研究》，商务印书馆2013年版，第69页。
② 张铁军：《"市管县"体制的困境与"省管县"体制改革的可行性研究》，《厦门特区党校学报》2010年第5期，第45页。
③ 浦善新：《中国行政区划改革研究》，商务印书馆2013年版，第70—72页。

表2-1　　　　中国历年（1949—2004年）市领导县统计

年份	领导县的市数	市领导的县、自治县、旗的数量					市代管的市数	平均每个市领导的县级政区数
		合计	县	自治县	旗	其他		
1949	3	3	3					1.00
1957	3	4	4				1	1.67
1958	29	120	118	2			2	4.21
1959	37	134	132	2			2	3.68
1960	48	234	228	4	2		6	5.00
1961	39	132	127	3	2			3.38
1962	35	127	123	2	2			3.63
1963	28	111	109	2				3.96
1964	28	101	100	1				3.61
1965	25	79	78	1				3.16
1966	23	69	68	1			1	3.04
1967	23	69	68	1			1	3.04
1968	26	85	84	1			1	3.31
1969	28	96	95	1			1	3.46
1970	30	104	101	1	2		1	3.50
1971	36	122	119	1	2			3.39
1972	38	124	121	1	2			3.26
1973	41	131	128	1	2			3.20
1974	42	132	129	1	2			3.14
1975	44	142	139	1	2			3.23
1976	43	141	138	1	2			3.28
1977	45	146	143	1	2			3.24
1978	48	157	151	1	2	3		3.27
1979	52	164	158	1	2	3		3.15
1980	54	166	160	1	2	3		3.07
1981	57	177	171	1	2	3		3.11
1982	58	171	165	1	2	3		2.95
1983	126	534	517	5	9	3	8	4.30
1984	127	568	549	7	9	3	9	4.54
1985	146	658	631	15	9	3	20	4.64
1986	151	698	668	18	9	3	31	4.83
1987	157	689	660	18	9	2	46	4.68
1988	169	711	680	20	9	2	74	4.64

续表

年份	领导县的市数	市领导的县、自治县、旗的数量					市代管的市数	平均每个市领导的县级政区数
		合计	县	自治县	旗	其他		
1989	170	707	671	25	9	2	79	4.62
1990	170	700	664	25	9	2	89	4.64
1991	172	696	660	25	9	2	97	4.61
1992	178	690	652	27	9	2	127	4.59
1993	184	741	698	32	9	2	179	5.00
1994	196	783	741	31	9	2	240	5.22
1995	201	793	751	31	9	2	260	5.24
1996	210	840	797	31	10	2	281	5.34
1997	214	892	833	47	10	2	289	5.52
1998	219	936	876	49	10	1	292	5.61
1999	228	990	925	49	15	1	301	5.66
2000	251	1137	1069	52	15	1	310	5.76
2001	256	1162	1079	53	26	4	314	5.77
2002	265	1220	1122	68	26	4	312	5.78
2003	272	1262	1143	81	34	4	312	5.79
2004	273	1265	1146	81	34	4	312	5.78

注：①本表依据《中华人民共和国县级以上行政区划沿革（1949—1983年）》和《中华人民共和国行政区划简册》（相应年份）整理。②领导县的市包括领导县的直辖市和地级市，也包括代管县级市但不辖县的地级市。

由此，总体上看，中华人民共和国成立以来，市管县体制经历了四个阶段的变迁（见图2-2）。

一是Stag1（1949—1982年）。中华人民共和国成立初期全国范围内总体上推行（大区）—省①—县—乡管理体制，虽短暂实行过市管县实践，但仅限于直辖市、省会城市和大城市。1953年3月12日，政务院发布的《关于改变大行政区辖市及专署辖市的决定》指出："大行政区不作为一级政权。专署为省人民政府的派出机关，不是一级政权，原行政区辖

---

① 除了省之外，还曾设立过相当于省一级建制的旅大、苏北、苏南、皖北、皖南、川东、川西、川南、川北等9个省级行署区，后于1950年和1952年撤销。

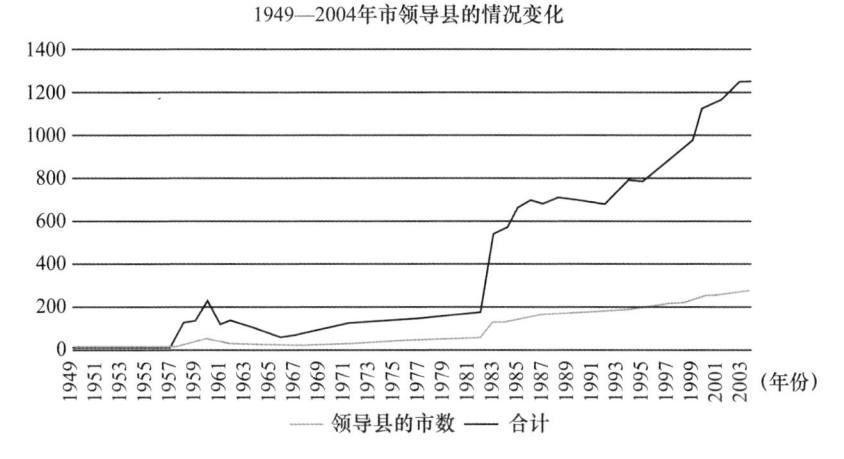

1949—2004年市领导县的情况变化

图 2-1　市领导县的历史数量变迁

资料来源：基于表 2-1 所制。

市，一律改称为中央直辖市。专署辖市的设置，原系权宜措施，且多数专署辖市又系县城改设，设市后使县失去经济中心，影响城乡物资交流。因此决定，凡属数县以上范围的物资集散中心或工矿、国防要地或与发展少数民族地区建设有密切关系的专署辖市，得参照人口情况，改为省辖市，由省人民政府直接领导，或由省人民政府指定该市所在地区之行署或专署领导监督。不属此种类型及原为县城的专署辖市一律撤销。"1954 年宪法明确规定，地方层级为省、县、乡三级，县由省直接领导，地区行署①多数时期只是作为省政府的派出机关，不是真正意义上的一级地方政府。此时期的市有两种类型：（1）管县的直辖市（中央直辖或大区直辖）、省会

---

① 中华人民共和国成立初称为专区，为省级政府的派出机关，其派出机关首长称专员，派出机关称专员公署。1949 年年底，全国共有行署 156 个，到 1951 年年底增加到 199 个。1958 年 4 月 2 日，《中共中央关于适当扩大某些专署权限问题的意见》，同意某些省、自治区在必要时可以适当扩大"建立一级财政、管理市县财政预算、办企事业"等专署权限，专区开始向一级政府实体转变。1958 年推行市管县体制，许多行署被撤销。1959 年行署剩余 118 个。1960 年随着市管县体制撤销，不少在 1958 年因市管县体制推行而撤销的行署建制又得以恢复，1965 年全国计有行署 168 个。1962 年精简机构，重申行署一般不直接管理企事业、不设群众团体，试图虚化行署，但并未从根本上阻止行署转变为政府实体的进程。1967 年 5 月至 1978 年 3 月，"文化大革命"时期，行署被革命委员会所代替，革委会变成了省县之间的正式行政建制。1978 年宪法后，行署恢复为省之间的准行政建制（详见熊文钊《大国地方》，北京大学出版社 2005 年版，第 100—103 页）。

城市和大城市（大区直辖）；（2）省辖市和专署辖市。

二是Stag2（1983—1992年）。既有中华人民共和国成立以来推行的直辖市、省会和大城市领导县，又有自1983年《关于地市州党政机关机构改革若干问题的通知》后推行的地级市领导县。

三是Stag3（1993—2004年）。随着地市合并、地改市、撤地建市、县升格为市，除了黑龙江、西藏、新疆等少数省份仍保留地区行署外，全国范围内多数省区形成了地级市管理县的市管县体制。

四是Stag4（2005年至今）。2005年以来，全国2/3以上省区推行省直管县体制改革，县在财政关系、权限关系与行政关系方面与省对接，但由于原有市管县的纵向隶属关系未完全解除，涉及社会管理、工作考核、安全稳定、非主要领导的人事任免、日常监管等仍然实行市管县体制（尽管市对县的直接领导权限有所减弱，部分事务转为监督指导关系），部分地方出现了省直管县与市管县两种体制并存的双轨制，河南、河北等地宣告结束省直管县改革试点，重新回到市管县体制。

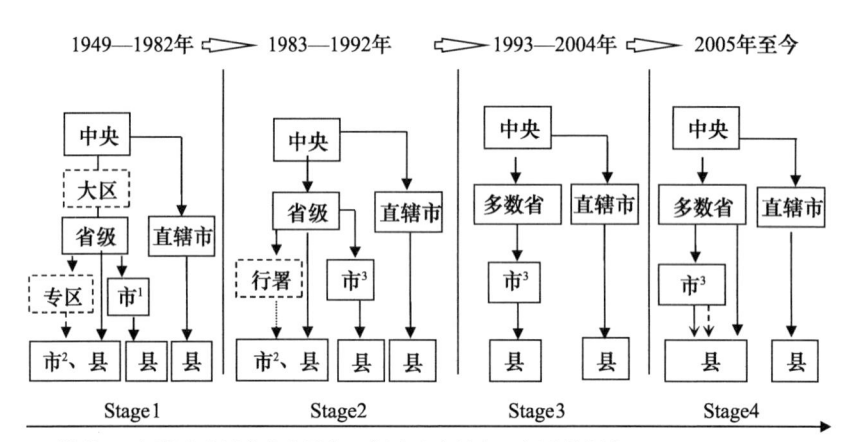

说明：1. 市¹指省会城市和大城市；市²为中小城市；市³为地级市。
2. 专区（行署）历经了虚（1949—1958）—实（1958）—虚转实（1962—1966）—实（1967年5月至1978年3月，为革命委员会所取代）—虚（1978年3月后）的变迁。
3. →为领导关系； -→为代管关系； --→为监督指导关系。

图2-2 中华人民共和国成立以来的市管县历史嬗变

资料来源：笔者自制。

三 市管县体制的动因、优点与问题

最初推行市管县主要是出于保证大城市的蔬菜、瓜果等副产品供应，同时寄希望于发挥以城带乡、市支持县的作用，解决城乡分割问题。学者王金炳关于实行市管县的原因旨在"解决城乡分割的二元经济格局、解决'条条'分割、解决'块块'分割问题、解决地区建制的弊端、解决城市行政区和城市经济区不一致"等五个方面①，全面概括了当初推行市管县的绩效期待与愿景设想。

然而市管县体制从推行起，就存在较大争议，实际效果也不尽如人意。综合学界的观点，市管县体制在特定历史时期的主要问题为：一是层次过多，影响层级沟通并增加管理成本。二是"小马拉大车"，带动作用不明显，城市农村人口比重过大，基础设施与公共服务跟不上，出现"假性城市化"现象。三是市"吃"县、市"刮"县、市"卡"县（市优先发展市区，侵占县级土地资源；另外，在项目、审批、转移性支付等方面进行截留），限制了县域经济发展。四是在特定历史时期，造成了城乡二元分割、加剧了城乡矛盾。五是"均质型地区市管县体制逐渐失效"②。六是与宪法第三十条地方省、县、乡三级建制的规定不完全相符。七是市管县体制本质上是以行政手段配置资源，与社会主义市场经济存在矛盾，导致行政区与经济区冲突。八是分散了市的精力，顾城薄县，重工轻农，顾此失彼。

第二节 省直管县体制改革：提出及实践

鉴于市管县体制在理论与实践上的问题，改革纵向层级，弱化市对县的直接管理关系，推行省直管县体制改革的呼声自20世纪八九十年代起日渐高涨。而海南省1988年建省推行省直管县体制、浙江省推行财政省

---

① 王金炳：《对市管县体制的再思考》，《中国农业银行武汉培训学院学报》2007年第5期，第82—83页。

② 孙学玉、伍开昌：《构建省直接管理县市的公共行政体制》，《政治学研究》2004年第1期，第35—43页。

直管县体制提供了示范效应，2005—2016年省直管县改革试点在全国2/3以上的省份铺开。

一 省直管县体制改革提出

一是实务部门工作人员基于对市管县的真实感悟，不断发出省直管县的务实呼声。早在1988年江苏省委政策研究室的两位研究人员包坤载和陈洪斌（笔名方洪）撰文指出，"逐步实行市不领导县，而由省直接领导县的新的行政领导体制"。[①] 1989年12月，由民政部举办的全国行政区划研讨会上，就有不少专家和政府部门人员指出，市管县体制弊大于利，应予放弃。改革的目标是建立省、县、乡三级政权体制，实行省直管县。[②] 武汉市纪检委干部黄胜林（1998）基于市管县的弊端，撰文提出推行省直管县市具有现实可行性。[③] 民政部划区司的付长良（1997）在《政治学研究》刊文指出，撤销所有地级建制，实行省管县体制应是最根本的出路，落实宪法关于省—县—乡三级制应是我国行政区划总体框架改革的方向。[④] 原山西省委副秘书长兼省委政策研究室主任李淳（1998）也提出，撤去地市一级，由省直接管理县、划小省区的设想。[⑤] 民政部地名司司长戴均良（2001）认为，逐步取消市领导县体制的条件日渐成熟，可分步实行省直管县体制。[⑥] 原浙江省发展计划委员会委员张国云（2003）基于浙江名义上市管县但实际上省管县的实践经验，认为市管县体制不符合市场经济，提出省直管县的呼吁。[⑦]

[①] 方洪：《试论实行省直接领导县的新体制》，《江海学刊》1988年第4期，第46—49页。

[②] 刘雄伟：《搞好行政区划，促进经济发展——全国行政区划研讨会简介》，《计划经济研究》1990年第S3期，第39—42页。

[③] 黄胜林：《机构改革呼唤省管县市》，《社会主义研究》1998年第5期，第36—38页。

[④] 付长良：《试论理顺地区行政公署的行政区划体制》，《政治学研究》1997年第2期，第74—80页。

[⑤] 李淳：《关于政治体制改革的一些认识与设想》，《内部文稿》1998年第2期，第9页。

[⑥] 戴均良：《行政区划应实行省县二级制——关于逐步改革市领导县体制的思考》，《中国改革》2001年第9期，第38—39页。

[⑦] 张国云：《浙江：从"市管县"到"省管县"》，《中国经济》2003年第30期，第17—18页。

二是学术界的推动与呼吁。1988年,文剑、光福①最早提出改革市领导县体制、试行省直接领导县的新体制,其还分析了省直管县在搞活县级经济、发展城市中心作用、减少层级和转变职能、加强农村工作、利于外贸计划等体制配套改革五大方面的作用。王庭槐、卞维庆(1995)②指出,只有从市管县逐步过渡到省管县,才能从根本上消除我国行政管理层次多、机构臃肿等问题。孙学玉(1998)③认为,应撤销地区、市县分治,适当调整部分省市区划,最终实现省直接管理县(市)的新体制,并认为市场经济体制、区域经济发展、交通通信技术提供了省直管县的条件。刘君德(1999)④指出,省直接管理县是未来的发展方向,但鉴于条件限制,先从市县分等过渡到省直接管理县,是一个可行路径。周宝砚(1999)⑤认为,减少行政层次,缩小省区管辖范围,逐步取消地区和市管县(市)体制,是地方行政建制的总体思路。宫桂芝(1999;2000)认为,应采取市县脱钩、市县分治、撤销地级建制,落实《宪法》规定的省县乡三级建制。⑥总的看来,这一时期学界处于对省直管县的设想和呼吁阶段,指出省直管县的未来方向。

三是认为省直管县的时机已成熟。从2001年起,不少研究认为,已具备推行省直管县的时机条件。张银喜(2001)⑦认为撤销地级建制,实行省直管县既必要又可行,持此类似的观点有张仲梁(2002)⑧、段七零

---

① 文剑、光福:《行政领导体制必须适应经济发展的要求——关于"省直接领导县"新体制的设想》,《唯实》1988年第3期,第50—51页。

② 王庭槐、卞维庆:《市管县行政体制剖析及改革设想》,《南京师大学报》1995年第4期,第15—22页。

③ 孙学玉:《撤销地区、市县分治:行政区划调整新构想》,《江海学刊》1998年第1期,第46—51页。

④ 刘君德、靳润成、周克瑜:《中国政区地理》,科学出版社1999年版,第67页。

⑤ 周宝砚:《地方机构改革难点与对策分析》,《行政论坛》1999年第1期,第19页。

⑥ 宫桂芝:《地级市管县:问题、实质及出路》,《理论探讨》1999年第2期,第77—79页;宫桂芝:《我国行政区划体制现状及改革构想》,《政治学研究》2000年第2期,第63—73页。

⑦ 张银喜:《改革地方行政区划和设置的建议》,《中国行政管理》2001年第5期,第10页。

⑧ 张仲梁:《看不见的城墙——城市化进程中的行政区划问题》,《中国统计》2002年第3期,第21页。

(2002；2003)①、伍开昌（2003）② 等。汪宇明（2004）在分析市管县体制弊端的基础上，运用 PEST 分析，得出"改革开放以来中国政治、经济、社会与技术条件发生了显著的变化。正是这种变化要求实施省直管县市体制"的结论，并分析了省直管县的路径选择。③ 孙学玉（2004）④、孙学玉及伍开昌（2004）⑤ 认为，构建省直接管理县市的公共行政体制不仅具有理论上的可行性，同时也是社会发展的现实需要。孙学玉、伍开昌（2004）认为⑥，减少层次，实行省直管县市的扁平化公共行政体制不仅有理论上的可行性，而且有良好的现实条件。实现省对县市直接管理的体制条件已基本成熟。戴均良（2004）指出，随着社会主义市场经济体制的逐步建立和交通通信条件的改善，有些省已经具备了直接领导县的条件。⑦

对现有研究加以回溯分析发现，从 1988 年被首次提出并经实践以来，省直管县研究已历经 30 年。截至 2018 年 2 月 28 日，笔者基于 CNKI，利用三个关键词"省管县"或者"省直管县"或者"省直接领导县"进行"篇名检索"和"全文检索"可得：一是明确提出应"推行省直管县体制（改革）"的文献（多在以"行政区划改革""市管县体制利弊分析"为篇名的文献中提及）数，在 2003 年前为不均衡的年度分布状态且为零星个数（见表 2 - 2），2003 年前的总量仅为 22 篇。二是 2004 年是拐点，但仍主要处于呼吁与浙江经验介绍阶段，随后"省直管县"的提法被广为

---

① 段七零：《中国行政区划存在的问题与改革构想》，《中学地理教学参考》2002 年第 Z2 期，第 32—33 页；段七零：《中国现行行政区划的问题分析与改革探究》，《扬州教育学院学报》2003 年第 1 期，第 53—57 页。

② 伍开昌：《论市管县体制之局限性及新行政体制的构建》，《福建行政学院福建经济管理干部学院学报》2003 年第 3 期，第 28 页。

③ 汪宇明：《中国省直管县市与地方行政区划层级体制的改革研究》，《人文地理》2004 年第 6 期，第 71—74 页。

④ 孙学玉：《省直管县市体制改革建议》，《瞭望新闻周刊》2004 年 10 月 18 日，第 59 页。

⑤ 孙学玉、伍开昌：《构建省直接管理县市的公共行政体制——一项关于市管县体制改革的实证研究》，《东南学术》2004 年第 1 期，第 42 页。

⑥ 孙学玉、伍开昌：《当代中国行政结构扁平化的战略构想——以市管县体制为例》，《中国行政管理》2004 年第 3 期，第 83 页。

⑦ 戴均良：《省直接领导县：地方行政体制的重大改革创新》，《中国改革》2004 年第 6 期，第 68 页。

接受，各类研究中提及省直管县相关的三个关键词（全文检索）、特别是贯以"省直管县"篇名（篇名检索）的均呈几何级增长（见图2-3），省直管县研究进入快速增长期，2009—2010年达到峰值。

表2-2　　　　　　　分年度的"省直管县"研究数量情况

年度	数量/篇名数	年度	数量/篇名数
1988	2/2	2006	742/60
1990	1/0	2007	758/83
1995	1/0	2008	908/83
1997	1/0	2009	1394/272
1998	3/0	2010	1414/248
1999	3/0	2011	1320/213
2000	1/0	2012	1128/162
2001	3/0	2013	1153/153
2002	2/0	2014	1372/179
2003	4/5（2）*	2015	1324/135
2004	207/36	2016	1073/80
2005	451/41	2017	961/59

数据说明：1. 2003年及之前的数据为"明确提出应推行省直管县（不含财政省直管县）"的研究数量；2003年之后的数据为"省直管县改革所有（含全文中有'省直管县'等三个关键词）相关研究"数量。

2. *为篇名检索中有"省管县"等三个关键词的共有5篇，但阅读发现其中3篇实际上都限于"财政省管县改革"，只有2篇"明确提出应推行省直管县"。

资料来源：笔者自制。

二　省直管县体制改革实践

1988年海南省建省即实行省直管县，一步到位构建起"省—市县—乡"三级行政体制，市只管理城市本身，而县则由省直管。这一层级设置顺应了市场经济发展和市县分治的要求，被誉为"海南方向"。而1950年以来浙江省一直延续财政省直管县，特别是历经五轮扩权改革（1992

分年度的省直管县研究数量情况

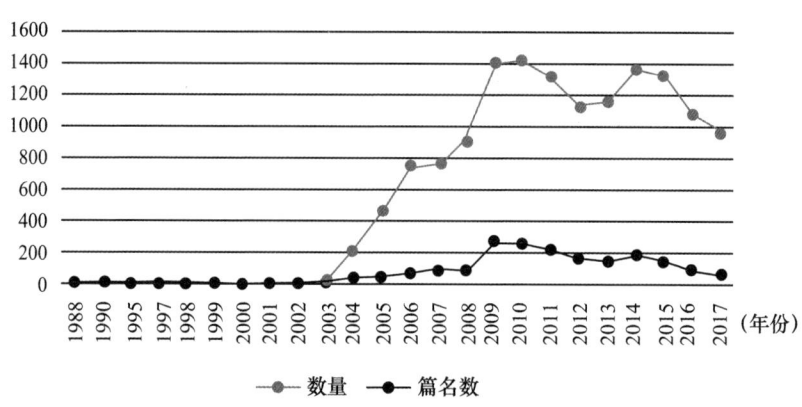

图2-3 分年度的"省直管县"研究数量变迁折线图

资料来源：笔者自制。

年、1997年、2002年、2006年、2008年①），县域经济得到发展，县域治理成效显著。多年来，浙江半数左右的县（市）进入全国百强县，每年占据着全国百强县近1/3的席位。2011年，浙江农民人均收入达13071元，连续27年居全国第一。②浙江财政省管县、扩权改革被称为省管县改革的"浙江经验"。"海南方向"与"浙江经验"为后续省份改革提供了示范效应。

2005年，时任国务院总理温家宝在全国农村税费改革工作会议上的讲话中提出："具备条件的地方，可以推进'省直管县'试点。"2009年，财政部出台《关于省直接管理县财政改革的意见》。2011年《中华人民共和国国民经济和社会发展第十二个五年规划纲要》指出"在有条件的地方探索省直接管理县（市）的体制""扩大县域发展自主权，稳步推进扩权强县改革试点""推进市县空间规划工作，落实区域主体功能定位"。2012年，党的十八大报告提出，要"优化行政层级和行政区划设置，有条件的地方可探索省直接管理县（市）改革"。2013年，党的十八届三中全会《决定》中指出，"优化行政区划设置，有条件的地方探索推

---

① 前四轮为强县扩权改革，第五轮为扩权强县改革。
② 吴金群等：《省管县体制改革：现状评估及推进策略》，江苏人民出版社2013年版，第10页。

进省直接管理县（市）体制改革"；"完善设市标准，严格审批程序，对具备行政区划调整条件的县可有序改市"。2014年3月，习近平总书记在河南省兰考县委常委扩大会议上的讲话中指出："要充分运用省直管县的体制条件，精心运筹、大胆实践，在县域改革中走出一条好路子。"

表2-3　　2005年以来党和国家重要文件、领导人重要讲话中涉及省直管县改革内容

时间	重要文件或领导人讲话	省直管县改革的内容
2005年6月	温家宝《在全国农村税费改革工作会议上的讲话》	改革县乡财政的管理方式，具备条件的地方，可以推进"省直管县"和"乡财乡用县管"的改革试点
2006年1月	中共中央国务院《关于推进社会主义新农村建设的若干意见》	在有条件的地方可以加快推行"省直管县"财政管理体制和"乡财乡用县管"财政管理方式的改革
2006年3月	《中华人民共和国国民经济和社会发展第十一个五年规划》	理顺省级以下财政管理体制，有条件的地方可实行省级对县的管理体制。优化组织结构，减少行政层级
2008年8月	中共中央国务院《关于地方政府机构改革的意见》	继续推行省直接管理县（市）的财政体制改革，有条件的地方可以依法探索省直接管理县（市）的体制，进一步扩大县级政府社会管理和经济管理权限
2008年10月	中共中央《关于推进农村改革发展若干重大问题的决定》	有条件的地方可依法探索省直接管理县（市）的体制
2009年1月	中共中央国务院《关于2009年促进农业稳定发展农民持续增收的若干意见》	推进省直接管理县（市）财政体制改革
2009年6月	财政部《关于推进省直接管理县财政改革的意见》	2012年底，力争全国除民族地区外全部推进省直管县财政体制改革
2010年10月	中共中央《关于制定国民经济和社会发展第十二个五年规划的建议》	继续优化政府结构、行政层级、职能责任。在有条件的地方探索省直接管理县（市）的体制

续表

时间	重要文件或领导人讲话	省直管县改革的内容
2011年3月	《中华人民共和国国民经济和社会发展第十二个五年规划纲要》	扩大县域发展自主权，稳步推进扩权强县改革试点。推进省以下财政体制改革，在有条件的地方探索省直接管理县（市）的体制
2012年11月	中共十八大报告	优化行政层级和行政区划设置，有条件的地方可探索省直接管理县（市）改革
2013年11月	中共十八届三中全会《关于全面深化改革若干重大问题的决定》	优化行政区划设置，有条件的地方探索推进省直接管理县（市）体制改革
2014年3月	习近平总书记在河南省兰考县委常委扩大会议上的讲话	要充分运用省直管县的体制条件，精心运筹、大胆实践，在县域改革中走出一条好路子
2017年10月	中共十九大报告	赋予省级及以下政府更多自主权

自2005年国家层面的政策倡导［措辞从"推行""实行"到"推进"财政省直管县改革；从"财政省直管县"到"在有条件的地方探索省直接管理县（市）体制改革"］以来，全国大范围的省直管县体制改革探索逐步推进。主要表现为三种类型。

一是为缓解县乡财政困难，减少地级市对财政资金的截留，推行财政省直管县改革。浙江省长期坚持"省管县"财政体制，即省级政府将收入考核、转移支付、财政结算、资金调度、项目申报、债务偿还、工作部署等直接到县级政府。[①] 2002年以来，不少省份至少在财政收支预算、转移支付、资金调度、财务结算、工作部署五项实行省直管县。

二是强县扩权或扩权强县改革。将部分属于地级市的经济和社会管理权限（计划管理、经费安排、税务办理、项目申报、用地报批、证照发放、价格管理、统计报送、政策享有、信息获得等方面）直接赋予经济强县或所有县，以壮大县域经济。特别是浙江省连续实施了四轮（1992年、1997年、2002年、2006年）"强县扩权"改革之后，2008年又全面推开"扩权强县"改革。

---

① 何显明：《从"强县扩权"到"扩权强县"——浙江"省管县"改革的演进逻辑》，《中共浙江省委党校学报》2009年第4期，第6页。

三是探索行政省直管县试点。江西、河南、河北、安徽等省在以往财政省直管县的基础上探索包括县主要领导由省直管以及日常行政上的省直管县试点。基本做法是：财政上省直管县，或试水强县扩权或扩权强县逐步过渡到全面的行政上省直管县体制。图2-4中的漫画比较形象、逼真地诠释了省直管县的演进历程。

图2-4 省直管县历程：财政省直管、强县扩权或扩权强县、全面行政省直管
资料来源：网络。

截至2016年11月，笔者带领课题组利用政府官网、互联网搜索发现，2002—2016年，有22个省共出台了129份总计30余万字的省直管县改革相关（财政省直管县、强县扩权、扩权强县）政策文本①，开展了不同程度的省直管县改革（详见第五章表5-1）。

综观省直管县体制改革，大体上有三步走推进方略：第一步，省内试点单列。即在改革初期选取试点省份部分县（市）进行强县扩权、扩权强县或者财政省直管县改革，其目的在于通过扩权或财政省直管，壮大县

---

① 22个省指山东、江苏、安徽、浙江、福建、广东、海南、湖北、湖南、河南、江西、河北、山西、青海、陕西、甘肃、四川、云南、贵州、辽宁、吉林、黑龙江。鉴于省直管县与扩权强县、强县扩权改革交织，129份文本中包括扩权改革文本，即省直管县改革相关政策文本。

域经济,缓解县乡财政困难。第二步,扩大试点规模。将省内单列试点扩展到其余县(市),发挥更大的政策效应。第三步,全面省直管县试点。选择部分经济发达的县(市)进行行政上的全面省直管,试图完全突破市管县体制,发挥省直管县在减少管理层级、增强县级财政实力、改善公共服务和提高行政效率等方面的综合效应。

第三节 两种体制比较:战略分析

一 战略分析视角及框架

由前述历史回溯分析,不难发现,市管县、省直管县两种体制都是在特定的政治、经济、社会和技术背景中形成的,换句话说,是特定时代情境的产物,都有各自的比较优势。正如刘尚希指出,"两种体制都不会十全十美,关键是看其条件和外部环境"[①]。为此,可借助战略分析法对两种体制的环境条件加以综合分析,得出比较结论。战略分析中的PEST分析,可用于分析两种体制在政治(Political)、经济(Economic)、社会(Social)和技术(Technological)四方面的情境。另外,SWOT分析,又提供了两种体制间在优势(Strength)、劣势(Weakness)、机会(Opportunity)与威胁(Threat)方面的比较维度。为此,可综合运用SWOT-PEST分析(见表2-4[②])形成省直管县体制与市管县体制对比分析框架(见表2-5),得出比较结论并做出战略选择。

表2-4　　　　　　　SWOT-PEST组合分析框架

SWOT \ PEST		政治 P	经济 E	社会 S	技术 T
内部	优势 S	PS 政治优势	ES 经济优势	SS 社会优势	TS 技术优势
	劣势 W	PW 政治劣势	EW 经济劣势	SW 社会劣势	TW 技术劣势

[①] 刘尚希:《改革成果存续时间是否太短——对"省直管县"欢呼背后的冷思考》,《人民论坛》2009年第2期,第34页。

[②] 此内容中的部分出自本课题组已完成的阶段性研究成果:《省直管县体制改革中市县关系研究——基于战略分析视角》,南昌大学,硕士学位论文,2016年(作者赖廷桢,指导老师韩艺)。

续表

SWOT \ PEST		政治 P	经济 E	社会 S	技术 T
外部	机会 O	PO 政治机会	EO 经济机会	SO 社会机会	TO 技术机会
	威胁 T	PT 政治威胁	ET 经济威胁	ST 社会威胁	TT 技术威胁

表2-5　省直管县体制与市管县体制 SWOT-PEST 对比分析框架

		市管县体制	省直管县体制	比较及结论
		政治 P/经济 E/社会 S/技术 T	政治 P/经济 E/社会 S/技术 T	
内部	优势 S	PS、ES、SS、TS	P'S'、E'S'、S'S'、T'S'	优势劣势对比
	劣势 W	PW、EW、SW、TW	P'W'、E'W'、S'W'、T'W'	
外部	机遇 O	PO、EO、SO、TO	P'O'、E'O'、S'O'、T'O'	机遇威胁对比
	威胁 T	PT、ET、ST、TT	P'T'、E'T'、S'T'、T'T'	

资料来源：笔者自制。

二　市管县体制的 PEST–SWOT 分析

（一）优势（S）

1. 适应了统筹城乡互补、政权稳定、优化层级管理的政治需要（PS）

实行市领导县体制的直接目的，20 世纪 50 年代主要是为了解决大中城市的蔬菜副食供应，80 年代主要是为了发挥中心城市的辐射带动作用，促进城乡共同发展。市管县的推行，借助自上而下的行政手段整合配置资源，"有利于城乡一体化管理和城乡经济统一规划与发展，更有力地加强了城乡经济优势互补，促进了城乡经济协调发展"[①]，在一定时期内较好地适应了统筹城乡共同发展和稳固政权（比如稳固农业根基、处置基层突发性事件）的政治目标需要。再者，市管县基于地市合并、撤地建市在层级管理上也"精减了政府机构，提高了行政效率"，"解决了省县之间准层次长期虚实不定和缺乏法律主体地位的尴尬局面"[②] 和地市同城重叠的问题。

[①] 戴均良：《中国市制》，中国地图出版社 2000 年版，第 36 页。
[②] 伍开昌：《论市管县体制之局限性及新行政体制的构建》，《福建行政学院福建经济管理干部学院学报》2003 年第 3 期，第 27 页。

2. 形成了区域性市场和一批中心城市，利于城市化的推进（ES）

在行政区划与经济区域比较一致的情况下，市管县体制有利于运用行政力量推动经济改革和组织经济活动。① "有利于调配市里各县的资源，使各县资源能够极大地进行整合，形成地区一盘棋，从大局出发，从整体出发，使得全区资源得到最好的发挥。"② 由此产生的效果是"推动了城市化进程，中心城市发展迅速"③，"能充分发挥中心城市的辐射作用"④，逐步形成以中心城市为依托的城市经济区，一定程度上"促进了区域市场的统一及规模经济的形成"⑤。

3. 统筹城乡规划与社会发展（SS）

纵向层级隶属关系，有利于城乡通开、统筹规划和协调城乡经济和社会的发展⑥，主要表现在：一是市县互动，城乡发展。伴随着中心城市的发展，城市基础设施建设逐步完善，人口承载力不断增强，吸纳了大量农村剩余劳动力，带活了原本相对较为闭塞的城乡关系，打破了传统的城乡二元结构，城市化率显著提高（1990—2014 年，我国城市化率由 26.4% 增至 54.8%⑦）。二是能制定适应整个地区的发展规划，贴近县域实际，细化任务分工，统筹资源配置，减少重复建设，促进城乡社会发展。三是利于给予县级更为直接的资源支持与管理指导（TS）。

4. 利于给予县级更名直接的资源支持与管理指导（TS）

长期以来，县级政府由于地理区位、经济实力和资源禀赋，在技术、

---

① 何显明：《市管县体制绩效及其变革路径选择的制度分析——兼论"复合行政"概念》，《中国行政管理》2004 年第 7 期，第 70 页。

② 2013 年 4 月 23 日课题组对 J 省 R 县的调研，发改委工作人员访谈（编号 20130423 JRF-GW008）。

③ 孙学玉、伍开昌：《当代中国行政结构扁平化的战略构想——以市管县体制为例》，《中国行政管理》2004 年第 3 期，第 80 页；又见孙学玉、伍开昌《构建省直接管理县市的公共行政体制——一项关于市管县体制改革的实证研究》，《政治学研究》2004 年第 1 期，第 36—37 页。

④ 罗湘衡：《对"市管县"和"省管县"体制的若干思考》，《地方财政研究》2009 年第 4 期，第 43—48 页。

⑤ 孙学玉、伍开昌：《当代中国行政结构扁平化的战略构想——以市管县体制为例》，《中国行政管理》2004 年第 3 期，第 80 页；又见孙学玉、伍开昌《构建省直接管理县市的公共行政体制——一项关于市管县体制改革的实证研究》，《政治学研究》2004 年第 1 期，第 37 页。

⑥ 郑定铨：《论市领导县体制》，《中国行政管理》1992 年第 3 期，第 36 页。

⑦ 数据源自 2015 年中国统计年鉴。

人力和能力等方面相对落后。而位处省县之间的地级市——相对省级来说——与所辖县之间有更接近的地理区位和更紧密的关系优势，能基于自身的资源，对县在物资传输、资金帮扶、技术提供和管理能力等方面能够提供更为便捷、高效和稳定的支持。访谈中有官员提到，"例如一些红头文件的出台，省级文件较为笼统，多是概括性信息，不能详细的了解活动具体内容，但是地级市文件相对较为清晰具体，能够很好地指导我们县级工作"。① 市级支持突出表现在一些需要人才、能力和技术的专业性管理业务上，比如公安系统。"从我们公安系统来说，最明显是有利于市级向我们县级有关部门提供刑侦等相关业务指导和技术设备支持，帮助县级更好地提高工作效率。"② "很明显，市公安局能够在人才、技术和设备上给予县公安局直接支持，协助县公安局快速破案，有的时候几乎是无条件的大力支持。"③

实际上，从问卷第3题"您认为，'市管县体制'的显著优点有哪些？"中也能证明上述在政治、经济、社会和技术方面的优点，排序结果依次是："A. 加强对县的管理与指导，利于区域治理"；"D. 便于统筹城乡规划及市域范围内统一的公共服务提供"；"C. 形成经济合力，利于中心城市发展"；"B. 发挥以城带乡作用"；"E. 其他"（问卷对象所填写的内容主要有"便于管理区域生态环境，处理突发事件""有利于细化指导""技术设备和专家都依靠市里""有利于干部晋升""利于维稳"等）。

（二）劣势（W）

1. 法律依据不够充分，未真正形成城乡良性共治的制度安排（PW）

宪法第三十条明确地方为省、县、乡三级，同时规定，"直辖市和较大的市分为区、县"。为此，严格来说，只有46个较大的市（18个经国务院批准的"较大的市"，加上自然成为较大的市的28个省会城市）和4

---

① 2013年4月23日课题组对J省R县的调研，法制办工作人员访谈（编号20130423JRFZB002）。

② 2013年4月23日课题组对J省R县的调研，公安局工作人员访谈（编号20130423JRGAJ006）。

③ 2013年10月12日课题组对海南省S市公安部门官员的访谈（编号20131012HSGAJ005）。

个直辖市可实行市管县。市管县模糊了"地级市"与"较大的市"两个概念，"与宪法相抵触，法律依据并不充分"①，与有关的法律不相符合②。另外，"行政的市管县与经济的市带县并不一致"③，产生了经济学意义上的"挤出效应"，导致城乡差距越来越大④。城乡脱节、条块分割的状况没有完全改变，存在重城市轻农村、重工业轻农业、重市属企业轻县乡企业的倾向。⑤ 市管县体制在早期"并没有建立一整套有效的促进城乡融合的制度安排，城乡之间并未真正形成良性互动"⑥，"没有达到实现城乡统筹协调发展的初始目标"⑦。

2. 阻碍县域经济发展，早期存在城市虚化现象（EW）

一是"小马拉大车"，难以带动地区经济的整体发展，存在虚假城市化现象（农业比重过大，流入地级以上城市的农民工占全国农民工总量的64.7%⑧，难以真正转变为市民和融入城市，与实质意义上的城市化仍有差距）。周一星和胡大鹏（1992）通过对县长的调查问卷，发现县长们普遍反映地级市对辖县的扩散作用、带动作用较小。有些地方，不仅支持很少，而且还有较大的消极作用。⑨

二是市在项目、审批、资金等方面截留，"市刮县"、"市卡县"⑩、

---

① 宫桂芝：《地级市管县：问题、实质及出路》，《理论探讨》1999年第2期，第77—79页。
② 付长良：《试论理顺地区行政公署的行政区划体制》，《政治学研究》1997年第2期，第76—77页。
③ 宫桂芝：《我国行政区划体制现状及改革构想》，《政治学研究》2000年第2期，第68页。
④ 张占斌：《省直管县体制改革的实践创新》，国家行政学院出版社2009年版，第1页。
⑤ 文剑、光福：《行政领导体制必须适应经济发展的要求——关于"省直接领导县"新体制的设想》，《唯实》1988年第3期，第50—51页。
⑥ 郭峰、汤毅：《地域性城市与县域经济发展："市领导县"体制再评估》，《经济与管理研究》2017年第3期，第51页。
⑦ 吴金群等：《省管县体制改革：现状评估及推进策略》，江苏人民出版社2013年版，第34页。
⑧ 数据源自《2014年全国农民工监测调查报告》，农民工指户籍仍在农村，在本地从事非农产业或外出从业6个月及以上的劳动者，http：//www.stats.gov.cn/tjsj/zxfb/201504/t20150429_797821.html（2016年2月22日查询）。
⑨ 周一星、胡大鹏：《市带县体制对辖县经济影响的问卷调查分析》，《经济地理》1992年第1期，第8—14页。
⑩ 文剑、光福：《行政领导体制必须适应经济发展的要求——关于"省直接领导县"新体制的设想》，《唯实》1988年第3期，第50—51页。

市"吃"县①，阻碍县域经济发展②。杨志勇分析了市管县体制中，强市与强县关系（SS）、强市与弱县关系（SW）、弱市与强县的关系（WS）、弱市与弱县的关系（WW）四种类型，认为"强市弱县"对县较为有利，而其他关系都不利于县域经济增长与县级政府公共服务能力的提高。③ 郭峰、汤毅（2017）基于浙江、黑龙江、甘肃三省的县级面板数据，利用双重差分方法发现，"市领导县"体制削弱了县域经济增长率2.19个百分点，同时也削弱了县农民人均纯收入增长率5.05个百分点，得出中心城市拉动周边农村地区经济发展的初衷不仅没有实现，反而因为对农村和农业生产重视不够而削弱了农村经济发展的结论。④

3. 增加社会成本，行政性配置资源不利于地方及区域协调发展（SW）

由于市管县，地级市不得不增加城市管理之外的涉农、涉县机构和人员，庞大的机构，行政开销负担重⑤，增加管理和社会成本（一个地市级副职每年职务消费40万元以上、经济好的要100万元以上，尤其是个别单位领导干部公私不分、集体性职务消费等腐败行为，造成公共财政奢侈浪费惊人⑥；按一个地级政区2100个行政编制计算，全国333个地级政区就达70万人。一个地级市的财政支出一般在10亿元以上，沿海发达地区将近30亿元。如按照10亿元计算，全国地级政区每年的财政支出高达3000亿元⑦）。另外，市政府对周边地区进行压迫式区域管理，逐渐演变

---

① 伍开昌：《论市管县体制之局限性及新行政体制的构建》，《福建行政学院福建经济管理干部学院学报》2003年第3期，第27—28页；又见孙学玉、伍开昌《构建省直接管理县市的公共行政体制——一项关于市管县体制改革的实证研究》，《政治学研究》2004年第1期，第37—40页。
② 张银喜：《改革地方行政区划和设置的建议》，《中国行政管理》2001年第5期，第8—9页。
③ 杨志勇：《省直管县财政体制改革研究——从财政的省直管县到重建政府间财政关系》，《财贸经济》2009年第11期，第36—41页。
④ 郭峰、汤毅：《地域性城市与县域经济发展："市领导县"体制再评估》，《经济与管理研究》2017年第3期，第51页。
⑤ 张银喜：《改革地方行政区划和设置的建议》，《中国行政管理》2001年第5期，第8—9页。
⑥ 杨守勇等：《公共财政奢侈浪费惊人：地市级副职每年花40万》，《人民日报》2013年8月15日。
⑦ 马春笋、张可云：《我国行政区划基本问题与走向探讨》，《中国行政管理》2009年第3期，第42页。

成城市中心主义,不利于城乡统筹和"三农"问题的解决。[1] 市管县体制并没有真正达到"以城带乡""城乡互补"的共同协调发展的目的。[2] 城乡差距的不断拉大,地级市之间的恶性竞争与跨区域治理的困境[3],在一些地方阻碍了社会经济资源在区域范围的自由流动、自行组合和优化配置,妨碍了地方整体经济力量的提升和社会协调发展。[4]

4. 降低行政效率,基层权责不对等和负担较重,引发市县矛盾和冲突(TW)

一是省县之间的对话被地级市阻隔,信息沟通阻滞,容易失真,效率降低[5],出现"效率漏斗"和"效率悖论"[6]。

二是市级掌控资源和财权,县级由于财权和事权不对称,同时并存三大"漏斗效应"[7](财政漏斗、权力漏斗与效率漏斗),缺乏推动经济发展的动力和条件[8]。县级为了应付市级检查、汇报和总结,一定程度上造成文山会海、公务旅行、资源浪费,基层疲于奔命、不堪负担。

三是市县矛盾。重城轻乡、重市轻县,顾此失彼,市级难以集中精力搞好城乡经济建设。[9] 为了中心城市发展,地级市往往通过"吃""拿""卡""要"等方式瘦县肥市,引发县的不满。市县内耗严重,造成了大量资源浪费。[10] 当市县都从自身利益最大化出发时,难免引发争利甚至矛

---

[1] 参见鲍晨辉《财政体制简化之路慎行——"省直管县"财政体制弊端分析》,《地方财政研究》2007年第1期,第27页。

[2] 徐竹青:《省管县建制模式研究——以浙江为例》,《中共浙江省委党校学报》2004年第6期,第95—96页。

[3] 叶敏:《增长驱动、城市化战略与市管县体制变迁》,《公共管理学报》2012年第2期,第36页。

[4] 何显明:《市管县体制绩效及其变革路径选择的制度分析——兼论"复合行政"概念》,《中国行政管理》2004年第7期,第70—72页。

[5] 张仲梁:《看不见的城墙——城市化进程中的行政区划问题》,《中国统计》2002年第3期,第21页。

[6] 庞明礼:《"市管县"的悖论与"省管县"的可行性研究》,《北京行政学院学报》2007年第4期,第16—19页。

[7] 任卫东、吴亮:《审视行政"第三级"》,《瞭望新闻周刊》2004年第23期,第32—33页。

[8] 参见鲍晨辉《财政体制简化之路慎行——"省直管县"财政体制弊端分析》,《地方财政研究》2007年第1期,第27页。

[9] 周宝砚:《地方机构改革难点与对策分析》,《行政论坛》1999年第1期,第19页。

[10] 薄贵利:《稳步推进省直管县体制》,《中国行政管理》2006年第9期,第29—32页。

盾冲突。

实际上，从问卷第 4 题"在您看来，'市管县'体制的可能缺陷有哪些？"的结果看，证实了市管县在政治、经济、社会和技术方面的劣势，排序依次是："A. 增加管理成本，影响管理效率"；"D. 在有的地区，市对县的带动作用不明显"；"F. 城乡利益分配不均衡（有的地区存在'市卡县''市刮县''市挤县'）"；"C. 市县职能划分不清"；"B. 在有的地区，束缚县域经济的发展"；"E. 法律依据不够充分"；"G. 其他"（代表性观点有"实际市对县的业务指导不足""卡住关键资源""两个婆婆，多头管理"等）。另外，从问卷第 25 题"能否可请您列举您所在地的市县关系（合作、竞争、矛盾、冲突等）的案例？"的填写结果（"地级市在制定发展规划时，利益分配上仍然采用'摊大饼'的形式，对本县的支持缺乏针对性，力度有限，不能充分挖掘释放本县潜能。""目前市对县财政管得过死，对县财政上解较大，制约了县级经济发展的积极性和社会事业发展。""浙江湖州市长兴县拒绝撤县变区成为市管县，甚至公职人员带头游行。""武宁县域范围内有庐山西海，庐山西海 80% 的水域在武宁县，其余在永修县，但由于庐山西海旅游资源丰富，为整合，市政府安排一个专门管委会负责庐山西海全域旅游开发管理，但没有协调好两县的争议，与两县争夺旅游开发利益，分割两县行政管理权限。""在跨区域公共平台使用上不能实现共用共享，如 C 机场应服务全省，而 G 新区与 N 市对此尚有争议，涉及管理权、资金、政策等。"）中也能折射出市管县的弊端。

（三）机遇（O）

1. 迎来城市群、都市圈、中等城市战略契机，具备融入的优势（PO、TO）

城市是经济社会发展的增长极。《国家新型城镇化规划（2014—2020年）》提出，要发展城市群。"十三五规划纲要"提出，加快城市群发展；增强中心城市辐射带动功能，发展一批中心城市，强化区域服务功能；加快发展中小城市的战略。党的十九届四中全会提出，要"加快推进市域社会治理现代化"。《十四五规划和 2035 年远景目标纲要》指出：发展壮大城市群和都市圈，分类引导大中小城市发展方向和建设重点，形成疏密有致、分工协作、功能完善的城镇化空间格局。在中西部有条件的地区，以中心城市为引领，提升城市群功能，加快工业化城镇化进程，形成高质量发展的重要区域。破除资源流动障碍，优化行政区划设置，提高中心城市综合承载能力和资源优化配置能力，强化对区域发展的辐射带动作用。目前，京津冀、长三角、珠三角城市圈发展加快，中西部地区城市群正在形成，未来都市圈城市群的发展都离不开地级市的融入与作用发挥。近年来一些地方针对地级市提出打造成省域副中心城市的目标。因此，市管县体制下发展起来的一些地位显赫、辐射能力较强的地级中等城市，迎来融入城市群、升格为副省级市、省域副中心城市的政策契机，且在转型升级方面有着相对较好的实力与优势，面临较小的区域治理成本。

2. 在都市区治理和区域经济一体化方面扮演重要角色（EO）

从国际城市与区域治理的经验看，地区型中等城市的发展是配合区域特大城市构建城市圈和区域治理的重要环节。事实上，地级市以其在区位、技术、管理、资源等方面的实力，特别是市管县体制下依靠"极化效应"汲取壮大的一批地级市，在都市圈建设、区域性基础设施共建共享、统一性公共服务提供、跨地区治理、推进区域经济增长等方面都将扮演重要作用。

3. 地区差异性和制度惯性决定了市管县体制在某些地区有存续必要（SO）

我国幅员辽阔、各地不一。一些省份涉及边疆和民族事务，市较之于省更贴近群众实际，在民族事务处理和矛盾化解上有着优势，如西藏、新疆、青海等少数民族自治区；一些省份地势复杂，实行市管县能够解决省级难以延伸到偏远山区的问题，如云南、贵州等；一些省份辖县较多，实行市管县能分担省政府的管理压力，如四川、河北。在交通通信不便、管理技术落后、省级管理幅度过大且能力有限、强市弱县且市县关联度高的地区，市管县有一定的必要。况且，市管县体制实践运行三十多年，已经形成较大的体制与制度惯性。

（四）威胁（T）

1. 与城乡分治、区域经济规律、结构扁平化趋势不完全相符（PT、TT）

有学者认为，地级市管县实际上是在将已经实行了近百年的"城乡分治"重新回归到"城乡合治"的老路上去，这与世界政制史所揭示的

"城乡合治"必然走向"城乡分治"的历史规律背道而驰。① "市领导县体制是行政体制与市场经济的矛盾"②，运用行政权力追求行政区划与经济区域统一的努力，恰恰又严重阻碍了市场机制的作用。③ 另外，扁平化、弹性化结构是行政组织的方向，而市管县与扁平化趋势相悖，特别是随着互联网、物联网、大数据等现代信息技术的成熟和城乡交通系统的完善，省县之间距离的拉近，地级市作为中间管理层次的必要性确实在降低。

2. 省直管县受到认可且彰显出经济及社会实践成效（ET、ST）

鉴于市管县体制的弊病，无论是学术界和实务部门对省直管县改革的呼吁，还是 2005—2015 年党和国家重要文件、领导人讲话中都在鼓励有条件的地区探索省直管县改革。在部分先行试点财政省直管县改革以及扩权强县的地区，县域经济总体上得到了卓有成效的发展（详见后文关于省直管县的优势分析）。特别是浙江省县域经济之所以发展迅速，财政省管县和扩权改革的作用功不可没④。省直管县的优势与成效，对传统的市管县直接构成了挑战与冲击。

三 省直管县体制的 PEST – SWOT 分析

（一）优势（S）

1. 契合宪法精神，利于优化政务管理、城乡分治互动和增强政治回应性（P'S'）

省直管县符合宪法确定的地方层级架构精神，省直管县能一定程度上解决依靠行政力量进行"板块式行政合治"存在的厚城薄乡、城乡差距拉大的问题，利于优化政务管理与城乡分治互动。在减少地级市的干预之后，实力增强的县级政府拥有更多的财力和更大的权力去推动县域治理与

---

① 宫桂芝：《地级市管县：问题、实质及出路》，《理论探讨》1999 年第 2 期，第 78 页。
② 戴均良：《省直接领导县：地方行政体制的重大改革创新》，《中国改革》2004 年第 6 期，第 68 页。
③ 何显明：《市管县体制绩效及其变革路径选择的制度分析——兼论"复合行政"概念》，《中国行政管理》2004 年第 7 期，第 70—72 页。
④ 陈国权、李院林：《地方政府创新与强县发展：基于"浙江现象"的研究》，《浙江大学学报》2009 年第 5 期。

乡村建设；而从管县中解脱出来的地级市"由广域型政区回归城市型政区，其管理范围缩小为市区和郊区。有助于专注城市的建设与发展，更好地提高城市竞争力，防止城市虚化泛化现象的不断蔓延"①，同时中心城市能集中精力在区域治理中发挥辐射带动作用。另外，"省县对接，政令能顺畅地传达到县并有效地执行，让省里也能够了解更多的基层实际，听取更多的基层意见和百姓心声"②，利于因地制宜和增强政治回应性。

2. 有效破解市级对县的财政截留，推动县域经济增长（E′S′）

省直管县，省县财政直接对接，能有效避免地级市对县的财政截留，提高财政资金使用效率；同时，权限下放，县级获得设区市相当的经济社会管理权限，能极大程度促进县域经济发展。张占斌（2007）指出，"强县扩权"改革扩大了县级政府的权力，有利于发展县域经济，统筹城乡发展，更好地解决"三农"问题。③ 才国伟、黄亮雄（2010）基于全国县域数据发现，省直管县改革显著提高了地方财政支出和经济增长速度。而且，财政省管县对财政支出的促进作用好于强县扩权；而强县扩权对于经济增长的促进作用要好于财政省管县。如果两种措施共同使用，作用则更大。④ 李建军等（2011）基于湖北省的实证研究指出，省管县财政改革显著提升了县（市）财政健康水平。⑤ 毛婕、赵静（2012）通过运用 OLS 和 DID 两种方法对 2000—2007 年县级数据进行实证分析，证实了省直管县改革对县域经济发展的推动作用。⑥

3. 减少社会成本，改进县域治理，促进城乡社会协调发展（S′S′）

层级减少、权力下放，能方便基层群众办事，减少社会成本。随着

---

① 胡汉伟、杨华伟、王飞：《省直管县体制在破解市管县体制弊端中的积极作用》，《行政科学论坛》2014 年第 6 期，第 42 页。

② 2013 年 4 月 23 日课题组对 J 省 R 县的调研，林业局工作人员访谈整理（编号 20130423JRLYJ005）。

③ 张占斌：《政府层级改革与省直管县实现路径研究》，《经济与管理研究》2007 年第 4 期，第 22—23 页。

④ 才国伟、黄亮雄：《政府层级改革的影响因素及其经济绩效研究》，《管理世界》2010 年第 8 期，第 73—83 页。

⑤ 李建军、谢欣：《地方财政健康与财政分权——基于湖北省县级数据的实证研究》，《当代财经》2011 年第 7 期，第 33—42 页。

⑥ 毛婕、赵静：《"省直管县"财政改革促进县域经济发展的实证分析》，《财政研究》2012 年第 1 期，第 38—41 页。

地级市工作重点转向城市建设和辖区发展，原有的涉农、涉县部门已无存续必要，可予以裁撤，从而减少支出和减轻社会成本。另外，随着县级财力及权限的扩大，能够有实力改善基础设施与优化公共服务，促进城乡经济社会发展。文剑、光福早在1988年指出，省直管县利于搞活县级经济。① 傅光明（2006）认为，改革扩大了县市经济和财政权限，充分调动了县级政府发展经济的积极性，增强了县级政府对经济、社会事务宏观调控能力，促进了县域经济的发展和省域范围内经济社会的协调发展。② 吴金群等（2013）指出，省直管县可以通过公共服务统筹权的上移使得落后县（市）能取得更多的转移支付，进而实现基本公共服务的均等化，促进社会公平；也可以通过城乡分治充分发挥市县两级政府的积极性，既加快城市化发展，又推进社会主义新农村建设，进而达到市县协调发展。③

正如课题组在访谈中所听到的："成效还是非常明显的，一个是行政效率明显提升，因为省直管县减少了行政层级，很多办事效率都提高了，行政审批效率和审批流程都得到了优化，这样的话就方便了企业和群众办事。第二个是激活了县域经济发展的活力，省直管县体制的实行，县一级的自主发展能力就更强一些，可以集中一些财力去办一些大事，可以提高财政资金的利用效率，同时缓解县级资金的压力，对地方政府来说，也是一种很大的动力。第三个就是统筹发展的能力得到了增强，刚好赶在我们城镇化的时候，这些年我们县的城乡发展发生了翻天覆地的变化，尤其是县城发展的框架不断地扩大，基础设施越来越完善，公共服务水平确实得到了明显提升。"④

4. 优化组织结构和减轻基层负担，降低行政成本和提高行政效率（T′S′）

省直管县，通过弱化地级市对县的直接管理，形成扁平化组织结构，

---

① 文剑、光福：《行政领导体制必须适应经济发展的要求——关于"省直接领导县"新体制的设想》，《唯实》1988年第3期，第50—51页。
② 傅光明：《财政"省管县"需解六大难题》，《中国改革报》2006年8月17日第5版；又见傅光明《论省直管县财政体制》，《财政研究》2006年第2期，第22—25页。
③ 吴金群等：《省管县体制改革：现状评估及推进策略》，江苏人民出版社2013年版，第13页。
④ 2015年10月9日课题组对A省Y县的调研，政府办人员访谈整理（编号20151009AYZFB001）。

能实现省县对接,其显著的技术优势和效果为:一是组织结构优化,沟通顺畅,减少不必要的工作量。减少了以往会议层层召开、检查和指标层层下达,汇报层层上报,基层疲于应付、不堪负担的问题。二是办事程序简化,行政效率得到提高,降低行政成本的同时,也减少了寻租空间,"防止官僚主义和腐败"①。安徽省政府发展研究中心课题组通过对省内省直管县改革试点县的调研,发现改革后的试点县部门间关系显著优化,工作效率大幅提高。②

> 几个好处:第一,信息快捷。就是这个嘛。少了层级,非常快。因为我们一起到省里开会(发现),(任务)先由部里面到省里面,再由省里面就直接到县里面了。就很快,"十三五"的政策,省里布置的政策,我们很快就掌握了。而且就像我们过去所说的,存在"传话筒",在传输的过程中就会出现偏差。中央政策为什么到下面就会变化,就是这样的。我们就很清楚,因为我们和过去是有区别的,不参加市里的短会,直接参加省里的会议。我们就会发现,他们(省里)在传递信息的过程中,市里面就会筛选——他(市里)可能觉得这项工作今年不打算做了,或者我们"十三五"和省里的"十三五"还是有变化——到我们这里来信息就会变化的。现在直接参加省里的会议,我们就很快知道很准确的信息。这是信息。第二就是我们在申报一些东西的时候,因为我们现在和省里面对接的就是 OA 平台,他们已经把我们纳入了他们的 OA 平台,那么比如说我们上报材料,过去我们是一级一级向上报。我要起草以后送到 J 市,然后他们拿到文件以后,给领导审批,再在我们的基础上形成文件上报到省里。现在就很简单,我们关系也处理的还可以,我一个电话过去和市里沟通,沟通好以后,我直接把电子版上传,我人根本不用过去了。然后通过 OA 平台直接就可以看到,如果他们有什么疑问("你们这

---

① 薛刚凌:《行政体制改革研究》,北京大学出版社2006年版。
② 安徽省政府发展研究中心课题组:《扩权让利助推县域经济腾飞——关于广德开展省直管县改革试点情况的调研报告》,http://www.dss.gov.cn/News_wenzhang.asp?ArticleID=332853(2014年7月15日查询)。

是什么意思？是不是还有其他想法？"），一个电话就联系了。就是非常的快捷，这是我们以前不可想象的。（以往）一个事情要走很长时间。另外还有一个好处就是，直接向省里面申报以后，省里面通过以后，在实施的过程中，我们至少可以节省两个月的时间。过去走程序的时候，要经过市里面的程序，从项目申报到实施，至少要多两到三个月。过去一个项目经历了一年的时间。现在半年不到，有时三个月时间，只要省里面肯批。当然省里批也要根据他开会的时间，比如我们一月份申报，他三月份开会，如果我们三月份申报，他们三月份开会，我们估计五月份就可以实施，就两个月的时间。这就是时间上，两到三个月，最长半年。①

实际上，从问卷第5题，"在您看来，'省直管县'体制的突出优点有哪些？"的结果看也能印证上述优点分析，排序依次是："A. 减少行政层级，节约行政成本"；"B. 精简机构和编制，提高行政效率"；"F. 市县之间的利益分配更加公平合理"；"C. 增强省与县之间信息传递的准确性与有效性"；"D. 缓解县级财政困难，调动县级政府积极性，促进县域经济发展"；"E. 利于省与县之间经济上的横向联合与对等合作"；"G. 其他"（主要的代表性观点为"县级不受市里盘剥和不必要的管理""县里获得相对自由的权力空间""能够省县直接对话，规避市里影响""不再怕得罪市里""政策更加灵活""干部晋升可以直通省里部门"等）。

（二）劣势（W'）

1. 县级权力扩张后监管困难，省级管理风险加大（P'W'）

在现行行政区划下，省直管县体制改革造成的省级管理幅度的增加将会削弱省一级宏观调控能力。② 根据《中国统计年鉴2017》，截至2016年年底，全国内地（不含港澳台地区）共有334个地级行政区划（其中地级市293个），1843个县级行政区划（县级市360个、县1366个、自治

---

① 2016年6月2日课题组对J省省直管试点G县的调研，住建交通局人员访谈（编号20160602JGZJJ001）。

② 张尔升、李雪晶：《管理层次及其相关变量的经济效应——来自中国典型的省直管县的证据》，《江南大学学报》（人文社会科学版）2011年第4期，第74—80页。

县 117 个）。如果实行省直管县体制，除去 4 个直辖市，另外 27 个省级政府将直管 3185 个下级政府，平均每个省区管理的县级政区（县、县级市和自治县）的数量为 68.3。省级管辖幅度超过 100 个县的有四川（131）、河北（121）、云南（113）、河南（106）4 个省。而随着财权、经济和社会管理权限下放，县级权力扩张后的监督难度加大，省级政府不但"面临较高的对县级监管成本"①，在突发性公共事件中由于缺少更为贴近基层的市级的及时应对处置，可能会引发管理和社会稳定风险。

2. 削弱地级市财力，可能会影响地级市经济与发展（E′W′）

省直管县，地级市原有的寄生于县级之上的利益格局被打破，尤其是财源萎缩，可能会影响地级市的发展。县将与地级市在人才、资源等方面展开竞争，甚至可能会挤占其发展空间，影响市级发展。郑风田认为，省直管县有可能抽空我国中等城市发展成长的血液，严重阻碍城市化进程。② 才国伟等人（2011）研究发现，尽管正面作用同时存在，但财政"省直管县"削弱了地级市的财政收入能力；"强县扩权"不利于城市产业结构的调整；财政"省直管县"抑制了城市经济增长；"强县扩权"和财政"省直管县"抑制了城市规模的扩大。③

3. 市县因竞争加剧产生负效应，不利于区域统筹（S′W′）

省直管县，市县逐渐从纵向的"领导—协作"关系走向横向的"协调—竞争"关系，特别是权力扩张后的县域主体竞争可能加剧，容易引发恶性竞争，在缺少区域统筹的情况下，可能会导致基础设施同构与重复建设，造成资源浪费。课题组 2013 年针对海南的调研中发现，随着权力下放，市县政府自主权扩大，竞相制造行政壁垒，阻滞生产要素在区域间的正常流动，区域经济一体联动效应难以发挥，甚至引发恶性竞争。以旅游为例，各地奉行地方保护主义，争夺客源。最为典型的表现是，各市县的旅游车只能在各自范围内活动，一旦超出就会遭受外地交通部门的处罚。较之于地级市，弱县在获取资源与上级政府支持的过程中处于劣势，

---

① 郑风田：《不宜神化"省直管县"》，《人民论坛》2009 年第 18 期。
② 郑风田：《不宜神化"省直管县"》，《人民论坛》2009 年第 18 期。
③ 才国伟、张学志、邓卫广：《"省直管县"改革会损害地级市的利益吗?》，《经济研究》2011 年第 7 期，第 65—77 页。

二者间的差距将会持续拉大。① 另外，从问卷第 10 题"您所在地区，省直管县改革的成效如何"题中答"成效不明显"和"没有效果"的原因回答中即有"不利于市域范围内的利益协调与区域统筹"这一代表性观点也可见一斑。

4. 省级管理幅度过大，区域性公共事务治理面临问题（T′W′）

省直管县改革增强了县域自主发展的能力，省域内的竞争由以市为核心的集团战变为县市单兵作战，不但可能引发县市官员"晋升锦标赛"②，而且各自为政的县域主体降低了彼此间合作的可能，其结果是城乡发展规划、公共交通、环境治理以及基础设施共享等区域性公共事务因缺乏市县间相互协调出现"囚徒困境"，降低资源配置效率，可能会破坏区域内统一的公共服务体系，导致市场分割和治理碎片化，这对省级管理幅度与管理效率构成挑战。

问卷第 6 题，"您认为，'省直管县体制'较为明显的缺点是什么"的排序中，"A. 省级管理范围扩大，有可能鞭长莫及"；"D. 可能不利于区域范围内的利益协调与区域统筹"；"B. 可能导致县级盲目扩张和无序开发"；"C. 可能引发地区封锁甚至恶性竞争"；"E. 原有的中心城市发展受限"，也能印证上述省直管县的缺点。另外，"F. 其他"中的填定内容为"省市互相推卸责任""利益受阻""理想很丰满，现实很骨感""容易造成双重管理""对省级监督能力是极大考验""易造成重复建设"等也能起到补充说明。

（三）机遇（O'）

1. 契合宪法精神和国家政策导向，与世界潮流相符（P′O′）

省直管县的初衷即将原有的省—市—县—乡四级回归为宪法规定的省—县—乡三级，真正契合宪法精神。另外，省直管县，一改市管县体制下发展的重心仍在中心城区的格局，激发县域经济发展活力，利于实现国家新型城镇化战略。从国际上看，市县分治与扁平化是普遍做法：一是在市县关系上，市县之间只有地理范围的域限关系但没有隶属关系，而是基于竞争与合作机制实现地方和区域治理。二是多数国家尤其是发达国家地

---

① 2013 年 10 月 11 日课题组对海南省 Q 姓官员的访谈（编号 20131011HQ016）。
② 周黎安：《中国地方官员的晋升锦标赛模式研究》，《经济研究》2007 年第 7 期，第 36—50 页。

方几乎都是二至三级政府架构,四级及以上仅占 3.7%①。

2. 更加适应社会主义市场经济的需要（E′O′）

市管县体制依靠行政性手段纵向配置资源,试图通过"板块化行政合治"实现行政区与经济区的统合,促进城乡发展。其本质仍是计划经济的思维导向,而非市场经济所倡导的资源要素跨区域自由流动、自主竞争、经济区辐射和联动。市管县体制中政府对市场存在较多不当干预,"其积极作用将随着市场经济的发展而失去其意义,只有建立省直管县体制才能从根本上解决市管县体制的弊端和问题"②。而省直管县,解除市县间原有的纵向隶属关系,推行市县分治,明确市县各自的权责,能够较好地以市场机制而非行政性方式配置资源,更加适应社会主义市场经济的需要。

3. 彰显实践绩效,社会认同度高（S′O′）

市管县体制试图利用城乡合治达到城乡统筹发展的目的,虽在计划经济时期发挥过一定的作用,但总体上是失败的。③ 省直管县体制以其在减少政府层级、降低行政成本、提高行政效率、壮大县域经济上的优势,满足了社会对高效政府、节约型政府、有限型政府的期待和认同。

4. 信息技术及交通的发展为省直管县提供了条件（T′O′）

在交通不便、信息技术落后的情况下,推行市管县很大程度上是为了缓解省县之间的距离。然而,20 世纪 90 年代末以来互联网和信息技术的迅猛发展,许多行政事务能够基于网络技术跨越省县之间的地理空间屏障以及时传达和解决,不但行政效率得以提高,也极大程度地拉近了省县之间的距离。而近年来交通条件得到极大改善。2003—2018 年,全国铁路营业总里程由 7.3 万千米增加至 13.17 万千米,增速 80.4%；公路总里程由 180.98 万千米增加至 484.65 万千米,增速 167.8%。④ 截至 2022 年,中国公路总里程已达 528 万千米、高速公路达 16.91 万千米,居世界第一位。2022 年 9 月底,全国铁路营业里程达到 15.3 万千米,其中高铁 4.1 万千米,继续领跑世界,占世界总长的 2/3。铁路覆盖全国 99% 的 20 万

---

① 浦善新:《中国行政区划改革研究》,商务印书馆 2013 年版,第 265 页。
② 王庭槐、卞维庆:《市管县行政体制剖析及改革设想》,《南京师大学报》(社会科学版)1995 年第 4 期,第 15—22 页。
③ 吴金群等:《省管县体制改革:现状评估及推进策略》,江苏人民出版社 2013 年版,第 13 页。
④ 数据来源:国家统计局网站 www.stats.gov.cn,2022 年 12 月 10 日。

人口以上城市。交通的大发展让省县之间人员、物资、资源的连通变得格外便利，省县之间的直接沟通、传递与管理变得不再困难，这都为省直管县提供了前所未有的技术条件。

（四）威胁（T'）

1. 缺少法制保障（P'T'）

省直管县改革动因于地方诱致性制度变迁，但随着改革的深入，能让地方政府自主探索的改革空间已所剩无几，自下而上改革的领域越来越小，强制性制度变迁缺乏。"省管县体制的合宪性不能掩盖省管县改革过程中法律的缺位。"[①] 比如以文件形式进行的权限下放（授权或委托）存在法律依据不足的问题，另外，省直管县所涉及的在行政区域管理、权限下放、政府间关系等方面的制度性保障缺失，改革遭遇瓶颈。

2. 改革阻力问题（E'T'）

"在中央和省级政府，部分干部担心省级管理幅度过大，可能导致县域政治统治与社会管理的失控，从而表现出一定的犹豫。"[②] 地级市层面，由于改革造成地级市利益受损，一些涉农、涉县部门或将被裁撤，精简机构和人员安置是难点。地级市利用自己的权力和资源对改革加以抵制。比如，在权限下放中地级市"放虚不放实、放少不放多"，对县的帮扶和支持力度减少等。"一般来讲，扩权和放权大体上有三分之一到位，三分之一半到位，三分之一蜻蜓点水……有的地方，放了权，但有许多附加条件。还有的地方存在扩虚权的现象。"[③] 总的看来，市管县体制有较大的制度惯性，成为省直管县改革所绕不开的阻力。

3. 双轨制运行产生体制性摩擦，省直管县改革的边际绩效递减（S'T'）

由于改革不彻底，财权、事权、人事改革还不配套，市管县与省直管县双轨制运行，体制性摩擦导致出现"两个婆婆"多头管理，增加了基层的业务工作量和行政成本，加上原有市管县体制的强大惯性，"河北等地省

---

① 吴金群等：《省管县体制改革：现状评估及推进策略》，江苏人民出版社2013年版，第243页。

② 吴金群等：《省管县体制改革：现状评估及推进策略》，江苏人民出版社2013年版，第37页。

③ 张占斌：《中国省直管县改革研究》，国家行政学院出版社2011年版，第3页。

直管县改革试点仅存续半年便宣告取消"①。刘佳、马亮、吴建南（2011）基于6省的面板数据研究发现，省管县改革，显著提高县（市）政府的财政自给率，主要表现在改革当年，且改革整体效应表现出较强的边际效益递减趋势。省直管县改革对县级市、富裕县和规模较大的县的政策效应最明显。②

4. 行政区划调整面临困难（T′T′）

截至2016年，我国大陆地区共有22个省、5个自治区、4个直辖市，除市辖区外仍有1843个县，平均每个省要管辖68.3个县，其中河北、河南、四川、云南四省则管辖100个县以上。解决省级政府管理幅度过大，一是调整行政区划，通过划小省区，增设省级行政区数量；二是增设直辖市。后者在技术上相对较易，但行政区划调整由于涉及历史传统、地理人文、风俗文化等各种因素存在很大困难，且容易割裂原有辖区内紧密的经济往来和行政合作关系，短期内可能对地方经济产生冲击。

问卷第11题"在您看来，省直管县体制改革的可能障碍有哪些"也能验证上述省直管县面临的技术难题："A. 市的利益受损与干扰"；"B. 省级管理幅度过宽，管理难度增大"；"C. 市级机构与人员精简问题"；"D. 县同时与省市对接，需要多方汇报与协调，前期的行政成本加大"；"E. 行政区划调整难"；"F. 市县关系问题"；"G. 配套政策措施不到位"；"H. 其他"。其中，A和C对应于第2条改革的阻力问题，D对应于第2条改革阻力和第3条体制摩擦，G对应于第1条缺乏政策配套。F与第3条、E与第4条则完全对应。

第四节　两种体制战略分析比较结论及发现

一　结果归总与关系类型

（一）战略分析结果归总

将上述基于SWOT-PEST分析归总形成对比分析表。如表2-6③所

---

① 蒋子文、王帑："河北省直管县第二批8地试点半年后即告取消，划归设区市管理"，http://www.thepaper.cn/newsDetail_forward_1378910（2015年12月4日）。

② 刘佳、马亮、吴建南：《省直管县改革与县级政府财政解困——基于6省面板数据的实证研究》，《公共管理学报》2011年第3期，第33—43页。

③ 此表中的部分出自本课题组已完成的阶段性研究成果《省直管县体制改革中市县关系研究——基于战略分析视角》，南昌大学，硕士学位论文（作者赖廷桢，指导老师韩艺）。

示。采取横向对比,能分析两者的优劣关系及各自的机遇威胁,便于分析各自的比较优势,并从中探析两种体制间的关系。

表 2-6 省直管县体制与市管县体制 SWOT-PEST 对比分析表

		市管县体制	省直管县体制	综合比较及主要结论
		政治 P/经济 E/社会 S/技术 T	P'E'S'T'	优势劣势对比
内部	优势 S	PS—适应了统筹城乡互补、政权稳定、优化层级管理的政治需要; ES—形成了区域性市场和一批中心城市,利于城市化的推进; SS—统筹城乡规划与社会发展; TS—利于给予县级更为直接的资源支持与管理指导。	P'S'—契合宪法精神,利于优化政务管理、城乡分治互动与增强政治回应性; E'S'—有效破解市级对县的财政截留,推动县域经济发展; S'S'—减少社会成本,改进县域治理,促进城乡社会协调发展; T'S'—优化组织结构,降低行政成本和提高行政效率,基层权责更为对等负担减轻。	1. 省直管县优势(S')总体上能全面克服市管县的劣势(W); 2. 市管县的优势(S)能部分克服省直管县劣势(W'); 3. 省直管县总体更优,但也会屏蔽市管县的部分优势(ES)并出现新的问题(W'); 4. 省直管县与市管县都面临市县矛盾冲突问题(TW、S'W')。
	劣势 W	PW—法律依据不够充分,未真正形成城乡良性互动的制度安排; EW—阻碍县域经济发展,早期存在城市虚化现象; SW—增加社会成本,行政性配置资源不利于地方及区域协调发展; TW—降低行政效率,基层权责不对等和负担过重,引发市县矛盾和冲突。	P'W'—县级权力扩张后监管困难,省级管理风险加大; E'W'—削弱地级市财力,可能会影响地级市经济与发展; S'W'—市县因竞争加剧产生负效应,不利于区域统筹; T'W'—省级管理幅度过大,区域性公共事务治理面临问题。	

续表

		市管县体制	省直管县体制	综合比较及主要结论
		政治P/经济E/社会S/技术T	P'E'S'T'	机遇威胁对比
外部	机遇O	PO、TO—迎来城市群、都市圈、中等城市战略契机，具备融入的优势；EO—在都市区治理和区域经济一体方面扮演重要角色；SO—地区差异性和制度惯性决定了市管县体制在某些地区有存续必要。	P'O'—契合宪法精神和国家政策导向，与世界潮流相符；E'O'—更加适应社会主义市场经济的需要；S'O'—彰显实践绩效，社会认同度高；T'O'—信息技术及交通的发展为省直管县提供了条件。	1. 省直管县符合未来趋势与方向，机遇性更强，市管县也面临一定的机遇，但不具战略性 O'>O；2. 两者都面临威胁，省直管县的威胁似更为严重 T<T'。
外部	威胁T	PT、TT—与城乡分治、区域经济规律、结构扁平化趋势不完全相符；ET、ST—省直管县受到认可并彰显出经济及社会实践成效。	P'T'—缺少法制保障；E'T'—改革面临阻力；S'T'—实践中双轨制运行产生体制性摩擦，省直管县改革的边际绩效有递减趋势；T'T'—行政区划调整面临困难。	

资料来源：笔者自制。

（二）关系类型

在主体间关系方面，Ostrom 提出组织间关系的替代（substitutability）与互补（complementarity）。① Young 针对政府与NGO之间关系，提出了增补性（supplementary）、互补性（complementary）、抗衡性（adversarial）关系。② 为此，引发思考：市管县体制与省直管县体制，两者间是何种关系？省直管县体制是否是对市管县体制的绝对替代？是否为非此即彼的抗

---

① Elinor Ostrom. "Crossing the Great Divide: Coproduction, Synergy and Development." *World Development*, Vol. 24, No. 6, 1996, pp. 1073 – 1087.
② Dennis R. Young. "Alternative Models of Government Nonprofit Sector Relations: Theoretical and International Perspectives." *Nonprofit and Voluntary Sector Quarterly*, Vol. 29, No. 1, 2000, pp. 149 – 172.

衡性关系？如果不是，两种体制是否能同时并存，是互补还是增补关系？对这些问题的回答需要基于分析表加以综合分析。

二 比较结论及发现

（一）比较结论

1. 省直管县与市管县两种体制能够优势互补

由表2-6可知，省直管县的优势（S′）总体上能全面克服市管县的劣势（W）；市管县的优势（S）能部分克服省直管县体制劣势（W′），两种体制均有各自的比较优势，能优势互补、相辅相成。

市管县的主要劣势表现为："法律依据不够充分，未真正形成城乡良性互动的制度安排"（PW）；"阻碍县域经济发展，存在城市虚化现象"（EW）；"增加社会成本，行政性配置资源不利于地方及区域一体发展"（SW）；"降低行政效率，基层权责不对等和负担过重，引发市县矛盾和冲突"（TW）。而省直管县的优势表现在：

一是"契合宪法精神，利于优化政务管理、城乡分治互动与增强政治回应性"（P′S′），能恰好弥补市管县合法性不足，加之市县分治不但能自主做好各自权责内的管理与服务，而且能较好解决原有市管县体制下的隶属关系矛盾。即P′S′是对PW的补充，是对TW的部分补充。另外，随着市从繁杂的管城市与管县乡中抽离出来，能集中精力管好城市，利于克服城市虚化问题，即P′S′还是对EW的部分补充。

二是"有效破解市对县的财政截留，推动县域经济发展"（E′S′），弥补EW存在的阻碍县域经济发展问题。即E′S′是对EW的补充。

三是"减少社会成本，改进县域治理，促进城乡社会发展"（S′S′），能弥补市管县存在的增加社会成本（SW），而省管县后县突破原有市域限制在省域范围内按市场经济规律自我发展，能较有效破解市管县体制下县域经济发展及区域一体化不够充分的问题。即S′S′是对SW的补充。

四是"优化组织结构和减轻基层负担，降低行政成本和提高行政效率"（T′S′），能克服降低行政效率、增加基层负担和破解原有的纵向隶属关系矛盾问题，即T′S′是对TW（降低行政效率，基层权责不对等，负担过重，引发市县矛盾和冲突）的部分弥补。因此，可得出结论C1，即省直管县优势基本上能对市管县劣势进行较有效的总体弥补。

反观市管县体制的四大优势，其特点为：一是多为特定历史时期的产物，呈显著的边际递减效应。比如，PS 适应了过去计划经济时期的政治需要。随着区域性市场和一批中心城市已经形成，ES 利于城市化的推进效用也在递减。SS 是在地级行政区域内统筹城乡规划与社会发展，与经济区存在矛盾，效应递减。而随着县级交通、通信技术发展、人力资本提升与向县乡简政放权，TS 也在减弱。二是这四大优势不能直接对应弥补省直管县的劣势，但市管县体制本身确有解决省直管县劣势的效用。原因在于，省直管县是试图对市管县的纵向层级链条的直接颠覆性改革，必然面临横向链接与重组困境，省直管县的劣势基本上是由于市管县下纵向链条斩断后出现的横向问题。然而，T′W′中的区域性公共事务治理困境以及市县竞争，同样存在于市管县体制中，市管县也很难奏效。因此，可得结论 C2，市管县优势是对省直管县劣势的部分弥补。

2. 总体上看，省直管县更优也更符合地方治理趋势，但也会屏蔽市管县的部分优势

由上述结论 C1 和 C2 可得，省直管县总体更优，也更能符合市场经济和信息社会的发展需要。然而，省直管县的推行也会屏蔽市管县体制在壮大中心城市、市级区域内统筹和监管、市对县的技术业务管理资源支持等方面的优势。

3. 省直管县虽更符合地方治理趋势，但也面临较大的威胁

比较 O 与 T 可得出 O′>O、T<T′，即省直管县体制的机遇更胜于市管县体制，但面临的威胁明显高于后者。

地区的差异性和制度惯性决定了市管县体制在某些地方有存续的必要（SO）。同时，市管县体制在一定程度上符合目前城市发展与治理战略（PO、TO），但限于实力较强的地级市，能抓住机遇，较好地实现转型与融入城市圈。省直管县体制从根本上契合宪法精神，符合政策导向且与世界潮流相符（E′O′），更加适应社会主义市场经济的需要（S′O′），具备信息技术及交通的条件支持（T′O′）。因此，结论 C3，即较之于市管县体制，省直管县更符合时代潮流。

两种体制都面临威胁。市管县体制的威胁在于法律依据不够充分且与城乡分治、区域经济规律、结构扁平化趋势不完全相符（PT、TT）。而省直管县改革中面临的"缺少法制保障（P′T′）""改革面临阻力（E′T′）"

"双轨制运行产生体制性摩擦,边际绩效有递减趋势（S'T'）""行政区划调整困难（T'T'）"等威胁。

4. 二者并非绝对的替代关系而是总体呈互补关系的同时,相互间存在增补关系,但省直管县对市管县的增补作用更大

通过 SWOT - PEST 分析的对比结论:一是两种体制间存在一定程度的替代,但并非绝对的替代,而是互补关系。鉴于各自的比较优势特别是在不少地区（偏远山区、省级管理幅度大能力弱、强市弱县且市县关系紧密地区）市管县仍有存续空间,二者可在中华版图内同时并存。二是相互间都存在增补关系,但省直管县对市管县的增补作用更大。市管县在提供对县的指导、区域统筹、突发性事件处置等方面是对省直管县的增补;省直管县在提高行政效率、降低行政成本、壮大县域经济、真正统筹城乡发展等方面是对市管县的增补。

（二）研究发现与省思

1. 市管县有其存在的现实条件,而省直管县更符合未来趋势;但鉴于体制惯性与各地差异,两种体制在中华版图内可同时并存

两种体制都是特定时代情境的产物,都有其存在的必要。然而,从扁平化、市县分治、城乡协调发展、都市区治理的未来趋势看,省直管县体制更具适应性。正因如此,有学者断言,"带有深厚计划经济色彩的市管县体制已很难再适应经济社会的快速发展以及市县府际关系和谐重塑的客观需要"[1]。虽然省直管县绝非完美,但更符合未来需求。对此,有学者运用政策终结视角预见:"'省管县'替代'市管县'的过程是在一个集小胜为大胜的期待和实现中,逐步完成的,但这一过程不会过于平顺,其间有曲折、反复甚至是退缩。"[2]

两种体制的并存关系、市管县体制的惯性,特别是我国国土面积广阔、各个省份的差异性决定了地方行政层级设置不同的必要（SO）。总体上看,省直管县体制适合于管理幅度小、经济条件好、交通便利、非农业

---

[1] 吴金群等:《省管县体制改革:现状评估及推进策略》,江苏人民出版社2013年版,第7页。

[2] 王翀、严强:《"市管县"到"省管县":基于政策终结的视角》,《南京社会科学》2012年第3期,第80页。

人口比重大、自主性强的县域且省级政府管理能力较强的地区；其他不具备条件，比如强市弱县型且市县关联度高的地区、民族自治地区、偏远山区适合现行的市管县体制。

2. 两种体制的本质：市县关系调整的不同方略

从前述市管县体制中的历史回顾中可得，市管县体制下，市县纵向间的矛盾关系（资源分配上的市刮县卡县挤县、县级财力和县域经济受限、县级缺乏自主权与权责不对等）以及所产生的体制弊端（增加行政成本、降低行政效率、影响信息沟通、城乡统筹等）直接导致省直管县改革的必要。可见，市县关系既是市管县体制的主要症结，也是省直管县改革的导引。然而，从上述省直管县的战略分析中，其可能在一定程度上屏蔽市管县体制优点的同时，也会催生新的市县关系问题：一是县级权力扩张，而省级政府管理幅度过宽，难以对县级进行有效监管，可能出现县级权力滥用现象（$P'W'$）。二是失去了地级市的统筹之后，县域间竞争加剧，可能引发恶性竞争（$S'W'$）和区域性公共事务治理问题（$T'W'$）。

因此，在笔者看来，两种体制背后的真正问题并不是层级，而是市县关系。不论是省直管县，还是市管县，都面临着市县关系问题，可见，层级改革并非根本，关键在于根据现有条件适时优化市县关系。正如有学者指出，在行政化的限度内讨论"市管县"和"省管县"的优劣，可能永远找不到解决之道。欲求真正统筹城乡，这里的问题似乎并不在于省管县还是市管县，而在于城乡之间真正的融合程度，而非行政整合程度。①

3. 市县关系转型与优化：省域内地方行政层级改革的根本

省直管县改革，就是要打破市县间的行政隶属关系，使"省—市—县"三级管理转为"省—市、省—县"二级管理，推行市县分治。可以说，省直管县很大程度上是试图通过体制变革达到市县横向分治合作与优化市县关系的目的。实际上，省直管县改革既因市县关系问题而缘起，又始终面临市县关系转型的挑战：市管县体制中市县纵向管理存在潜在矛盾；省直管县改革试水期—过渡期市县纵横向关系出现分歧、竞争甚至冲突；即便省直管县改革完成、市县分治后，区域性公共事务又要求市县展开横向合作治理。因此，市县关系特别是市县合作，不仅是省直管县改革

---

① 曹海军：《国外城市治理理论研究》，天津人民出版社2017年版，第109—110页。

能否顺利推进的关键,更是关乎未来府际关系和地方治理的基点。

4. 鉴于体制改革背后的市县关系问题,需要跳出传统的体制改革和区划调整思维,将战略视野转向府际关系、市场机制和区域治理

前面的 PEST–SWOT 分析显示,市管县无法解决的问题,省直管县不一定能解决。事实上,省直管县与市管县都是传统的体制改革视野和区划导向思维,从市管县下市域合治调整为省直管县下省域合治,本质上仍未完全超脱"板块式行政合治"的窠臼;在囿于层级调整和行政区划改革的传统体制视野下,无论是省直管县,还是市管县,皆非治本之策。原因在于,区域经济发展所遭遇的行政界限阻碍问题,并不能通过层级调整和区划改革得以真正解决。实际上,如果不改变以往纵向政府间关系模式,不真正转变政府职能(纵向间职能划分,横向市场和社会分权),不以市场配置资源,不突破体制中的行政区限制打破"行政区经济"以真正形成区域经济,省直管县和市管县都无法从根本上解决问题。而职能转变、市场配置资源、区域经济最终指向的都是关系,因此,真正的核心与问题,并不是表面上的体制与结构,而是背后的关系,也即关系具有超越区划体制的性质。这就要求跳出传统的体制改革和区划调整导向,将视野转向府际关系、市场机制和区域治理,真正从重构政府间关系角度,对政府与市场关系、区域治理结构关系、城乡关系等作系统分析。以战略视角看,经济的横向联合必然突破原有的体制限制和纵向权力传承,淡化建立在等级原则上的隶属关系,迈向更为广阔的区域治理。因此,无论是省管县还是市管县,体制改革本身不是最终目的,和谐的府际关系与区域治理才是关键。从长远看,仍需要以市场经济为纽带,融入更大的区域中,形成区域治理;市县关系的总体战略方向从市县合治到市县分治,再到市县共治。

5. 市县关系研究的内容与逻辑

由此可得,作为一项系统工程,地方行政层级改革涉及纵向层级变革、行政区划调整、财政体制改革、府际关系协调等多个复杂内容,其中的一个突出难点,即市与所辖县的关系转型、嬗变与新型合作关系的构建问题,以下若干核心问题亟待研究。

一是从理论上看,究竟何为市县关系,如何进行界定?市县关系的类型有哪些,特别是从市管县到省直管县改革中的市县关系有哪些类型?从

现实上看,国外的市县关系情况如何,有何启示与借鉴效用?(第三章)

二是如何对省直管县改革中的市县关系进行分析,即市县关系在省直管县改革进程中将经历怎样的变迁(关系维度与关系类型),其趋势与因素(背后的因子)有哪些?(第四章)特别是,省直管县改革试水期—过渡期的利益博弈中,市县关系面临哪些可能的矛盾与困境?如何对此提供治理策略?为此,剖析市县关系演变模型与因子,特别是分析改革当中的矛盾困境,并有针对性地提供未来市县关系完善策略,实属必要(第五章)。

三是从市县关系看,省直管县改革试水—过渡期市县合作存在困境,而未来合作治理中市县关系又可能面临着区域性公共事务"治理碎片化""囚徒困境"甚至恶性竞争问题。背后的问题发人深省:省直管县改革在推动市县关系转型的同时,是否一定会促进市县合作关系?整个改革进程中,除了公认的阻力外,是否还有其他力的作用?进而,左右市县合作关系变迁的主要因素是什么?如何解析市县关系特别是合作关系变迁的历程?未来市县合作关系将何去何从,如何有效融入都市群、城市化与区域治理,需要哪些合作机制?(第六章)

为此,在接下来的章节中,拟尝试对上述问题进行解析。

第 三 章

市县关系:理论分析与现实考量

上一章基于市管县的历史回顾和运用战略分析得出,市管县体制与省直管县体制各有比较优势可同时并存,但问题的关键并不在于体制性变革,而在于背后的市县关系。然而,究竟何为市县关系,如何进行学理上的界定?市县关系类型有哪些?省直管县体制改革当中的市县关系如何?国外市县关系如何,有何启示与借鉴反思?本章拟基于府际关系理论从学理上对市县关系进行界定,接着将视野转到现实,对国外市县关系进行比较,基于理论分析与现实考量,试图回答这些问题。

第一节 市县关系:一个概述

一 市县关系研究缘起

(一) 府际关系的提出

关系,是主体间的相互关联与联系方式。市县关系是府际关系(intergovernmental relations, IGR)的重要构成。因此,解析市县关系,首先应全面了解作为更大属概念的府际关系。

府际关系(IGR)概念源于20世纪30年代的美国。当时联邦政府为应对经济大萧条基于新政(New Deal)采用了不同于以往的联邦体制运作。为了不打破宪法确定的分权框架,提出了"府际关系"这一强调政府间互动关系运作以解决经济和社会问题的运作新模式。因此,府际关系最初反映的是联邦系统内政府间政治的、财政的、项目的、行政的过程,基于这一过程,更高层级的政府向低层级政府分享收入和分配资源,但往往伴随低层级政府须满足接受补助的特别条件。① 后来，府际关系演变到指涉联邦系统内所有类型和层次的政府间的行为与互动（activities or interactions occurring between governmental units of all types and levels within the federal system）关系。② 1937 年，Snider 的《1935—1936 年的乡村和城镇政府》一文，首次在学术文章中使用"府际关系"这一术语。③ 1940 年，Graves 在其所主编的《年鉴》中，以"美国的府际关系"为专题，刊发了 25 篇关于国家与州、国家与地方、州与州、地方与地方、区域间的相关文章，但主编和作者们并没有对府际关系的概念进行界定。④ 从官方看，1942 年一些联邦政府官员在华盛顿成立"府际关系委员会"（Council on Intergovernmental Relations）；1953 年，美国国会设置暂时性的"府际关系委员会"（Commission on Intergovernmental Relations）。随后，"府际关系"一词开始使用，六七十年代得到扩展，80 年代被广泛运用。而在此之前，"联邦主义"（Federalism）⑤、"府际间贷款"（Loans, intergovernmental）、"府际间税收豁免"（intergovernmental tax immunities）是美国学术界与实务界惯用的名词。

根据 Anderson 的考察，在《韦氏新国际英语辞典》的 1934 年和 1957

---

① Jay M. Shafritz, E. W. Russell. *Introducing Public Administration* (3rd). New York: Addison Wesley Longman, Inc. 2003, p. 132.

② William Anderson. *Intergovernmental Relations in Review*. Minneapolis: University of Minnesota Press, 1960, p. 3.

③ Clyde F. Snider. "County and Township Government in 1935 - 1936." *American Political Science Review*, Vol. 31, No. 5, 1937, p. 909.

④ Deil S. Wright. *Understanding Intergovernmental Relations*. California: Brooks/Cole Publishing Company. 1988, p. 13.

⑤ 一些学者（Sundquist；Reagan）认为，20 世纪 60 年代之后，在学术上"府际关系"已经取代了"联邦主义"的运用，但 Wright 持不同观点，他认为，二者是不同概念，前者更为合适，但并非是对后者的绝对取代；后者偏重中央与州之间的关系，而前者能兼顾各级政府机构或人员之间各种互动的可能性组合；前者超越了联邦主义强调法定权力、正式运作方式和明文规范等法律途径的研究框架；后者描述的是一套层级节制、由上而下的，隐含了以联邦为权力中心的假设；前者突显政策研究在各级政府互动关系中的重要性；后者则经常基于政治或行政的考虑而被赋予不同的内涵，增加了运用上的模糊性与非精确性。详见 James L Sundquist. *Making Federalism Work*. Washington, D. C.: The Brooking Institute. 1969, p. 6. Michael D. Regan. *The New Federalism*. New York: Oxford University Press. 1973, p. 3. Deil S. Wright. *Understanding Intergovernmental Relations*. California: Brooks/Cole Publishing Company. 1988, pp. 36 - 39。

两个版本、1955 年第三版的《牛津通用词典》、1951—1953 年版本的《韦氏新世界美语词典》中，均未出现"府际关系"一词的独立词条；在 1935 年的《社会科学百科全书》中甚至连名词都不是。①

直到 1960 年，府际关系这一概念才有了较为正式的定义，归功于 Anderson。他把府际关系界定为："联邦系统中各类和各级政府单元间的系列行为与互动，包括联邦—州、州—州、州—地方、地方—地方、联邦—地方、市—县等主体间的涉及职能、利益和权力方面的诸如宪法的、法律的、财政的、职能的、政治的、立法的、行政的或者司法的关联。"② 他认为，"官员才是府际关系的真正决定者，因此，府际关系概念的形成很大程度上内在地取决于人际关系与人际行为（human relations and human behavior）"③。

由上，府际关系因美国 20 世纪 30 年代的时代情境而生并随后适应了各个时期的治理需要。Phillimore 总结道，"随着 20 世纪政府规模和干预范围的扩大，新的议题超出了原有制度所能及的范围；各级政府往往因政策和项目实施而交织；跨越政区疆界而需要共同出台政策及承担责任的公共事务（如交通、水资源管理、环境和企业规则等）的增多；联邦政府岁入超过支出，需要向次国家单元进行转移性支付，这些因素都助推了府际关系的产生与运作。"④

为更好地调节府际关系与解决府际问题，1959 年美国成立由 26 名成员组成的"府际关系咨询委员会"（Advisory Commission on Intergovern-

---

① 参见 William Anderson. *Intergovernmental Relations in Review*. Minneapolis：University of Minnesota Press. 1960，p. 3。

② It is essentially a class name that brackets together and embraces in one concept a series of classes of relations or interactions that may be designated by the names of the units concerned, "national-state," "inter-state," "state-local," "interlocal," "nation-local," "city-county," etc., or classified by the nature or content of the functions, interests, and powers involved, such as constitutional, legal, financial, functional, political, legislative, administrative, or judicial relations between all types of governmental units that operate within the American federal system. (William Anderson. Intergovernmental Relations in Review. Minneapolis：University of Minnesota Press. 1960，p. 3.)

③ William Anderson. *Intergovernmental Relations in Review*. Minneapolis：University of Minnesota Press. 1960，p. 4。

④ John Phillimore. "Understanding Intergovernmental Relations：Key Features and Trends." *Australian Journal of Public Administration*. Vol. 72，No. 3，2013，p. 229。

mental Relations, ACIR),主要职责为:(1)为解决共同问题而促成联邦、州、地方政府之间的会面;(2)提供联邦补助款与其他项目的执行与协调所需的合作论坛;(3)对联邦补助款的条件与控制进行特别关注;(4)为联邦政府立法与行政部门提供技术支持,包括评估各项建议法案对联邦政府的可能影响;(5)促成对可能需要府际合作才能有效解决的各种公共问题进行早期的讨论与研究;(6)在宪法框架下,提供对不同层级政府间进行职能、责任、收入的最令人满意的分配方案建议;(7)提供协调并简化税法及行政程序的政策建议,以达成府际间更有规范性与较少竞争性的财政关系,同时减轻纳税人的负担。[1] ACIR 于 1996 年撤销,在运作的 37 年间,取得了发布 130 份政策报告(含建议方案)、194 份咨询报告(不含建议方案)、23 份关于政府与税收的年度民意调查、2 份其他报告以及在《府际观点》季刊上刊登的近 200 项议题的丰硕成果。[2] 受 ACIR 影响,大约有一半的州也相继成立了州层面的府际关系咨询委员会,随后因党派政见差异、立法和行政部门信息收集和政策能力提升减少了对咨询的需要、不受重视等原因而撤销,但截至 2009 年仍有 10 个州保留了此机构。[3] 目前联邦政府的许多重要行政部门中,至少有 1 位助理部长或多位高级官员的名称与府际关系有关;许多州政府和地方政府也都设立 1 个或多个机构专门处理府际关系(尤其是财政关系)。所有州和几乎所有主要城市都有专业处理府际关系的协调者(尽管特定的名称有所不同)。[4] 通常,在州政府层次,这些专职人员称为"州与联邦关系联络官"(state-federal relations coordinator),在县市镇层次,则以"府际联络官"(intergovernmental coordinator)居多。在其他国家,比如,肯尼亚,成立府际关系技术委员会(intergovernmental relations technical com-

---

[1] ACIR. The Year In Review: 37th Annual Report. https://www.library.unt.edu/gpo/acir/Anrept.html.

[2] Bruce D. McDowell. "Reflections on the Spirit and Work of the U. S. Advisory Commission on Intergovernmental Relations." *Public Administration Review*. Vol. 71, No. 2, 2011, pp. 162–164.

[3] Richard Cole. "The State of State Advisory Commissions on Intergovernmental Relations: Do They Continue to Have A Role in The U. S. Federal System?" *The Book of the States*. pp. 36–41. http://knowledgecenter.csg.org/kc/system/files/Cole.pdf.

[4] Robert B. Denhardt, Janet V. Denhard. *Public Administration: An Action Orientation*. Stanford: Cengage Learning, 2008, p. 84.

mittee，IGRTC）用以促进国家与县政府、县政府之间的合作。[1]

府际关系在政府实践领域日益受重视，也直接引发学术界的兴趣，逐渐成为研究热点。笔者经利用检索工具查阅大量文献，发现早期（20世纪60—80年代）的先驱及经典研究主要有：Elazar（1965）分析了20世纪府际关系的形成[2]；Stenberg 和 Walker（1969）研究了大学里府际关系相关课程的教学及应用；[3] Derthick（1970）研究美国联邦补助及对府际关系的影响；[4] Burns（1973）专门研究加拿大的府际关系[5]；Haider（1974）在著作 *When governments come to Washington：Governors，Mayors and Intergovernmental Lobbying* 中全面分析了战后府际关系的演变[6]，该著作被誉为当时"对府际关系政治面向做最全面视角和最佳分析"[7] 的著作；Wright（1974）全面分析了美国府际关系的五大特征（所有政府单元、公共官员的态度与行为、非正式工作模式、持续的互动、政策议题）和五个阶段（冲突、合作、集中、创意、竞争）[8]；Ostrom 夫妇（1976）将府际关系层面扩展到对公共企业间的关系研究[9]；Abney 和 Henderson（1979）设计府际关系交换模型并通过实证研究验证交换理论的实用性[10]；

---

[1] http：//www.igrtc.go.ke/.

[2] Daniel J. Elazar. "The Shaping Intergovernmental Relations in The Twentieth Century." *The ANNALS of the American Academy of Political and Social Science*. Vol. 359，No. 1，1965，pp. 10 – 21.

[3] Carl W. Stenberg，David B. Walker. "Federalism and the Academic Community：A Brief Survey." *Political Science and Politics*. Vol. 2，No2.，1969，pp. 155 – 167.

[4] Martha Derthick. *The Influence of Federal Grants：Public Assistance in Massachusetts*. Massachusetts：Harvard University Press，1970.

[5] Ronald M. Burns. "Intergovernmental Relations in Canada." *Public Administration Review*. Vol. 33，No. 1，1973，pp. 14 – 22.

[6] Donald Haider. *When governments come to Washington：Governors，Mayors and Intergovernmental Lobbying*. New York：The Free Press，1974.

[7] Douglas M. Fox. "Review Essay：The Study of Intergovernmental Relations Comes of Age." *American Politics Research*. Vol. 4，No. 4，1976，pp. 509 – 513.

[8] Deil S. Wright. "Intergovernmental Relations：an Analytical Overview." *The ANNALS of the American Academy of Political and Social Science*. Vol. 416，No. 1，1974，pp. 1 – 16.

[9] Vincent Ostrom，Elinor Ostrom. "A Behavioral Approach to the Study of Intergovernmental Relations." *The ANNALS of the American Academy of Political and Social Science*. Vol. 359，No. 1，1965，pp. 137 – 146.

[10] Clenn Abney，Thomas A. Henderson. "An Exchange Model of Intergovernmental Relations：State Legislators and Local Officials." *Social Science Quarterly*. Vol. 59，No. 4，1979，pp. 720 – 731.

Walker（1981）分析了美国联邦系统中府际关系功能失调的表现及其背后的原因①，其在1986年的一篇文章中，分析了地方政府间、地方与州、地方与联邦间的对抗、协作与共联（confrontation, collaboration and co-option）、地方政府与私营部门间（外包、特许、补助、凭单）的合作形式。② 如果说Anderson、Elazar是府际关系研究的开创者，那么，Wright则是集大成者。在美国，为表彰府际关系领域的杰出学者与相关研究，专门设立以此领域先驱命名的"联邦主义及府际关系奖"（Federalism and Intergovernmental Relations Section Award Winners）包括"丹尼尔·艾拉扎杰出学者奖"（Daniel Elazar Distinguished Federalism Scholar Award）、"德尔·赖特最佳论文奖"（Deil Wright Best Paper Award）和"玛莎·德斯克最佳著作奖"（Martha Derthick Best Book Award）。

表3-1　　　　　　　　　　早期研究先驱及经典文献

时间	主要代表学者及文献
20世纪60年代	William Anderson（1960）；Daniel Elazar（1965）；Stenberg & Walker（1969）
20世纪70年代	Martha Derthick（1970）；Ronald M. Burns（1973）；Donald Haider（1974）；Deil S. Wright（1974）；Ostrom & Ostrom（1976）；Abney & Henderson（1979）
20世纪80年代	David B. Walker（1981；1986）；Wright（1988）

20世纪60年代起，鲍登大学（Bowdoin University）即由David B. Walker教授开设了府际关系课程。Box教授在1995年还专门写了一篇关于府际关系课程教学研究的论文，提及府际关系课程是公共行政类研究生教学中相对常见的课程（向114所拥有MPA授权的院校寄出问卷，从回复的81所院校看，51所均明确开设"府际关系课程"，其余30所虽未开设但不意味着未对府际关系主题予以关注，而是将府际关系专题放在

---

① David B. Walker. "Intergovernmental Relations and Dysfunctional Federalism." *National Civic Review*. Vol. 70, No. 2, 1981, pp. 68–76.

② David B. Walker. "Intergovernmental Relations and the Well-Governed City: Cooperation, Confrontation, Clarification." *National Civic Review*. Vol. 75, No. 2, 1986, pp. 65–87.

《公共政策》《城市管理》等相关课程的教学中)①。直到今天，有的大学，如凤凰城大学②、西北大学③、乔治城大学④、南新罕布什尔大学⑤在网上公开府际关系课程详细信息。Kincaid & Cole（2016）于2014年5月针对"美国公共行政学会（ASPA）"的府际行政与管理组（SIAM）中的154位教员和"公共政策、公共事务与公共行政学校联盟（NASPAA）"的216位公共行政项目负责人的调查发现，52.5%的公共行政专业仍开设了府际关系课程。⑥ 另外，一些国际组织，如世界银行也开设了府际关系培训核心课程。⑦

总结看来，府际关系不仅客观印证了当时国家治理的现实，也从根本上反映了从20世纪30年代特别是第二次世界大战结束以来随着公共事务的跨域交叉和日益复杂，国家治理需逐渐打破宪法规定的政府间泾渭分明、分散治理的格局而更多采用政府间关系运作模式的时代需求。正如加拿大著名政治学教授Cameron所言："现代生活的性质已经使政府间关系变得越来越重要。如果说那种管辖范围应泾渭分明、部门之间水泼不进的理论在19世纪或许还有些意义的话，如今却已然过时了。不仅在经典的联邦国家，管辖权之间的界限逐渐模糊，政府间讨论、磋商、交换的不间断需求在增长，而且在国家之内甚至国家之间，公共生活都表现出这种必要性。这种日益增长的政府间关系重要性可称作为'多元治理'

---

① Richard C. Box. "Teaching Intergovernmental Relations and Management." *Journal of Public Administration Education*, Vol. 1, No. 1, 1995, pp. 23 – 38.

② http：//www.phoenix.edu/courses/bpa371.html.

③ https：//sps.northwestern.edu/advanced-graduate-certificate/public-policy/Intergovernmental-Relations-MPPA – 432.html.

④ https：//myaccess.georgetown.edu/pls/bninbp/bwckctlg.p_disp_course_detail? cat_term_in = 201730&subj_code_in = GOVT&crse_numb_in = 628.

⑤ http：//family.snhu.edu/coursecatalog/Lists/Courses/CustomDispForm.aspx? ID = 1788&InitialTabId = Ribbon. Read.

⑥ John Kincaid & Richard L. Cole. "Is the Teaching of federalism and Intergovernmental Relations Dead or Alive in U. S. Public Administration?" *Journal of Public Affairs Education*, Vol. 22, No. 4, 2016, pp. 515 – 530.

⑦ http：//documents.worldbank.org/curated/en/135181468159910394/Core-course-intergovernmental-relations-and-local-financial-management.

(multigovernance)。"①

（二）府际关系的界定

Wright 在 Anderson 的基础上认为，府际关系包含所有政府单位（all governmental units）和所有公职人员（all public officials）之间常态性的互动关系（regular interactions among officials），其行动与态度（officials' action and attitudes）和意图（intentions）所造成的结果（consequences），即构成了府际关系中的政策面向（policy component）。② 府际关系揭示了美国联邦系统中日益复杂和相互依赖的政府间关系，这一联邦系统的特质包括：(1) 政府单元的数量和类型；(2) 所涉及的公共官员数量和类型；(3) 公共官员之间广泛的和常态性的关联；(4) 官员行为与态度的重要性；(5) 最为关键的财政性政策议题。③ 因此，府际关系表现为府际间复杂性和相互依赖性的五个特征：(1) 府际内外互动的多样性（例如中央—地方、地方间、区域—地方）；(2) 公共官员间的行动与态度；(3) 官员间持续的或模式化的互动与交流；(4) 涉及所有类型的官员的决策制定过程；(5) 涉及跨越政府边界的所有行动者的政策面向。④ 简而言之，府际关系包含我们系统中政府组成间的所有类别与组合关系。⑤

在经典教材"Public Administration and Public Affairs"第十版中，Henry（2007）认为，一个国家的公共政策主要是由政府来规划与执行，其中经常牵涉到财政资源的配置和各层级政府公务人员之间互动性的混合，这些建立在每一个拥有不同程度的决策权和管辖区自治权的政府单位之间，在公共行政领域当中涉及财政、法律、政治和行政（financial, legal, political, and administrative relationships established among all units of

---

① David Cameron. "The Structures of Intergovernmental Relations." *International Social Science Journal*, Vol. 53, No. 167, 2001, p. 121.

② Deil S. Wright. *Understanding Intergovernmental Relations*. California: Brooks/Cole Publishing Company. 1988, pp. 15–26.

③ Deil S. Wright. *Understanding Intergovernmental Relations*. California: Brooks/Cole Publishing Company. 1988, p. 14.

④ Deil S. Wright. *Understanding Intergovernmental Relations* (3rd). California: Pacific Grove, Brooks/Cole. 1998, pp. 14–15.

⑤ Deil S. Wright. *Understanding Intergovernmental Relations*. California: Brooks/Cole Publishing Company. 1988, p. 15.

government）的一连串互动关系，称之为"府际关系"。①

Shafritz 和 Russell（2003）主编的经典教材 *Introducing Public Administration* 的第三版中指出，府际关系，本质上是不同层级政府为共同地区提供服务与管理之交互关系的政策与机制，此种交互关系不仅反映在连接各层级政府的基本宪章架构之上，更包含相对权力、财政势力、族群分布、地理情势等动态因素。②

Bingham 等主编的 *Managing Local Government：Public Administration in Practice* 一书中收录了 Dommel 教授关于美国的纵向与横向府际关系的分析论文。Dommel（1991）指出，如果说府际关系的纵向体系接近于一种命令/服从（他们让我们做，They Made Me Do It）的权威，那么，横向关系则可以被设想为一种受竞争和协商（让我们来做，Let's Talk about It）的动力支配的对等权威的分割体系。③

Agranoff 和 McGuire（2003）认为，术语"intergovernmental"已经有了新的意涵，不仅包括联邦—州、州—地方政府以及地方政府之间的关系，还包括政府与准政府之间的关系，以及政府与公共部门之外的组织间的各种契约的、管制的、援助的、互惠的和其他的互动关系。④

Agranoff（2004）认为，府际关系通常被贴上其他标签：多层级政府（multi-tiered government）、中央—地方关系（central-local relations）、领土管理（territorial management）、区域化（regionalization）、区域/地方改革（regional/local reform）。府际关系不仅包括政府间的互动与关系网络，还包括非政府组织间、独立的经济主体（interactions among elements of non-governmental organizations and independent

---

① Henry Nicholas. *Public Administration and Public Affairs* (10th). New Jersey: Pearson Prentice Hall. 2007, p. 349.

② Jay M. Shafritz, E. W. Russell. *Introducing Public Administration* (3rd). New York: Addison Wesley Longman, Inc. 2003, p. 132.

③ Paul R. Dommel. "Intergovernmental relations." in Richard D. Bingham etal (eds.). *Managing Local Government: Public Administration in Practice*. California: Sage Publications. 1991, pp. 135 – 155.

④ Robert Agranoff, Michael McGuire. *Collaborative Public Management: New Strategies for local Governments*. Washington, D. C.: Georgetown University Press. 2003, p. vii.

economic forces) 间的互动。①

Cameron（2001）认为，府际关系是"在应对现代生活中不可避免的相互重叠和相互依赖的事务中的一系列涉及结构、过程、制度和机制的安排"（an array of structures, processes, institutions and mechanisms for coping with the inevitable overlap and interdependence that is a feature of modern life）。②

Phillimore（2013）认为，府际关系是政治系统中政府间展开互动的过程与制度。所有的国家，不论是单一制还是联邦制——只要不止一个层级政府——都有多种类型的府际关系。府际关系不仅包括正式的结构与制度，也囊括非正式的交换与互动过程。府际关系维度主要有关系向度（纵向、横向和部门面向）和关系性质（正式和非正式）两个方面。③

从国内看，早期研究称"政府间关系"，其中涵盖了大量关于"中央与地方关系"的研究，"府际关系"一词最早在中国台湾地区流行，后经谢庆奎教授引入中国大陆。

中国台湾地区学者江大树（2001）认为，府际关系主要指国家机关内部各个政府组织间的互动关系。④ 他还指出，广义的府际关系包括政府与民间社会的关系。府际关系，乃是一个国家内部不同政府间的相互运作关系。狭义来说，主要系指各层级政府间之垂直互动关系，例如中央政府与直辖市政府、县政府与乡镇公所的府际关系；唯就广义而言，府际关系其实更涵盖同级政府间的水平互动关系、特定政府机关内各部门间之协调管理及政府机关对外与民间社会的公共关系等。一般来说，府际关系的相关概念，除中央与地方关系外，另又包括联邦主义、广域行政、府际管理、跨域管理等几个类似且常用的名词。⑤ 陈敦源（1998）认为，府际关

---

① Robert Agranoff. "Autonomy, Devolution and Intergovernmental Relations." *Regional & Federal Studies*, Vol. 14, No. 1, 2004, p. 30.

② David Cameron. "The Structures of Intergovernmental Relations." *International Social Science Journal*. Vol. 53, No. 167, 2001, p. 127.

③ John Phillimore. "Understanding Intergovernmental Relations: Key Features and Trends." *Australian Journal of Public Administration*, Vol. 72, No. 3, 2013, pp. 229–231.

④ 江大树：《府际关系导论》，载赵永茂、孙同文、江大树《府际关系》，中国台湾元照出版公司2001年版，第3—4页。

⑤ 江大树：《府际关系导论》，载赵永茂、孙同文、江大树《府际关系》，中国台湾元照出版公司2001年版，第6页。

系是"单一国家内各种上级政府与下级政府,或平行政府间之关系"①。

林尚立在 1998 年给出国内政府间关系界定,即"国内各级政府间和各地区政府间的关系,它包含纵向的中央政府与地方政府间关系、地方各级政府间关系和横向的各地区政府间关系"②。谢庆奎(2000)也指出,府际关系就是政府之间的关系,它包括中央政府与地方政府之间、地方政府之间、政府部门之间、各地区政府之间的关系……它是指政府之间在垂直和水平上的纵横交错的关系,以及不同地区政府之间的关系。府际包括利益关系、权力关系、财政关系与公共行政关系,其中,利益关系决定着其他三种关系。③ 陈振明(2003)认为:"所谓政府间关系是指中央政府与各级地方政府之间纵横交错的网络关系,包括纵向的中央政府与地方政府、各级地方政府之间的关系,还包括同级地方政府之间以及不存在行政隶属关系的非同级地方政府之间关系。"④

杨宏山(2005)则认为:狭义地讲,府际关系仅指不同层级政府之间的垂直关系网络;广义的府际关系,不仅包括中央政府与地方政府之间、上下级地方政府之间的纵向关系网络,而且包括互不隶属的地方政府之间的横向关系网络,以及政府内部不同权力机关间的分工关系网络。更宽泛地讲,府际关系不仅指涉国内政府间的关系,而且包括主权国家政府间关系……府际关系不仅包括中央与地方关系,而且包括地方政府间的纵向和横向关系,以及政府内部各部门间的权力分工关系。⑤ 地方政府的横向关系有两种类型:一种是同级地方政府之间的平行关系;另一种是不同级别但又互不隶属的地方政府之间的斜向关系。⑥

总结看来,关于府际关系之界定,学界通常涉及关系主体、关系向度、关系实质与关系性质四个基本维度(见图 3-1):一是关系主体维度,即狭义与广义,涉及府际关系的主体,即参与者。狭义仅指"政府

---

① 陈敦源:《跨域管理:部际与府际关系》,载黄荣护主编《公共管理》,中国台湾商鼎文化出版社 1998 年版,第 226 页。
② 林尚立:《国内政府间关系》,浙江人民出版社 1998 年版,第 14 页。
③ 谢庆奎:《中国政府的府际关系研究》,《北京大学学报》2000 年第 1 期,第 26 页。
④ 陈振明:《公共管理学》,中国人民大学出版社 2003 年版,第 144—145 页。
⑤ 杨宏山:《府际关系论》,中国社会科学出版社 2005 年版,第 2—3 页。
⑥ 杨宏山:《府际关系论》,中国社会科学出版社 2005 年版,第 7 页。

间关系",广义还包括"公共企业"(Ostrom & Ostrom, 1976)、"政府与民间社会的关系"(江大树, 2001; Agranoff & McGuire, 2003; Angranoff, 2004)、"国与国之间的关系"(杨宏山, 2005)。关于狭义,有的学者认为是"政府整体"(林尚立, 1988; 陈振明, 2003);有的则进一步细分为包括"政府与政府之间、部门之间"(谢庆奎, 2000; 杨宏山, 2005)甚至"公务员间的关系"(Anderson, 1960; Wright, 1987a、① 1988b②)。二是关系向度维度,涉及关系的来源和指向,即纵向(隶属关系)、横向(同级别关系)、纵横向(十字向)、斜向(不同级别关系)和多向(网络关系)。早期研究在关注政府单位间所有关系的同时更为注重"纵向、横向关系"(Anderson, 1960; Wright, 1988; Dommel, 1991),后来提出"纵横交叉十字向"(刘祖云, 2007③)、"斜向关系"(杨宏山, 2005; 蔡英辉, 2009④)和"网络关系"(陈振明, 2003; 汪建昌, 2010⑤)。三是关系实质维度,即主要是包括权力关系、财政关系、公共行政关系的"三重"(林尚立, 1988),还是再加上根本是利益关系的"四重"(谢庆奎, 2000),抑或是"财政、司法、政治与行政关系"(Henry, 2007)、"所有类别与组合关系"(Wright, 1988)等。四是关系性质维度,即是正式的,还是非正式的(Philimore, 2013)。

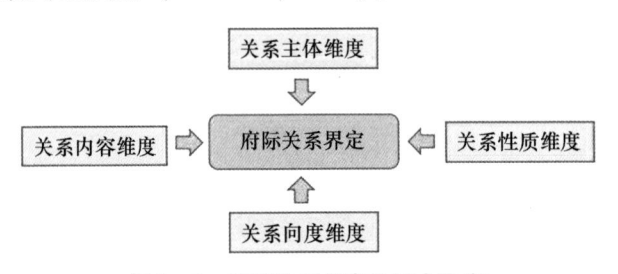

图 3-1 府际关系界定的四大维度

---

① Deil. S. Wright. "A Century of the Intergovernmental Administrative State." in Ralph C. Chandler (eds.). *A Centennial History of the American Administrative State*. New York: Free Press. 1987, p. 239.

② Deil S. Wright. *Understanding Intergovernmental Relations*. California: Brooks/Cole Publishing Company. 1988, p. 14.

③ 刘祖云:《政府间关系:合作博弈与府际治理》,《学海》2007年第1期,第79—87页。

④ 蔡英辉:《我国斜向府际关系初探》,《北京邮电大学学报》2008年第2期,第40—45页。

⑤ 汪建昌:《理想与现实:构建网络型的府际关系》,《理论导刊》2010年第4期,第21—23页。

（三）府际关系研究

府际关系提出后，20世纪80年代的美国开始引发研究热潮，形成大量研究成果。正如英国学者Stoker所言，府际关系研究已经无可争议地成为公共行政学的理论前沿（theoretical vanguard）。[①] 除了前述早期的开创性学者Anderson、Wright、Walker外，主要代表性的学者有Agranoff[②]、McGuire[③]、O'Toole & Christensen[④]、Ross & Wikstrom[⑤]、Burke[⑥]、Phillimore[⑦]、Stenberg & Hamilton[⑧]。同时，针对国别的府际关系研究也大量呈现，代表性的有：英国[⑨]、英国和加拿大[⑩]、尼日利亚[⑪]、捷克与斯洛伐

[①] Gerry Stoker. "Intergovernmental Relations." *Public Administration*. Vol. 73, No. 1, 1995, p. 101.

[②] Robert Agranoff. "Autonomy, Devolution and Intergovernmental Relations." *Regional & Federal Studies*, 2004, Vol. 14, No. 1, 2004, pp. 26 – 65. Robert Agranoff & Beryl A. Radin. "Deil Wright's Overlapping Model of Intergovernmental Relations: The Basis for Contemporary Intergovernmental Relationships." Paper Prepared for the DEIL S. WRIGHT SYMPOSIUM (Understanding Intergovernmental Relations: Reflections and Directions). ASPA 2014 Conference, March 14, 2014.

[③] Robert Agranoff, Michael McGuire. "Expanding Intergovernmental Management's Hidden Dimensions." *The American Review of Public Administration*, Vol. 29, No. 1, 1999, pp. 352 – 369. Robert Agranoff, Michael McGuire. "Inside the Matrix: Integrating the Paradigms of Intergovernmental and Network Management." *International Journal of Public Administration*. Vol. 26, No. 12, 2003, pp. 1401 – 1422.

[④] Laurence J. O'Toole, Jr. Robert K Christensen. *American Intergovernmental Relations: Foundations, perspectives and issues* (5th). CA: CQ Press. 2012.

[⑤] Stephens G. Ross, Nelson Wikstrom. *American Intergovernmental Relations: A Fragmented Federal Polity*. Oxford: Oxford University Press. 2007.

[⑥] Brendan F. Burke. "Understanding Intergovernmental Relations, Twenty-five Years Hence." *State and Local Government Review*. Vol. 46, No. 1, 2014, pp. 63 – 76.

[⑦] John Phillimore. "Understanding Intergovernmental Relations: Key Features and Trends Australian." *Journal of Public Administration*. Vol. 72, No. 3, 2013, pp. 228 – 238.

[⑧] Carl W. Stenberg, David K. Hamilton. *Intergovernmental Relations in Transition: Reflections and Directions*. New York: Routledge, 2018.

[⑨] Nicola McEwen, Wilfried Swenden & Nicole Bolleyer. "Intergovernmental Relations in the UK: Continuity in a Time of Change?" *British Journal of Politics & International Relations*. Vol. 14, No. 2, 2012, pp. 323 – 343.

[⑩] George Anderson, Jim Gallagher. "*Intergovernmental Relations in Canada and the United Kingdom.*" in Michael Keating & Guy Laforest (eds.). Constitutional Politics and the Territorial Question in Canada and the United Kingdom. Gewerbestrasse: Palgrave Macmillan. 2018, pp. 19 – 46.

[⑪] M. L Bello. "Intergovernmental Relations in Nigeria: An Assessment of Its Practice at the Local Government Level." *Journal of Poverty, Investment and Development*, No. 4, 2014, pp. 66 – 76.

克①、南非②、西班牙③、巴西④、加拿大⑤、韩国和日本⑥、欧盟和美国⑦、澳大利亚⑧、埃塞俄比亚⑨、瑞士⑩、中国⑪、意大利⑫、苏格兰⑬。一些国际组织,如 OECD 甚至还研究府际关系指标⑭。

---

① Phillip J. Bryson, Scott M. Smith, Gary C. Cornia. "A Survey of Perspectives on Intergovernmental Relations: A Comparative Analysis of the Czech and Slovak Republics." *Europe-Asia Studies*. Vol. 61, No. 4, 2009, pp. 685 – 709.

② Timothy Layman. "Intergovernmental Relations and Service delivery in South Africa: A Ten Year Review." Final Report, August 2003.

③ Sandra León, Mónica Ferrín Pereira. "Intergovernmental Cooperation in a Decentralised System: the Sectoral Conferences in Spain." *South European Society and Politics*. Vol. 16, No. 4, 2011, pp. 513 – 532.

④ Crystal E. Romeo. "A Comparative Study of Intergovernmental Relations of two Federal Districts: The Case of the U. S. District of Columbia and Brasília, Brazil." *Dissertations, Theses and Capstone Projects*. Paper 228. 2010. https://digitalcommons.kennesaw.edu/etd/?utm_source=digitalcommons.kennesaw.edu%2Fetd%2F228&utm_medium=PDF&utm_campaign=PDFCoverPages.

⑤ Richard Simeon. "Recent trends in federalism and intergovernmental relations in Canada: Lessons for the UK?." *The Round Table: The Commonwealth Journal of International Affairs*. Vol. 89, No. 354, 2000, pp. 231 – 243. Jennifer Wallner. "Ideas and Intergovernmental Relations in Canada." *Political Science*, Vol. 50, No. 3, 2017, pp. 717 – 722.

⑥ Yoo-Sung Choi, Deil S. Wright. "Intergovernmental Relation In Korea and Japan: Phases, Patterns, and Progress Toward Decentralization (Local Autonomy) in A Trans-Pacific Context." *International Review of Public Administration*, Vol. 9, No. 1, 2004, pp. 1 – 22.

⑦ Edoardo Ongaro, Andrew Massey, Ellen Wayenberg, Marc Holzer. *Governance and Intergovernmental Relations in the European Union and the United States*. Massachusetts: Edward Elgar Publishing Limited. 2010.

⑧ Russell L. Mathews. *Intergovernmental Relations in Australia*. Angus & Robertson, 1974.

⑨ Melese Chekol. *Comparative Analysis of Intergovernmental Relations in Ethiopia*. GRIN Verlag, 2017.

⑩ Luzius Mader. "The Intergovernmental Relations in Switzerland." *Springer Berlin Heidelberg*, Vol. 24, No. 2, 2013, pp. 49 – 62.

⑪ Jun Ma. "Monetary Management and Intergovernmental Relations in China." *World Development*, Vol. 24, No. 1, 1996, pp. 145 – 153.

⑫ Silvia Bolgherini, Marco Di Giulio, Andrea Lippi. "From the Change of the Pattern to the Change in the Pattern. The Trilateral Game in the Italian Intergovernmental Relations." *European Policy Analysis*, Vol. 9, No. 1, 2018, pp. 48 – 71.

⑬ Johanna Schnabel, Sean Mueller. "Vertical influence or horizontal coordination? The purpose of intergovernmental councils in Switzerland." *Regional & Federal Studies*, Vol. 27, No. 5, 2017, pp. 549 – 572.

⑭ OECD. "Promoting Performance: Using Indicators to Enhance the Effectiveness of Sub-central Spending." Working Paper, No. 5.

从研究路径看，形成了历史、制度、财政、民主等不同的研究视角。Stoker 教授总结了英国府际关系研究的四种理论视角：第一种"双元政体和中央理论"即强调中央权威，以历史的和制度的视角分析公共行政中的政府间关系；第二种运用组织理论强调府际关系背后的权力依赖以及在复杂的决策制度情境中的中央当局的有限实施能力；第三种运用理性选择分析，特别重视制度性公共选择变量（institutional public choice variant）；第四种受新马克思主义影响的国家理论视角。[1] Roux 等人（1997）归纳了府际关系研究的民主路径、制度路径、法律路径、财政路径、规范的—操作性路径等五种路径。[2] Hattingh（1998）总结了府际关系研究的四种研究路径：制度/法律路径、民主路径、财政路径、规范性—操作性路径。[3]

从研究焦点看，由府际关系（IGR）、府际管理（IGM）、府际网络（IGN）再到组织间关系（IOR）与治理（多层级治理、网络治理、网络管理）。府际关系必然涉及"在高度不确定和复杂性的情境中，通过创造和使用政府的和非政府的网络来解决府际间问题的过程"[4]，此过程即为府际管理（Intergovernmental Management）。府际管理的明显特征为：一是强调管理过程[5]，比如，冲突解决工具和非层级权威；二是强调参与者不限于政府，而是包括行政/管理中的政策制定程度、服务递送中的私人及或/非营利部门的参与；[6] 三是实施过程中的公私关联（public and private

---

[1] Gerry Stoker. "Intergovernmental Relations." *Public Administration*, Vol. 73, No. 1, 1995, pp. 101 – 102.

[2] N. L. Roux, etal. *Critical Issues in Public Management and Administration in South Africa*. Pretoria: Kagiso Tertiary. 1997, pp. 171 – 172.

[3] Jane J. Hattingh. *Governmental Relations. A South African Perspective*. Pretoria: University of South Africa. 1998, p. 10.

[4] Deil S. Wright, Dale Krane. "Intergovernmental management." In Jay M. Shafritz (eds.). *International Encyclopedia of Public Policy and Administration*. Boulder, CO: Westview. 1998, p. 1162.

[5] Vincent L Marando, Patricia S. Florestano. "*Intergovernmental Management: the State of Discipline.*" in N. B. Lynn, Aron Wildavsky (Eds.). *The state of The Discipline*. NJ: Chatan House, Chatman, 1990, pp. 287 – 317.

[6] Deil S. Wright, Carl W. Stenberg. "*Federalism, Intergovernmental Relations and Intergovernmental Management: the Origins, Emergence, and Maturity of Three Concepts across Two Centuries of Organizing Power by Area and by Function.*" in Jack Rabin, W. Bartley Hildreth, Gerald J. Miller (eds.). *Handbook of Public Administration*. BocaRaton: CRC Press. 2007, pp. 407 – 480.

actors membership）甚至是府际网络（*intergovernmental networks*）。① 不难看出，实际上，府际管理很大程度上已经是网络管理（Intergovernmental Management）。鉴于 21 世纪前十年日益出现的福利国家外包和 NGO 伙伴关系（交换信息、提高彼此能力、润滑服务互动、解决政策/项目问题）扩大的府际间网络，Agranoff 甚至在 Wright 三阶段模型基础上提出 IGR 第四阶段模型，即 IGR 网络阶段。② 府际网络强调网络中的多元行动者一起互动性地讨论、探索、协商和解决议题，此过程不再是政府—政府或者政府—NGO 的双边（bilateral）关系，而是多元行动者间的多边的（multilateral）、协作性（collaborative）的关系。③ 网络是与科层和市场并列的三种主要治理模式之一。④ 网络是一种多组织的安排，这种安排是为了解决一些单个组织所无法完成或轻易完成的问题。⑤ O'Toole 指出，公共行政越来越发生在由彼此间互相依赖但不能强迫对方服从的网络行为者所组成的环境中。⑥ 而不论是 IGR、IGM 还是 IGN，其实都是更大范围内的组织间关系（Inter-organizational Relations, IOR）的内容。虽然从研究内容看，IGR、IGM 与 IOR 没有明显的交叉，但显然 IGN 更多地受到 IOR 中的网络理论研究的影响。不同于英美文献更多从早期关注 IGR、IGM 转向 IGN 和 IGG，德国和荷兰学者则更多关注网络治理（Network Governance），比如，

---

① Robert W. Gage, Myrna P. Mandell (eds.). *Strategies for Managing Intergovernmental Policies and Networks*. New York: Praeger, 1990.

② Robert Agranoff. *Managing Within Networks: Adding Value to Public Organizations*. Washington, DC: Georgetown University Press. 2007.

③ Robert Agranoff, Beryl A. Radin. "Deil. Wright's Overlapping Model of Intergovernmental Relations: The Basis for Contemporary Intergovernmental Relationships." Paper Prepared for the DEIL S. WRIGHT SYMPOSIUM – (Understanding Intergovernmental Relations: Reflections and Directions). ASPA 2014 Conference, March 14, 2014.

④ R. A. W. Rhodes. *Understanding Governance: Policy Networks, Governance, Reflexivity and Accountability*. Buckingham: Open University Press. 1997, p.47.

⑤ Robert Agranoff, Michael McGuire. "Big Questions in Public Network Management Research." *Journal of Public Administration Research and Theory*, Vol. 11, No. 3, 2001, p.296.

⑥ Laurence J. O'Toole, Jr. "Treating Networks Seriously: Practical and Research-Based Agendas in Public Administration. *Public Administration Review*, Vol. 57, No. 1, 1997, p.45.

研究人力资源培训中的地方网络。① 在他们看来，政策网络（Policy Network）表现为"相对稳定的关系"（Relatively Stable Relationship）② 或"多少稳固的关系模式"（more or less stable patterns）③。

Tranfaglia④ 较全面地总结了在府际关系、府际管理和组织间关系三大研究领域的盎格鲁-撒克逊文献、荷兰和德国文献、意大利文献中的代表学者及其经典文献（见表3-2）。

表3-2　　　盎格鲁-撒克逊文献、荷兰和德国文献、
　　　　　　意大利文献中的代表学者

Anglo-Saxon literature	Agranoff（1986）；Agranoff & McGuire（1998，1999，2001，2003a，2003b）；Cameron & Simeon（2000）；Dahl & Lindblom（1953）；Emerson（1962）；Frederickson（2005）；Gage & Mandell（1990）；Howard（1973）；Kincaid & Stenberg（2011b）；Levine & White（1961）；Litwak & Hylton（1962）；Marando & Florestano（1990）；Milward & Provan（2000）；O'Toole（1997）；Rhodes（1997）；Schick（1975）；Stever（1992）；Stoker（1995）；Wright（1990）；Wright & Stenberg（2007）.
Dutch and German literature	Kickert, Klijn & Koppenjan（1997）；Klijn（2005）；Kooiman（2000）；Pollitt & Bouckaert（2000）；Hanf & Scharpf（1978）.
Italian literature	Cepiku（2005，2006，2010）；Borgonovi & Mussari（2011）；Longo（2005）；Meneguzzo & Cepiku（2010）；Mussari（2011）；Ongaro（2005）.

---

① K. Hanf, B. Hjern, D. O. Porter. "Local Networks of Manpower Training in The Federal Republic Of Germany And Sweden." In K. Hanf, F. W. Scharpf（eds.）. *Interorganizational Policy Making*. London：Sage Publications, 1978.

② Eva Sørensen, Jacob Torfing（eds.）. *Theories of Democratic Network Governance*. New York：Palgrave Macmillan. 2007, p. 9.

③ Walter J. M. Kickert, Erik-H. Klijn, Joop F. M. Koppenjan. "Introduction：A Management Perspective on Policy Networks". In Walter J. M. Kickert, Erik-H. Klij, Joop F. M. Koppenjan（eds.）. *Managing Complex Networks：Strategies for the Public Sector*. London：Sage Publications Ltd. 1997, p. 6.

④ Alfredo E. Tranfaglia. "Models and Tools to Understand and Manage Interorganizational Relationships：A Literature Review." http：//www.aidea2013.it/docs/160_aidea2013_public-management.pdf.

从研究脉络看，总体上呈现出由最初的静态规范维度（历史层面、制度层面）和理论构建，走向动态政策运作（关系层面）和实证研究；从最初的理论探索与构建到分类细化相关领域研究。早期学者如 Wright 在理论构建方面作出了卓越贡献，这从美国学界举办 Deil S. Wright Symposium 论坛和颁发 Deil Wright Best Paper Award 奖中可见一斑。随着研究的进展，新的研究领域出现：一是特定公共领域的府际关系研究。如围绕教育政策[1]、劳动力市场[2]、就业政策[3]、资源丰盛地区府际财政[4]等。二是关系内容方面。早期涉及国家（联邦）—州关系、州—州、地方—地方关系的研究。20 世纪 80 年代中期开始，随着市县合并的兴起，出现大量关于市县合并的研究。如认为市县合并会导致税收和支出的增加（Benton & Gamble, 1984[5]），合并行为产生管理成本（Condrey, 1994[6]），而分权化的政府比合并政府更利于竞争、成本更低、效率更高（Ostrom, Tiebout & Warren, 1961[7]；Leland & Thurmaier, 2000[8]），较之于市县合并

---

[1] Michael W. Kirst. "Recent Research on Intergovernmental Relations in Education Policy." *Educational Researche*. 1995, 24 (9), pp. 18 – 22. Julie A. Marsh, Priscilla Wohlstetter. "Recent Trends in Intergovernmental Relations: The Resurgence of Local Actors in Education Policy." *Educational Researcher*, Vol. 42, No. 5, 2013, pp. 276 – 283.

[2] Robert I. Csehi. "The Changing Nature of Intergovernmental Relations in Labor Market Development-Cases for Collaborative Federalism in Canada and the EU?" http://web.uvic.ca/jmc/events/sep2011-aug2012/2011 – 10-modes-of-gov/papers/2011-Modes_of_Gov-Panel_C-Robert_Csehi.pdf.

[3] Christopher J. O'Leary, Robert A. Straits. "Intergovernmental Relations in Employment Policy: The United States Experience." 2000, Upjohn Institute Working Paper No. 00 – 60. Kalamazoo, MI: W. E. Upjohn Institute for Employment Research. https://doi.org/10.17848/wp00 – 60.

[4] Lorena Viñuela, Kai Kaiser, Monali Chowdhurie-Aziz. "Intergovernmental Fiscal Management in Natural Resource-Rich Settings." Report No. 91343 – GLB. https://openknowledge.worldbank.org/bitstream/handle/10986/20679/913430WP0P11450ource0Rich0Settings.pdf?sequence=1&isAllowed=y.

[5] J. E Benton, Darwin Gmable. "City-County Consolidation and Economies of Scale: Evidence from a Time Series Analysis in Jacksonville, Florida." *Social Science Quarterly*, Vol. 65, No. 1, 1984, pp. 190 – 198.

[6] Stephen E. Condrey. "Organizational and Personnel Impacts of City-County Consolidation." *Journal of Urban Affairs*, Vol. 16, No. 4, 1994, pp. 371 – 383.

[7] Vincent Ostrom, Charles M. Tiebout, Robert Warren. "The Organization of Government in Metropolitan Areas: A Theoretical Inquiry." *The American Political Science Review*, Vol. 55, No. 3, 1961, pp. 831 – 842.

[8] S. M. Leland, K. Thurmaier. "Metropolitan Consolidation Success: Returning to the Roots of Local Government Reform." *Public Administration Quarterly*, Vol. 24, No. 2, 2000, pp. 202 – 213.

更具优势。Savitch & Vogel（2000）基于 Louisville 都市区的治理实践得出，市县合并不是改进大都市区治理的有效路径，只有地方政府间构建以信任基础和相互尊重的合作才是促进大都市区有效治理的路径选择。[①] Carr & Sneed（2004）针对 Jacksonville/Duval 的合并研究发现，市县合并没有改善地方经济。[②] Faulkner 等人对现有有关市县合并有效性的文献进行全面的梳理发现，合并在效率上和促进经济发展上的收益并不明显，合并有可能提升公共服务效果但并不能确定。[③] 当然，也有支持市县合并的研究，如认为分散的碎片化的政府无法解决城市扩张中产生的住房、环境和交通问题，不利于区域经济的发展。市县合并能够更有利于解决区域问题（Olberding, 2002[④]），充分发挥规模经济的优势，减少大都市区内的不公平和收入差距，带来更民主的治理，促进经济发展和公平（Lowery, 2000[⑤]; 2001[⑥]），有助于解决多辖区间的经济萧条和非均衡发展问题（Hawkins, Ward & Becker, 1991[⑦]），城市扩张和收入再分配问题得以缓解（Rusk, 1993[⑧]）。Feiock 认为,"市县合并可以消除管辖权间的竞争，将发展视角置于区域整体层面，通过专业化管理，减少重复和浪费的市县

[①] Walter A. Rosenbaum, Gladys M. Kammerer. *Against Long Odds: The Theory and Practice of Successful Governmental Consolidation*. California: Beverly Hills. Sage Publications, 1974.

[②] Jered B. Carr, Behtany G. Sneed. "The Politics of City-County Consolidation: Findings from a National Study." in Jered B. Carr, Richard C. Feiock (eds.). *City County Consolidation and Its Alternatives*. New York: Routledge. 2004, pp. 183 – 218.

[③] Dagney Faulk, Suzanne M. Leland, D. Eric Schansberg. "The Effects of City-County Consolidation: A Review of the Recent Academic Literature." http://www.state.in.us/legislative/interim/committee/2005/committees/prelim/MCCC02.pdf.

[④] Julie C. Olberding. "Does Regionalism Beget Regionalism? The Relationship between Norms and Regional Partnerships for Economic Development." *Public Administration Review*, Vol. 62, No. 4, 2002, pp. 480 – 491.

[⑤] David Lowery. "A Transaction Costs Model of Metropolitan Governance: Allocation VS Redistribution in Urban America." *Journal of Public Administration Research and Theory*, Vol. 10, No. 1, 2000, pp. 49 – 78.

[⑥] David Lowery. "Metropolitan governance structures from a Neoprogressive perspective." *Swiss Political Science Review*, Vol. 7, No. 3, 2001, pp. 130 – 136.

[⑦] Brett W. Hawkins, Keith J. Ward And Mary P. Becker. "Governmental Consolidation As A Strategy For Metropolitan Development." *Public Administration Quarterly*, Vol. 15, No. 2, 1991, pp. 253 – 267.

[⑧] David Rusk. *Cities without suburbs*. Washington, D. C.: Woodrow Wilson Center Press. 1993.

资源配置，达到规模经济，降低政府服务的成本并提高服务质量与效率。"①

截至 2018 年 5 月，笔者在 Web of Science 上利用"Web of Science 核心库"进行"intergovernmental relations"主题检索，得到 625 条检索结果。针对这 625 篇文献记录的国别和年度分析显示（见图 3-2）：

一是国别情况。美国（220 篇，占 35.2%）、英国（63 篇，占 10.08%）、澳大利亚（46 篇，占 7.36%）、德国（46 篇，占 7.36%）、加拿大（44 篇，占 7.04%）、中国（38 篇，占 6.08%）、意大利（25 篇，占 4%）、苏格兰（22 篇，占 3.52%）、西班牙（22 篇，占 3.52%）、荷兰（19 篇，占 3.04%）、巴西（14 篇，占 2.24%）、瑞典（13 篇，占 2.08%）、瑞士（13 篇，占 2.08%）、法国（12 篇，占 1.92%）、挪威（11 篇，占 1.76%）、南非（11 篇，占 1.76%）、韩国（11 篇，占 1.76%）、爱尔兰（8 篇，占 1.28%）、俄罗斯（8 篇，占 1.28%）、威尔士（7 篇，占 1.12%）、墨西哥（6 篇，占 0.96%）、日本（5 篇，占 0.8%）、阿根廷（4 篇，占 0.64%）、比利时（4 篇，占 0.64%）、匈牙利（4 篇，占 0.64%）。

二是从年度看，2006 年以来呈显著增长趋势。2018 年（16 篇，占 2.56%）、2017 年（61 篇，占 9.76%）、2016 年（42 篇，占 6.72%）、2015 年（58 篇，占 9.28%）、2014 年（55 篇，占 8.8%）、2013 年（50 篇，占 8%）、2012 年（55 篇，占 8.8%）、2011 年（65 篇，占 10.4%）、2010 年（56 篇，占 8.96%）、2009 年（35 篇，占 5.6%）、2008 年（38 篇，占 6.08%）、2007 年（33 篇，占 5.28%）、2006 年（38 篇，占 6.08%）。1990—2005 年文献数为零星状态，年均不到 2 篇，其中 1992 年、1994 年、1995 年、1996 年为空白状态。

---

① Richard C. Feiock. "City County Consolidation Efforts: Selective Incentives and Institutional Choice." Available on line. http://localgov.fsu.edu/publication_files/Feiock&Park&Kang_Consolidation_K3.pdf.

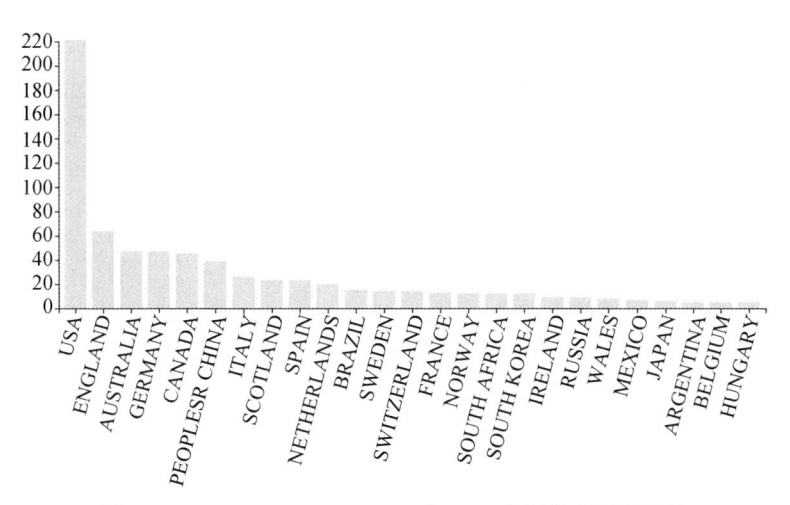

图 3-2（1）　Web of Science 中 IGR 主题检索国别结果

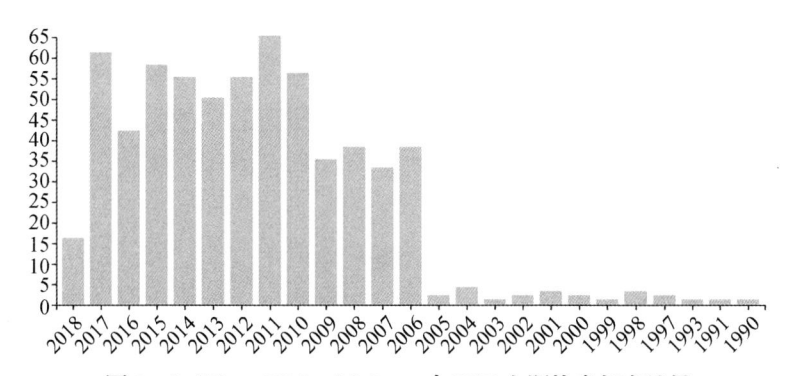

图 3-2（2）　Web of Science 中 IGR 主题检索年度结果

从国内看，传统研究主要以"中央与地方关系""政府间关系"名称出现，2000年之后，随着"府际关系"概念的引入，各类以"府际"为名的研究增多。一是"中央与地方关系"研究。这方面研究最早，也呈现出大量的研究成果（代表性的经典专著有：薄贵利，1991a、2001b[①]；辛向阳，1996a、2000b[②]；寇铁军，1996[③]；金太军，

[①] 薄贵利：《中央与地方关系研究》，吉林大学出版社1991年版；薄贵利：《集权、分权与国家兴衰》，经济科学出版社2001年版。

[②] 辛向阳：《大国诸侯：中国中央与地方关系之结》，中国社会出版社1996年版；辛向阳：《百年博弈：中央与地方关系100年》，山东人民出版社2000年版。

[③] 寇铁军：《中央与地方财政关系研究》，东北财经大学出版社1996年版。

2005①；熊文钊，2005②）。二是关系向度的分类专项研究。"纵向关系"（张志红，2005③）、"横向关系"（张紧跟，2006④）、"条块关系"（周振超，2009⑤）、"竞争关系"（张可云，2001⑥；刘亚平，2007⑦；冯兴元，2010⑧）。三是"县乡关系"研究（吴理财，2011⑨；雷志宇，2011⑩）。四是"区域府际关系与区域公共管理"研究（陈瑞莲，2006a、2008b⑪）。

综上所示，不难看出：一是有关府际关系的国内外研究可谓丰硕，从理论性铺垫，到聚焦关系向度研究和特定领域研究，不但在理论上逐步丰富和完善，甚至与"网络治理""区域主义""城市治理"进行交叉、分化与组合，形成特定的分类研究，而且在与各国的实践领域相结合的过程中催生了国别研究。然而，总体上看，对于府际关系中的市县关系，特别是结合地方行政层级改革中的市县关系研究仍不多，尤其是专著和研究报告相对缺乏。关于地方行政层级改革中的府际关系特别是市县关系的研究任重而道远。二是基本上可认为府际关系是府际主体间由制度所界定的财政、法律、公共行政等静态关系，以及在实践中很大程度上由利益、权责所决定的以竞争、合作、协作、谈判、压制、冲突等形式出现的动态关系和关系组合。

二 市县关系：界定、标准及分类⑫

（一）市县关系之界定

鉴于前文府际关系概念界定涉及的关系主体、关系向度、关系实质与

---

① 金太军：《中央与地方政府关系建构与调谐》，广东人民出版社2005年版。
② 熊文钊：《大国地方》，北京大学出版社2005年版。
③ 张志红：《当代中国政府间纵向关系研究》，天津人民出版社2005年版。
④ 张紧跟：《当代中国地方政府间横向关系协调研究》，中国社会科学出版社2006年版。
⑤ 周振超：《当代中国政府"条块关系"研究》，天津人民出版社2009年版。
⑥ 张可云：《区域大战与区域经济关系》，民主与建设出版社2001年版。
⑦ 刘亚平：《当代中国地方政府间竞争》，社会科学文献出版社2007年版。
⑧ 冯兴元：《地方政府竞争：理论范式、分析框架与实证研究》，译林出版社2010年版。
⑨ 吴理财：《县乡关系：问题与调适》，中国社会科学出版社2011年版。
⑩ 雷志宇：《中国县乡政府间关系研究——以J县为个案》，上海人民出版社2011年版。
⑪ 陈瑞莲：《区域公共管理导论》，中国社会科学出版社2006年版；陈瑞莲：《区域公共管理理论与实践研究》，中国社会科学出版社2008年版。
⑫ 在中国，市有直辖市、副省级市、地级市、县级市和镇级市，鉴于市的复杂性以及本书研究主题，市县关系的"市"界定在地级市层面，"县"则包括县和县级市，为表述便利，县级市一律用县指代。

关系性质四大基本维度（见图3-1），市县关系之界定包括：一是关系主体维度，即狭义与广义。狭义的市县关系指市与县政府间的关系；广义的市县关系除了市与县政府间的关系外，还包括市与县部门间、公务员间的关系；考虑到市县主体性，甚至还包括市与市及县与县的政府间、部门间及公务员间的关系。此外，还可能涉及[①]市县政府与外部组织如NGO之间的关系。二是关系向度维度，即纵向（隶属关系）、横向（同级别关系）、斜向（不同级别关系）、多向（多元交织的网络关系）。三是关系实质。包括市县主体间由利益关系[②]所决定的财政关系、法律关系、公共行政关系等各类关系及组合。四是关系性质，正式还是非正式，或者是良性、中性还是恶性。

从关系实质上看，市县关系既是结构关系又是利益关系。结构关系是静态关系，通常是鉴于一国国情及地方治理实际，由政治权威、习俗文化或法律制度规定的已制度化的关系，包括组织结构关系、权责结构关系、财政结构关系等。利益关系是动态关系，在特定的情境中，由市和县双方基于自身利益、价值偏好和效用目标的考量所选择的策略互动关系，往往因情况而异，具有可变性。横向市县间的动态关系一般为竞合关系，其形式多样；纵向市县间的动态关系为隶属前提下的策略互动关系，主要表现为领导—服从、压制—顺从、强制—敷衍、彼此协调、帮扶—被扶、兼并—合并等；斜向上，市管县体制下，市县较少互动，多为间接竞合关系，但随着区域性公共事务的增多，特别是省直管县体制改革，斜向市县间互动相应增加。实践中，静态关系决定、制约并影响动态关系，而动态关系的演变也会推动静态层面上结构关系的建立、修订与完善。因此，市县关系实质上是基于结构关系维系的利益关系（见表3-3）。

[①] 此处用的是"涉及"而非"包括"用词，原因在于笔者并不认可广义的府际关系可扩大到与社会组织间的关系的观点，但在府际关系运作中比如市县合作过程中采用市场化方式的确会涉及与企业、NGO的参与，因此，用"涉及"更为精准。

[②] 谢庆奎：《中国政府的府际关系研究》，《北京大学学报》2000年第1期，第26页。

表 3-3　　　　　　　　　市县关系态势及表现

	动态关系		静态关系
横向	合作关系：非正式合作/正式协议/联合行动/友好互助/信息分享等		组织结构关系/
	竞争关系：封锁/压制/敌对		
纵向	隶属关系及策略互动：命令—服从/压制—顺从/强制—敷衍/		权责结构关系/
	协调—协调/帮扶—被扶/兼并—合并等		财政结构关系等
斜向	间接合作与间接竞争/直接合作与直接竞争		

图表来源：韩艺：《在规范与事实之间：省直管县改革中的市县关系及其优化》，《北京行政学院学报》2015 年第 4 期，第 32 页。

然而，理论研究与实务部门人员的理解不一致，在受访的公务系统人员看来，市县关系在实际中的表现更多是"公共行政关系"（33.79%），其次是"权力关系"（29.04%）和财政关系（24.49%）。当被问及在四种关系中最核心的关系时，认为更多是"权力关系"（54.73%），其次是"公共行政关系"（20.34%）和财政关系（16.24%）。"利益关系"不论是在类型中（12.68%）还是在核心选项中（8.69%）占比都是最低的。这也反映出实务部门对更为抽象的但实际上是最根本性的"利益关系"相对把握不够，更多看到现实中关系的外在"权力"和"行政"表现（见表 3-4）。

表 3-4　　　　　　市县关系类型及核心问卷调查结果

	您认为市县关系是何种关系，其中，最核心关系是哪种？	
市县关系类型	比例（%）	是否核心（%）
公共行政关系	33.79	20.34
权力关系	29.04	54.73
财政关系	24.49	16.24
利益关系	12.68	8.69

（二）市县关系类型

1. 市县分治

市与县作为地方政府中的重要构成，在提供地方公共服务与区域治理上扮演重要角色，然而二者属性不同且分属不同的建制。城市是与乡村相对应的一种社区，是人类社会发展到一定历史阶段的产物，是社会进步和人类文明程度的标志。作为人口相对集中稠密、工商业发达、居民以非农业人口为主、在政治经济文化等方面处于中心地位的城市，"根本特征是集中和非农经济，集中与分散是城市与乡村在表现形式上的主要区别"①。市制是指国家通过立法和行政手段在城市地区建立行政区划建制，进行城市管理的一种制度。市制起源于欧洲，是指城市建制和管理体制。现代市制的两个基本特征是：首先，它是城乡分治的城市型行政建制；其次，它的政府体制实行市民自治制度。② 因此，总体上看，市是典型的城市型建制，主要承担着城市基础设施与公用事业建设、公共服务提供、工业和第三产业发展、市场秩序维护、城市应急管理与公共安全等职责。与之不同的是，作为一种主要面向农村的管理单元，县是地域型建制单位。县制是县级行政制度、区划制度、组织制度和机构编制的总称。县的广域型建制，即除了县城（镇）的城镇功能外，还囊括并带动周边乡村发展。

市县各自在属性、职责、定位和功用上的不同，决定了：一是在当代各国地方治理中，作为其重要构成的城市型建制的市与广域型建制的县，其不论各自分立还是彼此互动都直接关乎着地方治理绩效。但一般来说，市是设置在城市地区的专门类型的地方行政建制，不管辖大片的农村地区。③ 市作为城市型建制单位，已是世界通例。城市的高度聚集性、人口及文化构成的异质性、区域中心性，决定了其有着与乡村迥异的政治、经济和文化，城乡之间由此有了分而治之的理由。总体上看，世界各国多实行地方自治，市一般不辖区、县，市政府与周围的乡镇政府也没有行政上的隶属关系，最多只是统计意义上的地理区位关系（市多位于县的境内）。比如，"法国行政区划单位自上而下为大区、省、专区、县，此下即为36568个市镇（commune），市镇在大多数情况下是最小的行政分划。美国的基本政治单位也是为县下所设的市（city）或者

---

① 戴均良：《中国市制》，中国地图出版社2000年版，第1页。
② 华伟：《城市与市制》，《中国广域》1999年第3期，第12页。
③ 王佃利、张莉萍、任德成：《现代市政学》，中国人民大学出版社2004年版，第93—94页。

镇（town），有近 20000 个市、16000 多个镇。"① 二是工业化与城市化的发展，城乡的功能定位分异日渐明显。从规范性看，市县之间的不同，应呈现出"市县分治"的格局，即无彼此隶属、平等分治但对区域性公共事务展开有效合作的良性关系。实际上，城乡分治与合作治理是世界尤其是发达国家地方行政管理的通行原则。发达国家城市治理、规划及层级通常是以经济发展实际和经济规模为主线而非行政级别，其遵循城市化规律来安排城市，不人为构市，在城市化过程中不强制市县带动和隶属关系。

2. 市县合作

梳理组织间关系理论及文献可得，组织间关系属性及形式维度主要表现为：分立性，即分立（discretion）；抗衡性，即竞争（contention）、冲突（confliction）；友善性，即协调（coordination）、合作（cooperation）；融合性，即协作（collaboration）、隶属（subjection）。Young 针对政府与 NGO 之间关系，提出了增补性（supplementary）、互补性（complementary）、抗衡性（adversarial）关系。② Walker 概括了美国府际关系中的 17 种形式：非正式合作（informal cooperation）、地方间服务协议（interlocal service contracts）、联合权力协议（joint powers agreement）③、辖区外管辖权（extraterrritorial powers）④、区域政府联盟（regional councils/councils of governments）、因联邦项目而形成的单一目的性区域机构（federally encouraged single-purpose regional bodies）⑤、州规划与发展区（state planning

---

① 姚中秋：《重构市制》，《文化纵横》2013 年 4 月 10 日，第 86 页。
② Dennis R. Young. "Alternative Models of Government Nonprofit Sector Relations: Theoretical and International Perspectives." *Nonprofit and Voluntary Sector Quarterly*, Vol. 29, No. 1, 2000, pp. 149 – 172.
③ 两个或多个地方政府之间签订协议为其管辖区的公民进行共同规划、融资和提供服务。
④ 辖区外管辖权在 35 个州获得批准，允许所有或至少部分城市在其辖区之外的特定地区行使部分监管权力。然而，只有不到一半的授权州允许辖区外规划、分区和细分监管，因而该方法比其他方法使用得少。
⑤ 单一目的性区域机构是在大约 20 个联邦援助项目附加制度条件时形成的（截至 1980 年）。根据 1977 年的地方政府普查，这些联邦政府鼓励的特殊目的区域单位根据定义和分类在 1400—1700 之间。1983 年，一项调查确定了有 990 多个这样的机构。尽管 1983 年的实际数字可能更高，但到 1986 年，考虑到 1983—1986 年期间地区计划修订、预算削减和取消的数量，总数可能要少得多。单一目的的区域机构只存在于少数联邦援助项目中（特别是经济发展、阿巴拉契亚、老龄地区机构、职业培训和地铁交通）。

and development districts)、契约外包（contracting）、地方特区（local special districts）、职能转移（transfer of functions）、兼并（annexation）、区域性特区与管理局（regional special districts and authorities）、大都市多功能特区（metro multipurpose district）、城市县（reformed urban county）、单层市县合并（one-tier consolidations）①、双层制重组（two-tier restructuring）②、三层制改革（three-tier reforms）③，他认为这 17 种分类可排在依次由易到难、由政治上最具可行性、最少争议、最缺少有效性到缺少政治可行性、对地方官员威胁最大但最有效的光谱中④（见表 3-5）。Walker 的研究虽针对美国情境，但府际间的契约、合并、联合属常态。

表 3-5　　　　　　　　　　美国府际关系的 17 种形式

容易

1. Informal Cooperation
2. Interlocal Service Contracts
3. Joint Powers Agreements
4. Extraterritorial Powers
5. Regional Councils/Councils of Governments
6. Federally Encouraged Single-Purpose Regional Bodies
7. State Planning and Development Districts
8. Contracting

---

① 从 1804 年到 1907 年，发生了 4 次市县合并，都是由州授权的。后来，地方自治市激增，但市县合并实际上停止了 40 年。在过去 25 年里，只有五分之一的合并努力取得了成功。

② 这些方案寻求在地方和区域职能之间进行划分，由两级政府提供这些服务。大多伦多都市区建立了一个强有力的区域联合政府来处理区域范围内的职能，并最终通过合并一些市政当局导致了一些地方重组，是这种方法的典范。

③ 这种方法虽很少使用，但它处理的是多县都市区的特殊问题，美国只有两个例子。第一个例子是双子城（明尼波利斯—圣保罗）大都会议会。作为一个倡议，1967 年由州立法机构颁布，该委员会是权威的区域协调者、规划者和大规模发展的控制者，它的区域包括 7 个县和十几个地方。另一个是波特兰（俄勒冈州）都市服务区（MSD），一个区域规划和协调机构，为 3 个县的提供城市化服务。

④ David B. Walker. "Snow White and the 17 Dwarfs: From Metro Cooperation to Governance." *National Civic Review*, No. 1, 1987, pp. 14-28.

续表

居中

9. Local Special Districts

10. Transfer of Functions

11. Annexation

12. Regional Special Districts and Authorities

13. Metro Multipurpose District

14. Reformed Urban County

最难

15. One-Tier Consolidations

16. Two-Tier Restructuring

17. Three-Tier Reforms.

图表来源：David B. Walker. "Snow White and the 17 Dwarfs: From Metro Cooperation to Governance." *National Civic Review*. 1987, (1), p. 16。

市县虽分而治之，但区域性公共事务治理（基础设施共建共享、河流等自然资源管理与环境治理、联合执法、区域一体化等）、市县各自在提供服务上的相互替代和比较优势、第三方力量的压力，决定了市县之间通常需要相互合作。从各国的治理实践看，往往基于非正式合作（比如口头协定、信息共享、互相援助）、正式契约、协力、组织结构安排（联盟，如政府联合会、府际论坛、大都市区政府）、市县合并、功能合并等多种方式达成合作。为此，结合上述组织间关系、府际关系的研究，特别是现实中的市县关系运作，市县关系大致包括分属抗衡性、增补性、替代性与互补性四大属性的敌对、压制、竞争、分立、谈判、共享信息、契约、第三方政府、联合、权利责任共享十大类型，组成从左到右合作程度逐渐增强的市县关系光谱图（见图3－3）。

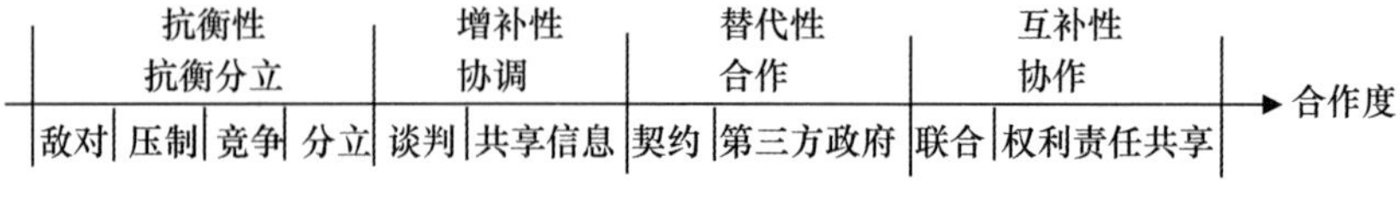

抗衡性				增补性		替代性		互补性		
抗衡分立				协调		合作		协作		→ 合作度
敌对	压制	竞争	分立	谈判	共享信息	契约	第三方政府	联合	权利责任共享	

图3－3 市县关系类型及属性

图表来源：笔者自制。

3. 市县隶属

从中国市制发展的历史来看，国民政府时期和中华人民共和国成立初期，实行的是市县分置、城乡分治的管理模式，但在20世纪80年代（以1982年为分界点）发生了明显变化，即从城乡分治走向城乡合治。这种现象受到学界的关注。刘君德、汪宇明（2000）指出："80年代以来推行市领导县、地市合并、整县改市，对我国的市制产生了巨大影响，使其性质、职能、层级结构、区划建制与管理方式等都产生了相应的变化，形成了目前城乡合治型的新市制。"[①]"市领导县的空间组织模式主要形成于80年代中期，属于城乡合治型的建制模式。"[②] 于鸣超（2003）认为，整县改市模式对切块设市模式的替代表明，县级市与地级市一样，也已经从城市型行政建制转变成一种广域型行政建制。[③] 这种称为地域型或广域型政区，是一种传统的"以城乡合治"为本质特征的政区类型。

从第二章市管县体制的历史回顾中不难看出，1958年开始，我国市制发生了大转变，即通过实行"市领导县"体制，传统城市型行政建制开始转变为城市型与地域型相结合，市除了直接管理城区外，还通过所辖县管理着广大农村地区。虽然1961年以后市管县体制有所回落，但直辖市和少数较大的地级市一直坚持这一体制。1978年市领导县体制写进了宪法，从法律上确立了市制实行城区型与地域型相结合的行政区划建制模式，一般称为广域型市制。[④] 这种既管城镇区域，又管乡村区域的广域型市制管理体制，"指以城市行政管理机构的名义，统筹管理城市辖区范围内的城区、郊区、镇区和广大乡村地区的一种城乡合一管理体制"[⑤]。

（三）市县关系性质

从属性的效果维度上看，主体间的关系有良劣之分。按照应然的规范

[①] 刘君德、汪宇明：《制度与创新：中国城市制度的发展与改革新论》，东南大学出版社2000年版，第53页。

[②] 刘君德、汪宇明：《制度与创新：中国城市制度的发展与改革新论》，东南大学出版社2000年版，第10页。

[③] 于鸣超：《市制正名》，《领导文萃》2003年10月15日，第35页。

[④] 戴均良：《中国市制》，中国地图出版社2000年版，第66页。

[⑤] 王佃利、张莉萍、任德成：《现代市政学》，中国人民大学出版社2004年版，第93—94页。

要求，市县间需要构建起良性关系。关系因内部收益（各自及共同目标实现度）与外部效应（社会目标实现度、社会成本及资源节约度）的不同，可能呈现良性、中性、恶性三种状态。与良性关系实现内部价值与外部效应并举不同，恶性关系表现为重复投入资源而浪费、互相扯皮导致管理真空、缺乏共同目标而彼此抵触；反向行为与冲突。① 而中性是好于恶性但未达成良性的中间状态。一般来说，区别于抗衡性特别是对抗冲突时的恶性关系，当组织间关系为分立性、友善性及融合性时，其总体属良性，但并不绝对。比如，分立性及友善性可能分别由于未携手合作或虽互动合作但均未取得共同收益时，而是中性的；融合性也可能由于隶属矛盾而引发恶性冲突；抗衡性中的竞争不一定交恶，有时反而利于良性合作。可见，合作有助于组织间良性关系的形成。然而，合作也可能产生分歧，需要不断优化。优化并非最优，而是达成良性关系的手段。特别是，鉴于组织间关系动态性，三种关系状态可能发生转化，需要借助优化以保持、促成或转向良性状态。

按 OECD 的观点，不同层级的政府间关系管理旨在：达成国家整体目标；消除政府间不必要重叠及浪费；提升纳税人金钱价值；回应地方公共需求；促进公民更多参与公共事务②。可见，良性市县关系，应是能够实现市县辖区、区域性乃至全国性公共事务治理，促进成本节约、效率提升和公众参与的分治与合作关系。由此，从规范角度看，理想的市县关系是达成良性的动态平衡，衡量标准为：（1）价值标准，即能够创造公共价值③，基于合作取得内部共同收益的同时，达成外部社会效益；（2）主体标准，即市县分治或关系对等；（3）认知标准，即市县双方对潜在或可能的良性关系有感知并能采取行动；（4）结构标准，即存在旨在规范市县关系并利于良性关系形成的制度保障和机制安排。与画地为牢、恶性竞争不同，良性市县关系是市县走出彼此对抗、破解治理困境以互利合作实

---

① Chris Huxham & David Macdonald. "Introducing Collaborative Advantage: Achieving Inter-organizational Effectiveness through Meta-strategy." *Management Decision*, Vol. 30, No. 3, 1992, pp. 51 – 52.
② OECD. *Managing Across Levels of Government*. Paris: OECD. 1997, p. 13.
③ Gerry Stocker. "Public Value Management: A New Narrative for Networked Governance." *The American Review of Public Administration*, Vol. 36, No. 1, 2006, pp. 41 – 57.

现共赢的前提,然其达成需借助于优化手段。所谓市县关系优化,是市县双方甚至第三方基于良性关系导向,采取激活、强化、化解、协调等方式破解市县治理困境、解决市县冲突并推动良性关系得以进化。①

三 当前中国市县关系:类型、转型与优化

（一）市县关系类型

前述可知,不同外延及不同向度形成了多元化的市县关系,加之地方行政层级为市管县体制、由市管县体制向省直管县体制改革探索的并行现状,实践中的市县关系呈现为错综复杂的关系类别（见表3-6）。鉴于此,特别是考虑到研究需要,本书中市县关系涉及广义层面,但在分析省直管县改革中原有地级市与所辖县关系转型时,主要为市县关系,除非特别说明,一般不涉及市与市、县与县、市县与 NGO 的关系。

表3-6　　　　　行政层级改革进程中的市县关系类型

	纵向	横向	斜向与网络
市管县体制	同一省域内市与其所辖县	同一省域内市与市、县与县 不同省域内市与市、县与县	同一省域内市与无辖县 不同省域内的市与县
改革试水—过渡期	同一省域内市与其所辖县	同一省域内的市与市、县与县、县¹与县¹、市与县¹ 不同省域内的市与市、县与县、县¹与县¹、市与县¹	同一省域内的市与无辖县、县¹与县 不同省域内的市与县、县¹与县

---

① 韩艺:《在规范与事实之间:省直管县改革中的市县关系及其优化》,《北京行政学院学报》2015年第4期,第33页。

续表

	纵向	横向	斜向与网络
省直管县体制	少数省域内的市与其所辖县	同一省域内市与市、县与县、县¹与县¹、市与县¹；不同省域内市与市、县与县、县¹与县¹、市与县¹	不同省域内的市与县、县¹与县

说明：县指处级县。县¹指省直管县改革试水—过渡期及实行期的厅级县。

图表来源：韩艺：《在规范与事实之间：省直管县改革中的市县关系及其优化》，《北京行政学院学报》2015年第4期，第32页。

（二）市县关系转型与优化的必要性

一般来说，市是设置在城市地区的专门负责城市管理的政权构成，并不管辖大片的农村地区。而由于推行市领导县体制，特别是整县改市，使得市改变了其作为纯粹城市地区地方行政建制的性质，由此转变为地域型地方行政建制。即：地域型城市不仅需要集中力量进行工商、财税、金融、教科文卫、环保、城建、民政、公安司法等城市管理，还需要从复杂的城市事务中抽身出来关注耕地保护、农田水利、科学种植、生态平衡、新农村建设等农村事务。在这种条件下，市既具有专门市政型行政建制的性质，又具有一般地域型行政建制的特点。城乡合治型的市政体制，不但市因同时兼顾城市管理与以城带乡，而且由于市与下辖县（县级市）的职能交叉与资源分配往往优先市本级，造成市县、市市、县县、县镇等府际关系的复杂化。

客观地看，广域型市制，虽在一定时期发挥了加快和促进工业化、大城市化和城镇化发展的作用，但这种"城乡合治"型的做法实际上却在一定程度上扩大了城乡差距和不合理的城乡定位和权责错位。正如有学者指出："'城乡合治'型的'市管县'体制和'整县改市'模式不利于城市政府提高城市管理水平，'广域型'的城市已经不适应当代城市型政区发展的要求。另一方面，市场经济体制的发展，行政体制改革的推进，已经为'市管县'体制和'整县改市'模式的变革提供了基本条件，以市场力量为主导而发展的经济区，不会再受行政力量的制约，城市型政区的发展应当回归其本来面目，即'城乡分治'。"① 这样，就应当收缩地级市的广域管理范围，仅保留必要的郊区，不再承担带动乡村的功能。

由此，市县分治是市县关系的未来方向，在分治的同时，使城镇和乡村均能得到良性互动，达到费孝通先生所说的乡市"相成论"②。因此，总体上看，市县关系的未来路径为：一是转型。在多数地区，市制面临从广域型向原初的城市型的回归，市县关系也面临着城乡合治向城乡分治的转型，这不仅是融入世界潮流、回正市县各自属性的需要，更是解决市县关系困境的关键。而省直管县体制改革正是试图解决市管体制弊端、促进市县分治的尝试，尽管从所推行的改革看并不太成功。二是优化。市县关系既有市管县体制下的纵向隶属、等级关系，又有省直管县体制中的分治、竞争、协作关系，还有两种体制并行中的多元复杂关系。这种多元情境决定了今后应跳出体制性视野、超越体制因素，更多依靠府际管理、市场契约等方式优化市县竞合与协同治理关系。

(三) 优化市县关系的可能方式③

诚然，省直管县改革旨在解决原有的市县关系一级困境，但省直管县又带来市县关系优化的二阶问题。即从实践看，地方行政层级改革进程中市县关系面临规范与事实之间的内在张力：依规范性，作为城市型建制的市与作为广域型建制的县应是彼此分治与合作治理的良性关系；从事实来看，省直管县体制改革试水—过渡期市县关系出现地位不对等、潜在争利、矛盾冲突，甚至恶性竞争导致区域公共事务治理失灵等问题。因此，消解规范与事实之间的张力，适时优化市县关系，是市县良性关系形成的关键所在。

1. 市县府际合作

组织间合作利于形成良性关系，可依情境的需要采用前述多种合作方式甚至是合作方式的组合，但合作的产生有赖于：一是基础层面条件，包

---

① 马彦琳：《城乡分治与城乡合治——中国大陆城市型政区发展的回顾与展望》，《华中科技大学学报》（社会科学版）2006年第3期，第55页。

② 费孝通：《乡土中国》，上海世纪出版集团2008年版，第253页。

③ 此内容中的部分出自本人已发表成果，详见韩艺《在规范与事实之间：省直管县改革中的市县关系及其优化》，《北京行政学院学报》2015年第4期，第33—34页。

括目标一致、可预期收益、资源依赖、合作意愿、信任等。如 Alter & Hage① 认为，合作基于合作意愿、专业及效率需要、财政资源及分担风险。Kooiman② 指出合作需要：信任、相互尊重和调适；共同的目标；输入、风险和收益的辨别；责任和权力的分配。二是制度层面条件，政治制度、法律保障、文化观念等诱因、压力或保障。Granovetter③ 强调，组织镶嵌于环境中，环境不仅提供组织所需资源，还界定和控制组织的分合。Dawes④ 认为，合作源于内部压力与外部环境的触媒。Peters 关于"合作需要先决条件与诱因"⑤ 实际隐含着对制度条件的强调。奥斯特罗姆⑥ 则全面分析了合作中的规则与制度条件。三是操作层面条件，合作机制的建立。Kouwenhoven⑦ 提出，组织从相互依赖、共同目标到展开合作，需要沟通渠道与中介机制。

2. 府际关系管理

仅有合作还不够，组织间关系的动态性与生命周期⑧决定了即便基于合作的良性关系也应不断优化。优化组织间关系的府际关系管理方式为：一是激活，即针对尚未优化的潜在关系，借助单方示好、合作邀约、激发共识等方式予以激活；二是强化，即对互补性关系基于增进愿景、刺激共同利益、发展及维持交换关系、承诺信任、战略伙伴等予以长期维系；三

---

① Catherine Alter, Jerald Hage. *Organizations Working Together*. London: Sage Publications. 1993.

② Jan Kooiman. *Governing as Governance*. London: Sage. 2003, p. 102.

③ Mark Granovetter. "Economic Action and Social Structure: The Problem of Embeddedness." *The American Journal of Sociology*, Vol. 91, No. 3, 1985, pp. 481–510.

④ Sharon S. Dawes. "Interagency Information Sharing: Expected Benefits." *Journal of Policy Analysis and Management*, Vol. 15, No. 3, 1996, pp. 377–394.

⑤ Guy B. Peters. "Managing Horizontal Government: The Politics of Coordination." *Public Administration*, Vol. 76, No. 2, 1998, pp. 295–311.

⑥ [美] 埃莉诺·奥斯特罗姆：《公共事物的治理之道》，余逊达译，上海三联书店2000年版。

⑦ Vincent Kouwenhoven. "The Rise of the Public Private Partnership: A Model for the Management of Public-Private Cooperation." in Jan Kooiman (eds.). *Modern Governance: New Government-Society Interactions*. London: Sage Publications. 1993, pp. 119–130.

⑧ Vivien Lowndes, Chris Skelcher. "The Dynamics of Multi-Organizational Partnerships: An Analysis of Changing Modes of Governance." *Public Administration*, Vol. 76, No. 2, 1998, pp. 313–333.

是化解，即通过增进共识、协商对话、沟通协调、签订合约等方式化解对抗性关系；四是第三方协调，即中立第三方采用暂时冷却、政策导引、外压激励、斡旋调解等引导组织间达成谅解与合作。①

3. 市县合并

市县合并的功效在于外部交易成本内部化，即将原有的市县作为两个独立主体间因本位主义和利益分歧产生的摩擦、冲突、潜在矛盾，基于市县合并一体后的内部管理而缓解、减少或消释。做法为：一是将地理位置毗邻的市县进行合并。原县的非农职能并入市，农业职能剥离或划入其他邻县。或者，农业人口较多，非农产业不发达、城市功能不突出的市剥离出城市中心区并入其他邻市，农业职能则并入邻县。二是将市所属的邻县划归为市辖区，既能满足地级市在土地利用、城市空间、财政来源、经济增长的发展需要，也能解决市县间的争利问题。相对第一种方式，第二种更易于推行。当然，市县合并涉及行政区划调整，相对较难，至少需要具备相对成熟的条件：一是地理位置与空间距离近，且有着大致相同的人文风俗，行政区划调整争议不大；二是市县双方达成合并的共识，避免强制的拉郎配所导致的不和谐与冲突；三是合并能解决原有的市县关系问题。

由此，从理论上看，消解地方行政层级改革进程中市县之间出现的地位不对等、潜在争利、矛盾冲突，甚至恶性竞争导致的区域公共事务治理失灵等问题，需要增进市县认知、完善制度及机制构建合作机制，同时适时采取府际关系管理，必要时推行市县合并等优化措施，构建良性市县关系。

第二节　国外市县关系考察

一　美国

（一）行政区划

美国是联邦制国家，共有50个州以及1个华盛顿特区作为联邦的成员单位；在州以下设县和区，再依照都市结构下设市、乡、镇、村及其他

---

① 韩艺：《在规范与事实之间：省直管县改革中的市县关系及其优化》，《北京行政学院学报》2015年第4期，第33页。

基层政区，由此形成了美国行政区划（见表3-7）。美国的行政区划层级因地域不同，有三级区划和二级区划之分。各州行政区划多分为州直属及地方所属，在层级方面有三级也有二级。

美国联邦体系中的州政府和地方政府单位都具有较强的独立性。州是联邦的组成单位；地方政府则包括县、市、学区、镇区等自治体，数量约为8.7万多个。通常各县下设不同层级的区划，在中西部最常见的是设镇区。联邦制和地方自治决定了美国行政区划无论从地理区域还是从权力划分上看，都是一种交错并行的关系，而非上下级关系。

表3-7　　　　　　　　　美国行政区划层级一览

行政区划层级	行政区划
第一级行政区	州/共同体；联邦特区；领地/自治邦/自由邦；印第安保留地
第二级行政区	县；合并市县；独立市；堂区/统计区/非建制市镇；受州承认的部落
第三级行政区	市/村/镇；镇区；合并市乡；会堂

资料来源：维基百科。

（二）市县现状概述

在美国，县和市均属地方政府（local governments）的组成部分，二者权力均来源于州政府的准许和确定[①]，县作为州政府的地方分支机构，在行使自治机构的权力时独立性远远小于市作为城市法人（municipal corporations）代表的自治权力[②]，而且两者的管辖范围及所承担的职能有所不同。

美国的县（County，又称郡）通常是州政府为分散某些职能而设立的"行政附属"单位，它充当州政府的代理机构，对其境内的市、镇、村、自治区、镇区及居民行使州所委托的责任和权力[③]，因此县在区划上通常

[①] ［美］罗伯特·登哈特、珍妮特·登哈特：《公共行政：一门行动的学问》，谭功荣译，北京大学出版社2013年版，第66页。

[②] ［美］文森特·奥斯特罗姆、罗伯特·比什、埃莉诺·奥斯特罗姆：《美国地方政府》，井敏译，北京大学出版社2004年版，第50页。

[③] 刘彩虹：《整合与分散——美国大都市区地方政府间关系探析》，华中科技大学出版社2010年版，第20页。

包括市(独立市、市县合并区除外)。在美国,县在数量上要较其他类型的政府单位建制少,数量变化也比较稳定,在 50 个州中有 48 个设有县,在除康涅狄格和罗德岛两个州以外的所有州内都设有县或相当于县的单位。特拉华州县数最少,仅辖 3 县。得克萨斯州县数最多,达 254 个。平均每个州有 62 个县,每个县的人口约 10 万。人口最多的县是加利福尼亚州的洛杉矶县,人口近 1000 万。人口最少的县是得克萨斯州的洛文县,仅 67 人[①]。在有些实现了市县合并(city-county consolidation)的大城市中并不存在与之交叠的县,如纽约、丹佛、檀香山、旧金山、费城和圣路易斯。在弗吉利亚州,县与独立市也不交叠。在那些县没有包含市的地方,市政府承担着本来应由县级政府承担的职能。一般而言,县政府承担着双重职能:一方面,县是州政府的行政管理分支,需承担州政府划定的特定职能;另一方面,县又是独立的地方政府单位,要响应它们自己公民的需求。[②] 在大都市区治理过程中,县所扮演的角色主要取决于各州政策、自治体(包括自治市、自治镇)以及镇区的功能和数量。美国人口中 89% 的人是由县级政府提供服务的。

市的地位和职权并没有在联邦宪法中直接规定,相对于县而言,市的设定理由、范围、职能和名称等都更为复杂。包括自治市(Municipal Cities)、独立市[③](Independent city)或"市(city)",不管何种叫法,市都是为了给人口更加集中和稠密的地区提供公共服务而设立的自主治理机构。此外,美国还有其他类似于独立市的政治实体,如市县合并城市(旧金山、费城等),它与独立市的不同之处在于:尽管他们都有一个统一的政府,但市县合并城市中市和县都名义上存在,而独立市中的县在名义上都已经不复存在。在美国,市的主要职责是维护其所在辖区内的公共安全并提供部分公共服务,与县相比,市在消防、道路建设和维护、公共

---

① 来源维基百科:县(美国),https://zh.wikipedia.org/wiki/%E5%8E%BF_%E7%BE%8E%E5%9B%BD。
② [美]文森特·奥斯特罗姆、罗伯特·比什、埃莉诺·奥斯特罗姆:《美国地方政府》,井敏译,北京大学出版社 2004 年版,第 3—4 页。
③ 美国人口普查局使用市作为统计信息表示的基本单位,并出于统计目的,将独立市视为与县级对等的单位,从政治意义上讲,独立市不隶属于任何县且不在县域范围内,它是与周边或接壤县区分开的法定领土实体城市。

住房、公园和娱乐方面投入得更多。自治市除了提供县和乡镇政府的服务之外，还要创造和提供城市类型的服务①。

(三) 市县关系形式

奥斯特罗姆（2004）认为，美国政府间由于契约关系和非正式的工作安排产生了复杂的合作模式，同时又混合着竞争性对抗的因素②。在地方自治和高度自主情形下，为满足辖区和区域内多样化的公共服务需求，市县之间的关系主要表现在：一是竞争。分散化的治理允许地方政府作为服务提供者展开自由竞争，比如在为争夺联邦拨款或上级政策支持、为吸引资本技术以及人才等要素的流入、为促进本地区产品的流出等方面展开的竞争。竞争有利于提高效率，在公共服务领域提供了公民多元化的"用脚投票"③选择机会，在满足公民偏好的同时，保证地方政府的政治合法性。二是合作。Olberding 总结了美国都市区内地方政府间所采用的两种合作形式：其一是全面的合作，即"大扫除式策略"（broad-sweeping strategies），包括大都市区政府（metropolitan government）、政府合并（consolidated government）、兼并（annexation）、区域性政府委员会（regional councils of government）；其二是在少量服务上的协调，即"目标导向式策略"（targeted strategies），包括区域性伙伴关系（regional partnerships）、正式书面合作协议（written agreements）、特区（special districts）。④

美国市县间、地方政府间合作形式多元，归纳看来：（1）保持各自组织独立身份的关系形式，通常有非正式的联合、呼吁、意向性契约，正式的契约合同与协议等；（2）保持各自组织独立身份但成立相应的关系管理机构，如联席会议、政府间委员会（COGs）、特别公共团体等；（3）消解

---

① ［美］文森特·奥斯特罗姆、罗伯特·比什、埃莉诺·奥斯特罗姆：《美国地方政府》，井敏译，北京大学出版社2004年版，第6页。
② ［美］文森特·奥斯特罗姆、罗伯特·比什、埃莉诺·奥斯特罗姆：《美国地方政府》，井敏译，北京大学出版社2004年版，第60页。
③ Charles M. Tiebout. "A Pure Theory of Expenditures." *The Journal of Political Economy*, Vol. 64, No. 5, 1956, pp. 416–424.
④ Julie C. Olberding. "Does Regionalism Beget Regionalism? The Relationship between Norms and Regional Partnerships for Economic Development." *Public Administration Review*, Vol. 62, No. 4, 2002, p. 481.

原有组织独立身份的合并与兼并（大都市区政府、市县合并、政府间的兼并）。限于篇幅，仅列举以下几种最具代表性的合作形式。

1. 结构化调整：市县合并

从区域范围来看，县的地理边界多大于市且自治市一般在县域范围内，其中市的管辖范围主要是城市点，而县的管辖范围则包括大的区域面，两者点面结合，分别履行各自的职责。由于城市化进程加快，附带性的区域治理问题日渐凸显，为了提高效率，改善公共服务质量，部分大都市区域内的中心城市与县选择了合并的方式以建立起新的统一地域性政府，旨在促进规模经济并重新整合区域内的资源。市县合并则是指在一个大都市区内，将中心城市与其所在的县合并为一个单一的联合行政区，在大多数情况下，它包括大都市区内市政府和县政府的合并[①]。市县合并之后的市县不再呈现管辖范围"点""面"分明的特征，二者的职权也发生了变化，新合并政府的功能和结构由当地代表和州立法宪章规定[②]。市县合并的实现方式有两种：早期主要是州政府主导之下的立法行动，不需要征得受影响地区人们的同意，如新奥尔良市和奥尔良县的合并。后来的市县合并主要是通过选民投票方式来实现，这是一种自下而上的合并机制。对于地方政府来说，由选民来决定是否合并政府是最好的选择，但由于合并触及多方政治利益，因此，通过立法行动来实现市县合并比通过投票要容易得多。[③] 据统计，1902—2010 年，在美国举行的 105 次关于审议市县合并议案的公民投票中，只有 27 个得到了选民的同意[④]。通过投票进行的市县合并成功率不高的原因在于，现有合并案例无法提供直接的支持性

[①] Sammis White. "Cooperation Not Consolidation: The Answer for Milwaukee Governance." *Wisconsin Policy Research Institute Report*, Vol. 15, No. 8, 2002, p. 1.

[②] Kathryn Murphy. "Reshaping County Government: A Look at City-County Consolidation." Washington D. C. : National Association of Counties Research Division, February 2012, p4. www.naco.org.

[③] S. J. Makielski, JR. "City-County Consolidation in the united states." *Institute of Government/University of Virginia/Charlottesville*, Vol. 46, No. 2, 1969, p. 4.

[④] Kate Linebaugh. "Threats to Town Halls Stir Voter Backlash." *The Wall Street Journal*, June 8, 2011. https://www.wsj.com/articles/SB10001424052702304066504576341332888910372.

经验证据证明合并后相对于合并前的绩效改进，且问题丛生[①]，加之居民偏好和意愿差异较大，又涉及公平、种族等复杂问题，因此合并方案难以达成共识，合并成功率低。Jacksonville、Indianapolis、Nashville-central cities 是在市县合并中少见的成功例子。

2. 半结构化组合：合作组织

成立区域委员会（Regional Councils），主要形式有政府联合会（Councils of Governments，COGs）和地区规划委员会（Regional Planning Councils，RPCs）。区域委员会是县和自治市自愿组成的区域组织，它作为第三方介于市县之间，在市县合作过程中扮演着信息交流和职能协调的角色。政府联合会和地区规划委员会可以就本区域内具有跨区域流动性的公共服务供给问题（如城市排污处理、地区交通设施等）作长期规划，并就如何处理这些问题形成广泛共识。

3. 非正式合作

通常有非正式的联合、呼吁、惯例、共享信息，这种合作更多地基于市县间的经常性交往、官员间的熟人关系网络达成。非正式合作没有法律效力，但相对灵活。通常适合于日常信息和公文往来、不产生较大争议无须明确各自清晰权责的服务事项。

4. 正式合作

（1）市县之间的职能转移和功能整合

职能转移的前提是，有些公共服务由大的政府单位供给比小的政府单位提供更为有效，更能实现规模经济。大都市区的中心城市或自治市由于财政困难等原因，可以将自己无法承担的部分职能（如公共卫生、法律执行等）永久性地转移给县。与签订服务协议不同的是，承接转移职能的地方政府承担永久性的职责，而不只是在合同有效期内承担相应职责。功能整合则是在不同种类的政府服务功能上进行跨区域的合并，如相邻市县之间可以将警察治安、人事、采购、公共卫生、公共工程以及经济发展等功

[①] Lawrence L. Martin, Jeannie H. Schiff. "City-County Consolidations: Promise Versus Performance." *State and Local Government Review*, Vol. 43, No. 2, 2011, p. 167. Dagney Faulk, Suzanne M. Leland, D. E. Schansberg. "The Effects of City-County Consolidation: A Review of the Recent Academic Literature." *Survey of Consolidation Research Indiana Policy Review Foundation*, November 16, 2005. http://www.in.gov/legislative/interim/committee/2005/committees/prelim/MCCC02.pdf.

能整合在一起①,从而避免职能重叠和重复建设,也能有效节约成本。

(2) 签订服务协议

包括政府间服务合同、一揽子服务协议以及市县间的共同权力协定几种形式。市县签订的服务协定都具有法律效力,协定的内容涉及各类公共服务的提供数量以及价格等内容,合同的买卖双方并不固定,有时是县向市购买服务,有时则相反。县政府可以通过与市签订合同并付费给市政府以维护穿越市的县级公路,而自治市在自身缺乏充足财力提供服务时,则可以在州允许的范围内与县签订合同,向县购买一揽子服务②。不同于前两者,共同权力协定中的市县之间没有明确的买卖双方,它的侧重点在于市县对某项设施或共同服务共同提供、共同担责。

(3) 伙伴关系

市县间长期合作,形成了常态性的紧密式的府际网络(Intergovernmental Network),或者融入 NGO、企业、公民、社区等形成公私伙伴关系(Public-Private Partnership)和治理网络(governance network)。

(四) 小结

美国市县关系植根于美国特有的政治、经济、社会和文化环境,这种制度情境决定了其总体上实行市县分治,市县间以多元竞争合作关系呈现,市县关系的背后很大程度上是府际治理。

1. 市县分治

美国市县结构关系的最突出特征在于联邦分权体制之下地方政府的高度自治,主要表现为制度化的市县事权划分与财权相互独立。行政上,市县之间没有隶属关系,而是高度自治,因此不能简要地概述为"谁大于谁"或"谁包含谁"(虽然在地理面积上县多大于市),市县横向间所发生的竞争合作等多元关系其核心目的都在于提供更好的公共服务。

2. 制度保障

法律决定了地方政府的制度结构、权责划分和关系内容。美国除联邦

---

① Sammis White. "Cooperation Not Consolidation: The Answer for Milwaukee Governance." *Wisconsin Policy Research Institute Report*, Vol. 15, No. 8, 2002, p. 20.

② 刘彩虹:《整合与分散——美国大都市区地方政府间关系探析》,华中科技大学出版社2011年版,第20页。

宪法中关于"未经宪法授与合众国或未禁止各州行使之权力，均由各州或人民保留之"的规定，给予了州和地方政府高度的自主权。不同的州司法传统和偏好不同，市县的规模大小、管辖范围、职责权力等很大程度上受州宪法的影响。市县能否合并、独立市能否成立在征得选民意见之后，仍需通过州立法的允许。美国的市县关系植根于碎片化和多中心的治理情境，各州在法制和地方自治规则的指引下实施地方自治。因此，既赋予市县更多的自主权，又能有较合理的职责划分与争议处理制度，为市县合作提供了制度保障。

3. 多元关系形式

总体上看，市县之间呈现出分治式的竞争合作（co-opetition）关系。竞争主要是出于资源、政策和公共服务的争夺。合作则呈现出多元化特征：一是合作机制与合作形式多样。在满足各取所需，特别是在应对共同性的区域治理问题上，往往是同时采用科层、市场、社会和网络等合作机制，以结构化调整（市县合并与兼并、大都市区政府）、联合机构（府际联盟、COGs）、非正式合作（信息分享、共同战略、互助、共同学习）、正式契约（合同外包、府际协议）、网络化治理（合作治理网络）等多种合作方式出现，在不断互动博弈过程中适时改进与优化。二是合作程度与合作地位不一。总体上呈现出整合（integration，合并）、协作（collaboration，参与主体间存在强势主体主导下的高度的合作关系）、协调（coordination，参与主体间的不对等的调适）、合作（cooperation，参与主体间对等的较为松散的合作关系）四类不同程度的合作，适应了不同情境的需要。

4. 市县关系的背后实际上是府际治理

市县关系超越市县主体扩大到更广泛的主体构成，特别是在应对共同性的区域治理问题上，除了囊括多个市县和地方政府等"府际网络"外，往往还同时涵盖了 NGO、企业、公民、社区等多方参与的多主体系统，在基础设施建设与公共工程规划等长期项目领域甚至出现了相对稳定的关系网络。这种市县关系的背后实际上是得益于由多元治理主体共同合作的府际治理情境的形塑。另外，在基层性公共事务领域，多元市县关系网络能够达成的一个最重要的条件是美国社会深厚的社会资本（参与、信任、互惠、关系纽带）。

二 日本

（一）行政区划

日本是单一制中央集权国家，由中央、都道府县、市町村三级行政机构构成。全国共分47个管辖区，1都（东京都）、1道（北海道）、2府（京都府、大阪府）和43个县①，都道府县下设若干市町村②，市町村相互之间无隶属关系，是人口规模与城市化水平方面略有差异的平级。各级政府依据《地方自治法》《国家行政组织法》等相关法律有序运转。日本地方自治制度始于明治维新，第二次世界大战后通过宪法等系列法律逐步成熟完善。

日本早期一直实行高度的中央集权，以保证中央政策的顺利实施，但却演变成了藩阀专制、民众的政治参与权被剥夺。面对日益不满的民众情绪，明治政府通过"三新法"③，明文规定地方事务由地方议会共同负责，地方政府开始拥有一定的自治与自主权，地方自治的探索由此开启。第二次世界大战期间，法西斯军国主义完全取消了地方自治，各级地方组织演变成法西斯内压外侵的执行机构。第二次世界大战投降后，日本开启了资产阶级民主化改革，逐步建立了具有日本特色的中央集权下的地方自治制度。

第二次世界大战后日本的地方自治，由普通地方公共团体与特别地方公共团体构成：都道府县和市町村两重自治体构成普通地方公共团体，特别是地方公共团体则由特别区、财产区、地方公共团体组合、地方开发事业团等组成。作为地方自治体的都道府县、市町村经历了第二次世界大战前中央派出组织向战后地方公共团体的角色转变④。第二次世界大战前，

---

① 日本的县相当于我国的省一级政府，除北海道外，都道府县下设城市系统（市、町、丁目、番地）和农村系统（郡、町、村）。

② 截至2011年，日本全国有786个市、754个町、184个村，合计市町村总数为1724个，日本的市相当于我国的市，町相当于我国的镇，村相当于我国的乡，概括而言，日本的市町村相当于我国的基层地方政府。但其体制与法律地位于我国大有不同：日本的市町村之间地位平等，是同级地方基础公共团体，相互间没有隶属关系。

③ 三新法为《郡区町村编制法》《府县会规则》《地方税规则》，于1878年7月颁布。

④ 董娟：《央地视阈关系下的派出治理：以日本为例》，《北京行政学院学报》2015年第2期，第29—34页。

为加强中央集权，日本中央政府向地方广泛设立各类派出组织，以保障中央政策的施行及对地方的集权管理。都道府县、市町村作为派出组织的典型代表，主要负责管理地方性综合性事务，作为中央的执行分支机构而存在，不具有一级地方政府的性质。第二次世界大战后，日本开始民主政治改革，《地方自治法》《地方财政法》等从法律上明确保障了都道府县、市町村作为地方公共团体的地位。

（二）政府间关系：广域行政

中央与地方的关系、都道府县—市町村、市—町—村关系也不断演变，统称广域行政。广域行政，狭义上指地方公共团体运用地方自治法有关广域行政制度规定，进行区域内事务的共同处理，地方公共团体包括都道府县及市町村；广义上意指地方公共团体间视实际需要，共同应对跨域行政范围课题的处理①。可见，日本广域行政主要函括广域自治体都道府县、基础自治体市町村及其合并，以及都道府县、市町村在不变更原有行政区划基础上的广域事务合作。

1. 事权划分

20世纪80年代新公共管理运动风行，世界各国开始兴起分权改革浪潮，日本也进一步明确了中央与地方的事权划分原则与范围，地方自治制度严格依据相关法律得以施行。在中央与地方的事权划分中，与地方居民直接相关的事务，交由地方公共团体负责，地方固有的"自治事务"及上级向下的"法定委托事务"是地方公共团体的主要事权责任②；中央主要负责国防、军事、外交等国家事宜。自此，明治维新以来中央以"机关委任事务"控制地方政府的局面得以缓解，地方自治权得到一定保障。

广域事务的处理是广域自治体——都道府县的责任：其事权包括跨越市町村区域范围的共同事务（水污染、环境治理等）、市町村范围内统一管理的事务（义务教育等）以及市町村需要联络协调的事务等。地方跨域事务、联络事务、统一事务由广域自治体统一协调。

---

① ［日］牛山久仁彦：《广域行政——自治体经营》，日本东京行政出版社2003年版，第25页。

② 魏加宁：《日本政府间事权划分的考察报告》，《经济社会体制比较》2007年第2期，第41—46页。

市町村作为直接与居民联系的基础自治体，主要承担与居民生活息息相关的日常行政事务，其事权范围涵盖了除中央及广域行政体以外的所有公共事务：包括社区建设、基础性服务等。

可见，以地方公共团体优先及效率为原则，日本三级政府明确划分了各自的事权责任。凡是地方能直接处理的公共事务，交由地方处理，以最大化满足居民的多样化需求，提高公共服务效率。

2. 财权划分

地方自治是事权与财权的统一，稳定的财政收入是地方完成事权责任的前提。日本明治维新开启了地方自治的探索，但由于中央大量向下委托事务，同时上收财权，地方政府实则仅作为中央的派出机构行使有限自治权，"三分自治，七分集权"是当时中央与地方关系的真实写照。第二次世界大战后随着新的政治制度改革的推进，税法等明确规定了中央与地方的收入划分，稳定的地方收入成为地方自治的核心保障。

一是明确划分中央与地方税种的类别，地方税收收入占地方财政收入及全国税收的比例得以提高。

二是总体而言，地方税、公债的发行、中央对地方的补助，是地方政府收入的主要来源。根据税法规定，企业税、县民税、机动车税、饮食服务消费税、不动产登记等 15 种税为都道府县的税收；市町村的税种包括市町村民税、固定资产税、城市计划税、电气税、特别土地保有税事业税等 16 种[①]。当税收无法满足地方事权责任时，中央还给予地方财政补助，在缓解地方财政困境的同时还强化了中央对地方的领导监督。

3. 府际关系

随着第二次世界大战前到第二次世界大战后中央与地方的关系历经垂直行政统制模式—政治竞争模式—相互依存模式的变迁，作为地方政府的都道府县及市町村，其角色定位及互动关系也随之转变。府县制度最早可追溯至明治四年的废藩置县，大正十五年废除郡政府，大正十年，国家、府县、市町村三大层级是现行日本政府的组织形式，府县开始接替郡的监

---

① 熊达云：《战后日本中央集权下的地方自治》，《政治学研究》1987 年第 5 期，第 64—71 页。

督职能，作为国家意志的代理人监督市町村①。战前日本垂直式的中央集权统制模式，府县是作为中央的代理人而存在的，知事成为国家的代表，监督代表地方意志的市町村，国家总体上高度集权。

第二次世界大战后日本开启新的民主政治改革，地方自主性增强，中央—都道府县—市町村三级政府形成新的博弈。中央与市町村之间的一级政府——都道府县，具有中间团体的性质。具体来说，都道府县作为地方政府与市町村具有一定的同质性，还必须接受许多来自中央机关的委托事务，进而表现出一定的国家性质；同时，随着《地方自治法》的落实，都道府县从第二次世界大战前中央代理人中解放出来，开始追逐自己作为一级政府的独立性，在环境保护、福利政策等广域行政问题上与中央、市町村开发出新型的竞争与合作关系。作为中央与基层的中间团体，都道府县不仅向下传达中央意图，更在央地相互依存的模式中，积极向中央表达自身及市町村的意向。但都道府县与市町村的关系是相互对立竞争又合作的，并不具有一贯的稳定一致性。因为，都道府县在利益、政策的统一性、财源等方面必然与基层自治体存在一定的差异。就政策的统一执行而言，都道府县作为中间团体，在国家的直接控制下，倡导中央政策的顺利施行，但市町村囿于财政困境及地方差异，会在一定程度上呼吁政策的自主性。在对中央的行政博弈过程中，都道府县强调不断扩大自身的权限，保障自身的独立性，而市町村则积极争取扩大财源保障稳定的经费。可见，都道府县与市町村在竞争的同时，也相互依赖共同合作。虽然都道府县与市町村在政策统一性上存在差异，但可通过不断提高政策的准确性并采取说服、激励等手段推进市町村实施政策；市町村由于承担广泛的基层行政事务，财政短缺现象时有发生，在财源上则需要依靠都道府县向上争取财政补助金。

4. 广域行政的类型与推进

"事务之共同处理"与"市町村合并"是日本推行广域行政的两大方式，二者的区别在于是否改变了原有的行政区划。事务之共同处理，即在行政区域整体结构不受影响的前提下，推动普通自治体与基础自治体的合作，其事务共同处理的方式丰富多样且被制度化。主要方式

---

① ［日］松村岐夫：《地方自治》，孙新译，经济日报出版社1989年版，第56页。

包括：

(1) 部分事务组合

即消防、垃圾处理、林道、老人福利、医院等领域各地方公共团体共同利用与处理，以保证与提高人力、物力、财力的效率。

(2) 地方事业开发团

《地方自治法》规定，依据一定的区域综合性开发计划，各普通地方公共团体间就各类下水道、公园绿地、灾后复建、工业用地、住宅用地等方面共同设置地方事业开发团，以提高公共物品的综合利用率。

(3) 地方协议会、机关或职员之共同设置

普通地方公共团体协议会包括：管理执行协议会——主要负责执行管理公共团体内的部分事务；联络调整协议会——促进广域间行政事务的交流联络，统一综合处理跨域事务；制定计划协议会——拟定广域开发推广计划。机关与职员之共同设置的主体包括委员会、附属机关、襄助普通地方公共团体的首长、事务官员、书记及其他专门委员等以精简地方公共团体，培养专业化人才。

此外，普通地方公共团体还通过委托事务、派遣职员等各种形式推动地方事务的共同处理，旨在共同利用地方公共物品，实现规模效益，减轻地方财政负担。

《地方自治法》除了规定上述府际合作方式外，还通过改变行政区划，合并市町村以推进广域行政，日本现有的市町村格局便是由著名的明治、昭和与平成大合并逐步奠定的。由于地方事务的共同处理容易引发行政责任的模糊性，合并市町村可以更大程度保证单一主体的事务处理责任与效率。《市町村合并特例法》明文指出，两个或两个以上的市町村区域全部或部分，编入另一市町村或设置为另一新市町村即为市町村的合并，包括分割、分立、合并、并入，以达到减少市町村数量，满足市町村行政广域化的现实需求，以应对老年化、少子化等突出问题与基础地方公共团体实力有限的冲突。

通过共同处理事务、市町村合并等各种方式，地方公共团体有效促成了府际间的合作，提高广域行政的整体性、时效性与经济性。同时，《地方自治法》还设立了自治争议处理委员会，该委员会保持政治中立，用

以解决都道府县对市町村的不当干预及双方的争议。①

综上所述不难发现，日本中央与地方、都道府县及市町村的关系演变与日本第二次世界大战后的民主政治改革与经济发展的情境紧密相连。如果说西方民主制度侧重强调公民权，日本中央集权下的地方自治则更多关注地方团体自治，也即日本地方民主治理的主要路径是普通地方公共团体与特别地方公共团体的设立与完善。在中央—都道府县—市町村的三级政府中，中央不断向下分权，提高地方自主性，并根据经济发展的要求，不断推进市町村的合并，建立广域行政圈，推动地方广域协同合作，解决跨域公共事务。

（四）总结

1. 独立自治体间无行政隶属关系

日本的都道府县与市町村作为地方自治体，相互独立又对等，不存在上下级关系，直属于中央。《地方自治法》规定，都道府县与市町村是相互独立的自治体，二者不存在领导与被领导的上下级关系，具有相互独立的事权责任与财政收入，但是市町村必须在所在都道府县条例及国家法律的相关规定之内运转。同作为地方政府，都道府县及市町村的事权、财权划分清晰，具有独立性与自治权，分而治之。

2. 以域代属基础上的府际合作关系

日本的广域行政，强调"域"的功能性而忽略"属"的行政性，即府际关系的构建以提高公共事务的效率性与整体性为目的，地方政府的合作与政府层级属性无关，而是依据公共物品的地域特征展开。各政府间的制度化的合作淡化政府的层级色彩，采用灵活多样的组织形式构建区域伙伴关系，"以域代属"对于改革我国省市县的关系、构建灵活多样的府际合作具有重要的启迪。②

3. 多元化的地方治理形式

自明治维新以来，日本地方自治改革遵循"渐进主义"的推进原则，

---

① 参见曾祥瑞《日本地方自治法研究》，博士学位论文，中国政法大学，2005年，第152—153页。

② 杨达：《日本广域连携区域治理模式探析》，《政治学研究》2017年第6期，第69—80页。

从垂直式的集权统制逐渐推动地方的自主性建设,地方治理模式不断推陈出新,从"町村组合"到"事务的共同处理""市町村合并",以增强制度改革的合法性。综观日本的府际关系,府际合作方式多元且制度化,依据公共事务的不同属性,采取部分事务组合、地方事业开发团、普通地方公共团体协议会等各种形式促进跨域事务的共同处理,以提高广域行政的整体性、经济性;同时,通过合并市町村,减少基础地方公共团体的数量提高其行政、财政效率,来应对少子化、老年化等现代社会问题。

4. 完善的制度保障

有效的制度保障是府际良性动态关系的首要前提。日本地方自治制度改革有完善坚实的法律保障:《日本国宪法》《国家行政组织法》《地方自治法》《地方分权一揽子法》《地方分权推进法》《地方财政法》《市町村合并特例法》等法律文件明确规定了央地事权财权的划分、事务共同处理的原则、市町村合并的程序,推动了地方自治,保障了地方政府的独立性,确保了府际关系调整的稳定性与法理性,也为地方政府间的良性竞争与合作提供了依据和前提。

第四章

地方行政层级改革进程中的市县关系：总体框架

上一章基于理论分析与现实考量，对市县关系界定、形式进行了学理解析和国别比较研究，得出地方行政层级改革与市县关系转型优化的内在关联逻辑。然而，改革进程中市县关系的具体类型有哪些，将如何转型，市县关系变迁的背后，有哪些影响因子？如何对此进行学理解析？理论上推导的市县关系是否具有可验证性？本章拟基于"框架—理论—模型"的研究设计，构建起针对地方行政层级改革中的市县关系SPP分析框架并对市县关系模型进行勾勒，基于此剖析其背后的关系维度、影响因子与关系类型，从而为第五章基于实践的验证及分析创造前提。

第一节 地方行政层级改革进程中的市县关系研究：一个分析框架

一 社会科学研究中的框架、理论与模型

（一）框架、理论与模型

研究设计的常见表现是构建起针对研究问题的有效分析框架（analytical framework）。作为整个研究设计的核心，分析框架是研究设计的展现，是有效联结研究各个组成部分的结点，其重要性不仅在于能够对研究问题予以整合性或特色性的解析，更是研究者的特定视角、分析思路和创新意识的体现。分析框架的构建须建立在一定的内在逻辑之上，这种逻辑通常基于特定的理论，或是对理论的修正，抑或是全新的理论分析。一个好的

分析框架中通常还少不了模型的运用。因此，在谈到框架时，有必要指出与之相关的两个要素——理论与模型。关于三者间的关系，Ostrom 用了"confused"①（混淆）一词，她指出，"对于许多学者来说，在区分框架、理论和模型三者方面存在着持续的困惑"②。的确，三者之间存在一定的交叉有时难以作出明确的区分，但实际上三者又往往难以相互替代。因此，在一项研究中可能同时需要借助于框架、理论与模型。

理论是对现实的总结、提炼和解释。正如社会学家、研究方法大师Babbie 所言，理论是用来解释社会生活特定方面的系统化的关联性陈述。③ 学术界在这一点上几乎没有争议，但在理论对现实生活解释的侧重性和方法论的效用上有所不同。主要有两种代表性的观点：一是有研究者强调理论的通则性，即理论是对现实中相同现象的规律性、系统性提炼。政治学家 Shively 在其主编的《政治科学研究方法》一书中认为，理论是在发生的一系列相似事件中（比如，民主政治中政党制度的发展）发现一种能够让我们将这些不同事件视为相同事物的重复事例的共同模式。④ Fay 和 Moon 持类似观点，认为"社会理论，即对范围广泛的社会现象所作的系统性和统一性的解释"⑤。政治学者 Evera 则进一步细化为规律、条件等，即"理论是对同一类现象发生的原因或导致的结果进行描述和解释的普遍性陈述，它由因果规律或假设、解释以及前提条件几部分组成。"⑥ "理论是一种因果规律或因果假设，以及对这种因果规律或假设的

---

① Elinor Ostrom. "Background on the Institutional Analysis and Development Framework." *The Policy Studies Journal*, Vol. 39, No. 1, 2011, p. 8.

② Elinor Ostrom. "Background on the Institutional Analysis and Development Framework." *The Policy Studies Journal*, Vol. 39, No. 1, 2011, p. 7.

③ Early Babbie. *The Practice of Social Research* (12th). Belmont, CA: Wadsworth, 2010, p. 44.

④ W. Phillips Shively. *The Craft of Political Research* (9th). N. J.: Pearson, 2013, p. 2.

⑤ Brian Fay, J. Donald Moon. "What Would an Adequate Philosophy of Social Science Look Like?" in Michael Martin & Lee C. McIntyre (eds.). *Reading in the Philosophy of Social Science*. Cambridge: MIT Press. 1994, p. 26.

⑥ Steven Van Evera. *Guide to Methods for Students of Political Science*. Ithaca: Cornell University. 1997, pp. 7 - 8.

解释。"① 理论向人们提供了认识和理解世界的一般框架。② 理论告诉研究者应该提出什么样的问题，以及为了回答这一问题应该去探讨什么。二是另有研究者强调理论除解释作用外还有预测功能。比如，荷兰学者 Gosling & Noordam 认为："理论是一个概念化的框架，被用于解释现存的发现和预测新的发现。"（A theory is a conceptual framework that can be used to explain existing observations and predict new ones.）③ Shively 同样强调好的理论应具有预测性。④ 三是理论被作为分析框架。理论有时被称为理论框架（theoretical framework），特别是当被作为研究工具时。"理论的功能在于提供普遍性原理，帮助我们获得强大的抽象性本质、创造旨在联接和互联分立研究的连接和框架"⑤。因此，理论与框架之间有时的确存在一定的模糊。事实上，理论框架是分析框架，但分析框架不限于理论框架，其可基于文献阅读、调查资料、主观预感、逻辑体系等各种渠道甚至渠道间的多元整合而形成。

Wellington 等人认为，理论能够基于模型或现实简化达成（Theory can be approached in terms of models, or representations of reality.）⑥。与理论的宏大性、一般性与规律性的解释不同，模型可以被视为对事物间互相关系的特定性、情境性和简洁性解释，便于将特定情境中的复杂事物予以抽象化、简约化为人们可理解的形式（图表、线条、符号、公式、流程等）。因此，研究中经常需要运用到模型。模型包括一些既定的要素，如特征或事件，以及它们之间的关联。模型包括哪些因素取决于研究目标。研究者使用模型的目的在于排除一些无关细节而简化现实世界。模型一般由因素

---

① Steven Van Evera. *Guide to Methods for Students of Political Science*. Ithaca: Cornell University. 1997, p. 9.
② 风笑天：《社会学研究方法》，中国人民大学出版社 2009 年版，第 31 页。
③ Patricia Gosling, Bart Noordam. *Mastering Your PhD: Survival and Success in the Doctoral Years and Beyond*. Berlin: Springer, 2006, p. 24.
④ W. Phillips Shively. *The Craft of Political Research* (9th). N. J.: Pearson, 2013, p. 16.
⑤ Jerry Wellington, etal. *Succeeding with Your Doctorate*. London: Sage Publications Ltd. 2005, p. 57.
⑥ Jerry Wellington, etal. *Succeeding with Your Doctorate*. London: Sage Publications Ltd. 2005, p. 57.

和关系构成。① 不同学科的模型的需求和运用有所不同,对于公共管理研究来说,研究者通常使用两种模型:图表式模型和符号式模型。图表式模型指使用图形、线条、点,以及类似的"纸笔记录"作品,标出因素,并用图示表明它们之间的关系。符号式模型则使用文字或公式描述因素及其关系。选择哪种模型,取决于研究目的、读者和研究者的需求。②

萨巴蒂尔(Paul A. Sabatier)在《政策过程理论》中总结了阶段启发、制度理性选择、多源流分析、间断—平衡、支持联盟、政策传播、大规模比较研究七种代表性的政策过程框架,认为这七种框架相互间有所融合与冲突,都能代表政策过程的前景。萨巴蒂尔提倡尽可能多地运用多元理论(框架),因为"不同的理论有适用不同情境的相对优势"。应该说,由于每种分析框架侧重点不同,并各有特色,任何一种框架都不能完全取代或否认其他框架的存在,框架之间也并非完全不可通约。他指出,一种政策分析框架的成立需满足:(1)框架的概念和假设必须相对清晰,并保持内部的一致性,必须界定清楚因果因素,必须能产生经得起检验的假设,保持相当广泛的适用范围;(2)以近期一定数量的概念发展和/或实践检验为条件;(3)旨在解释大部分的政策过程的实际理论;(4)表述广泛的诸如冲突性价值和利益、信息流向、制度安排和社会经济条件等系列影响因素。③

Ostrom 强调制度研究应同时基于框架、理论和模型三个层次,每一个层次上的分析提供了与某一特定问题相关的不同程度的特征。在她看来:(1)框架确定了人们进行制度分析时需要考虑的要素、要素间的整体关系并能组织起诊断和规范性调查。框架提供了能用于理论间比较的元理论术语,能确认任何与同类现象有关的理论所包含的普遍性要素。框架中的这些要素有助于研究者在进行分析时提出所需要处理的问题。(2)理论有助于分析者明确地说明框架中的哪些要素与某一类问题尤其

---

① [美] 伊丽莎白森·奥沙利文、加里·R. 拉苏尔、莫琳·伯纳:《公共管理研究方法》,王国勤等译,中国人民大学出版社2014年版,第3页。
② [美] 伊丽莎白森·奥沙利文、加里·R. 拉苏尔、莫琳·伯纳:《公共管理研究方法》,王国勤等译,中国人民大学出版社2014年版,第10页。
③ [美] 保罗·A. 萨巴蒂尔:《政策过程理论》,彭宗超、钟开斌等译,生活·读书·新知三联书店2004年版,第11页。

相关,并作出与这些要素的形成与影响力相关的一般研究假设。这样,理论有助于在某一框架下便于分析者作出诊断现象、解释过程、预测结果所需假设。在某一框架中通常有几种理论兼容并立。(3)模型的开发与运用在于通过对一套有限的参数和变量的准确假设以作出关于使用某一特定理论的变量组合结果的精确预测。① 基于理论与模型,她建立起制度分析与发展框架(the Institutional Analysis and Development Framework, IAD)。

如果说 Ostrom 强调研究分析中框架、理论与模型的结合,萨巴蒂尔则对三者作了进一步的区分,他指出:"大量的理论可能和总体性的概念分析框架是一致的,而模型则是对一个特定情景的描述。与相关的概念性分析框架和理论相比,模型常常在范围上过于狭窄,并且包含着关于关键性变量的价值和特定关系的本质的十分具体的假定。……分析框架、理论和模型能够被概念化为连续统一的分析体,其中,价值和关系的逻辑相关性和特异性依序逐步增大,而其范围则逐渐变小。"②（见图4-1）从根本上说框架提供了研究的分析面,作为对框架在特定情境中的缩微和应用,模型及相关假设不能脱离框架的规定性范围。由于"一个框架中包含多种理论",而"大部分的研究模型中都会有多种理论并存"③,因此,理论实际上贯穿于框架和模型之中,充当了框架与模型的中介作用。

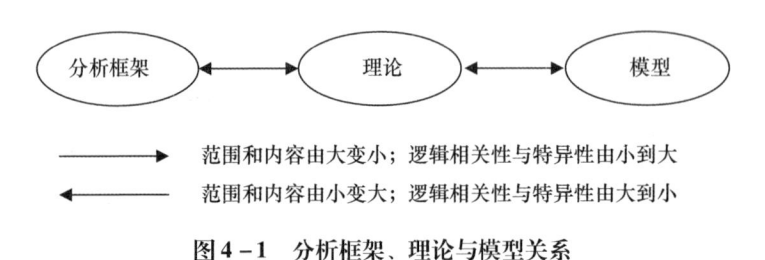

分析框架 ↔ 理论 ↔ 模型

⟶ 范围和内容由大变小；逻辑相关性与特异性由小到大
⟵ 范围和内容由小变大；逻辑相关性与特异性由大到小

图4-1 分析框架、理论与模型关系

资料来源：笔者自制。

---

① Elinor Ostrom. "Background on the Institutional Analysis and Development Framework." *The Policy Studies Journal*, Vol. 39, No. 1, 2011, p. 8.

② [美]保罗·A. 萨巴蒂尔:《政策过程理论》,彭宗超、钟开斌等译,生活·读书·新知三联书店2004年版,第11、358页。

③ Elinor Ostrom. "Background on the Institutional Analysis and Development Framework." *The Policy Studies Journal*, Vol. 39, No. 1, 2011, p. 8.

(二) 基于框架—理论—模型的市县关系研究设计

分析框架提供了研究所需的整合性架构，其界定了在综合相关理论共性基础上用以聚焦研究分析的点和面（奥斯特罗姆的"普遍要素"、萨巴蒂尔的"因果因素"）；理论能对框架的内容起支持印证（萨巴蒂尔的"一致"）和推论（奥斯特罗姆的"研究假设"）作用，能够在框架范围内对因果关系变量进行诊断、解释和假设；而模型则提供了具体情境中变量组合的描述、预测（奥斯特罗姆的"精准假设"、萨巴蒂尔的"假定"）与验证（奥斯特罗姆的"预测"）。可以说，分析框架、理论与模型"三位一体"，其通过研究方法、理论分析与支持、模型构建与假设的运用为全面透析研究对象及相关变量提供了极佳的研究设计选择。[①]

上述研究设计为地方行政层级改革中的市县关系研究提供了可行的设计思路：一方面，构建起有效的整合性分析框架以确定市县关系所需研究的分析基面；另一方面，综合运用理论分析与模型构建用以预测和推导出市县关系转型与优化的关系内容（关系维度、影响因子和关系类型），为最后经由实证对这些内容的验证创造前提。其可行性在于：

一是分析框架。对不同情境的市县关系研究需要借助于一个能提炼并概括出市县关系共性特征的一般性的、整合性的研究方法。正如布迪厄、马丁（Bourdieu & Martin）所指出，尽管（某个）研究的对象很重要，但并没有应用该对象的研究方法重要，因为后者可以适用于无限多的不同对象。[②] 为此，后文将从第三章中关于市县关系构成（来源、情境）、关系内容（类型、因子、变迁）、关系绩效（结果）三个维度发展出有效的分析框架——SPP 分析，以此确定市县关系研究的"普遍要素"（基本维度）和"因果因素"（维度之下所包含的分析点）。

二是理论研究。理论循证，即借助理论分析去"提取""解释""循证""细化"关系内容。同时，从现有理论分析视角，比如基于"力场理论"，构建起针对市县关系的理论分析视角，以解析市县关系变迁背后的

[①] 韩艺：《公共能量场：地方环境决策短视的治理之道》，社会科学文献出版社 2014 年版，第 102 页。

[②] P. Bourdieu, M. de Saint Martin. La sainte famille. L'épiscopat francais dans le champ du pouvoir. Actes de la recherché en sciences socials 44/45, p.50；转引自［法］皮埃尔·布迪厄、［美］华康德《实践与反思》，李猛、李康译，中国翻译出版社 1998 年版，第 5 页。

角力因素。

三是模型构建。基于对现有理论,特别是对现实中的市县关系过程考量,构建起地方行政层级改革进程中市县关系变迁模型,以此预测市县关系的关系维度、影响因子和关系类型。

由此,形成了基于分析框架—理论—模型的研究设计逻辑(见图4-2)。三者逻辑关系为:一是分析框架。即基于现有的府际关系理论(IGR)、组织间关系理论(IOR)"形构"起一个整合性的分析框架,以此"确定市县关系的分析面"(关系维度和分析范围):关系情境、内容过程、结果绩效,即 SPP 分析。由此"框定"了理论循证与模型构建的具体内容,即理论分析与模型构建都必须围绕情境、过程及结果这三大关系维度展开。二是理论。即基于现有理论循证与理论间的关联勾勒,其作用在于"形构"起有效的分析框架,并对市县关系转型与优化的模型及关系进行"推导",最终解释与预测关系内容的构成。不难看出,理论实际上扮演了串联框架与模型的联结作用。三是模型。模型是对现实中的市县关系具体情境的抽象模拟,也是对理论和现实的应用与简化,其作用在于结合 SPP 分析框架、理论推导勾勒出市县关系的性质维度、类型、因子及关系变迁的过程,是对理论的"印证"。

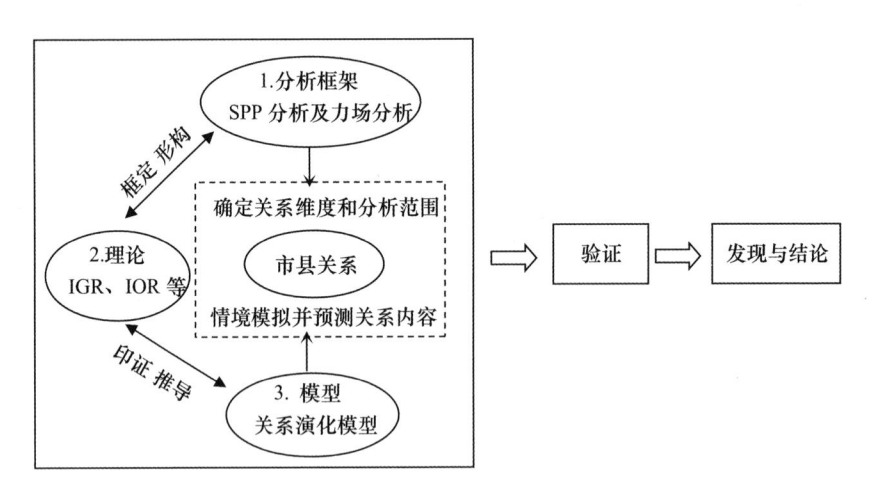

图4-2 基于框架—理论—模型的研究设计逻辑

资料来源:笔者自制。

二 市县关系分析框架

(一) 关系研究及其维度

关系,通常是指主体间的关联。《现代汉语词典》第 6 版的释义为"事物之间相互作用、相互影响的状态;人和人或人和事物之间的某种性质的联系"[①]。英文 relations、relationships 中常见的相关表述有 links、ties、connections、bonds。《牛津英汉双解大词典》持此类似观点,认为关系(relation)是"人与人之间或事物与事物之间的联系,相互影响,相互关系"(the existence or effect of a connection, correspondence, contrast, or feeling prevailing between persons or things, esp. when qualified in some way); relationship 是"相关性、关联;关系,联系;关联的状态(或特性)"[②]。因此,按工具书的解释,关系是事物间的联系、关联和影响。但中文的"关系"(guanxi)还是一个特定中国情境式的术语,通常还特指私人的、隐匿性的关系网络,甚至还带有"贿赂"和"秘密交易"的意味[③]。因此,在英文中很难找到一个与之相对称的术语,relations、relationships、links、ties、connections、bonds 都难以准确表达中文的"关系"一词。

而从学术界看来,关系可视为一种主体间的互动过程。Oliver 认为,关系是指一个组织与其环境中的一个或多个组织之间建立的相对长久的交易、交流和联系。[④] Hackley & Dong 认为,关系是联结参与者来促进社会相互作用和交换的一个特殊社会联系。[⑤] Holmlund & Törnroos 针对商业管理领域里的关系,认为其是至少两个参与者之间的持续作用与交易的相互

---

① 中国社会科学院语言研究所词典编辑室编:《现代汉语词典》(第 6 版),商务印书馆 2012 年版,第 477 页。
② 《DK·牛津英汉双解大词典》(插图版),外语教学与研究出版社 2005 年版,第 848 页。
③ 关于中国式关系的研究,存在"家庭亲情伦理的社会延伸""特殊主义的工具性关系""非对称的社会交换关系"三种理论模型。详见 Bian Yanjie. "Guanxi Capital and Social Eating in Chinese Cities: Theoretical Models and Empirical Analyses." in Nan Lin, Karen Cook, Ronald. S. Burt (eds.). *Social Capital: Theory and Research*. NewYork: Aldine De Gruyter. 2001, pp. 275 – 295。
④ Christine Oliver. "Determinants Interorganizational Relationships: Integration and Future Directions." *The Academy of Management Review*, Vol. 15, No. 2, 1990, p. 241.
⑤ Carol A. Hackley, Qing W. Dong. "American Public relations Networking Encounters China's Guanxi." *Public Relations Quarterly*, 2001 (summer), pp. 16 – 19.

依赖过程。①

20世纪六七十年代以来，组织的生存和绩效越来越取决于相互关联的环境及其他组织的现实，催生了组织间关系（IOR）理论研究的勃兴。组织间关系理论，除了主要研究企业间关系及战略联盟的工商类派别外②，还在社会学、公共管理学领域形成了特定的研究流派。从研究的维度看，一是结构维度。结构是组织实现有限理性的基本工具。③ 从早期研究组织内部结构到组织间关系，结构都是组织研究的重要维度。二是结构、过程与结果维度。Hannan & Freeman 同时运用了结构维度与过程维度视角，分析了组织与环境互动关系中的组织结构惯性压力的演变过程。④ Van de Ven 总结了研究组织间关系的结构维度（Structural Dimensions）、过程维度（Process Dimensions）和结果维度（Outcome Dimensions）认为，结构是确定组织成员的角色关系的行政性安排；过程是行为，即组织成员间的资源方向和频率、信息流向；结果是组织成员对组织间关系的评价与感知。⑤ 三是制度维度。后来组织研究者发现，组织结构、过程及行为受其所处的制度因素所形塑和影响。比如，Holmlund & Törnroos 发现，企业组织间存在结构的、经济的和社会的三个维度，相应地对应于生产网络层、资源网络层和社会网络层。⑥ Selznick 分析了田纳西流域管理局

---

① Maria Holmlund, Jan-Åke Törnroos. "What are relationships in business networks?" *Management Decision*, Vol. 35, No. 4, 1997, p. 305.

② 这方面有大量研究，在20世纪90年代企业管理研究者甚至认为在市场及销售领域里出现了关系管理取代传统的交易管理的范式转型。关注的是互动与网络、服务市场与管理两种进路（interaction and network approach and the service marketing and management approach）。关于关系的界定，一是结构关系，描述关系的前因、内容与结果；二是关系性质，即描述行为和交易的关系性质。详见 Maria Holmlund, Jan-Åke Törnroos. "What are relationships in business networks?" *Management Decision*, Vol. 35, No. 4, 1997, p. 304.

③ James D. Thompson. *Organization in Action*. New York: McGraw Hill. 1967. p54.

④ Michael T. Hannan, John Freeman. "Structural Inertia And Organizational Change." *American Sociological Review*, Vol. 49, No. 2, 1984, pp. 149–164.

⑤ Andrew H. Van de Ven. "On the Nature, Formation, and Maintenance of Relations among Organizations." *Academy of Management Review*, Vol. 1, No. 4, 1976, p. 29.

⑥ Maria Holmlund, Jan-Åke Törnroos. "What are relationships in business networks?" *Management Decision*, Vol. 35, No. 4, 1997, p. 304.

(TVA) 与制度因素的关系。① 斯科特则全面分析了制度与组织的内在逻辑。② 显然，这种研究是将关系放到更大的经济和社会系统中加以考察。

组织与社会学领域，呈现出从组织集（一个组织的多种角色决定的关系）、组织群（一组在某些方面具有相似属性的组织）到组织域（运行于某个领域中竞合关系的多种组织构成的集合）的研究脉络。特别是组织域视角认为，组织场域可以作为联系组织层次与社会层次的重要分析单位。代表人物有 Scott③、DiMaggio & Powell（认为组织场是一群组织组成的社群，它们从事类似的活动，并屈从于类似的声誉及规则压力)④ 等。Hoffman 具体分析了美国环保领域里的组织间（企业、政府、NGO、保险机构）关系场，认为，场由因特定的议题而形成的组织间关联，场层面分析（Field-level analyses）能够揭露组织对某一议题（比如环境管理）影响的文化性和制度性根源。⑤ 马可·奥鲁等人则通过对韩国、日本和中国台湾地区的研究，得出东亚的组织场域有着不同于西方的制度运行模式，组织场域应考虑和遵守其所嵌入的制度环境，即组织赖以存在的政治与社会环境条件的结论。⑥

社会学领域，最早由 Simmel 提出"社会网"到 20 世纪六七十年代形成了旨在分析社会关系的社会网理论，主要聚焦社会结构与个人的互动中如何相互改变，社会关系、关系强度、社会网结构、个人结构位置、信任、资源取得、场域等是常见的研究内容。代表人物有

---

① Philip Selznick. *TVA and the Grass Roots*：*A Study in the Sociology of Formal Organization*. Berkeley：University of California Press. 1949.

② ［美］W. 理查德·斯科特：《制度与组织——思想观念与物质利益》，姚伟、王黎芳译，中国人民大学出版社 2010 年版。

③ ［美］W. 理查德·斯科特：《制度与组织——思想观念与物质利益》，姚伟、王黎芳译，中国人民大学出版社 2010 年版。

④ Paul J. Dimaggio, Walter W. Powell. "The Iron Cage Revisited：Institutional Isomorphism and Collective Rationality in Organizational Fields." *American Sociological Review*, Vol. 48, No. 2, 1983, p. 148.

⑤ Andrew W. Hoffman. "Institutional Evolution and Change：Environmentalism and the U. S. Chemical Industry." *Academy of Management Journal*, Vol. 42, No. 2, 1999, pp. 351–371.

⑥ ［美］马可·奥鲁等：《东亚的组织同形》，载［美］沃尔特·W. 鲍威尔、保罗·J. 迪马吉奥《组织分析的新制度主义》，姚伟译，上海人民出版社 2008 年版，第 385—416 页。

Granovetter①、Burt② 等。Klandermans 主张从"多组织场域"(multi-organization field) 视角来研究社会运动,他强调,社会运动组织是嵌入在某个多组织场域(由支持或敌性的群体、组织、个体构成)中的。社会运动历程(发展、变化或衰落)是由多组织场域内的动力机制所决定的。③

综合各类关于关系的理论及流派可得,组织理论与关系理论家尽管略有分歧,但基本上都认可结构、过程、结果等维度。因此,关系研究或者说关系分析框架至少应涉及关系主体、关系来源、关系过程、关系结果等重要维度。

一是关系主体(Subjectivity)。由于关系的出现及运作都来源于主体,关系带有主体间性(inter-subjectivity)的特点。因此,关系研究必然涉及哪些主体(个体、组织、联盟等)、主体对关系的感知、主体在关系中的分工与地位角色等。

二是关系来源(Situtation)。即在什么条件和情境中,什么原因促成了组织间建立关系? Oliver 总结了"需要、非对称性、互惠、效率、稳固性和合法性"六大因素,认为组织间关系达成可以是这六种因素的独立作用,也可能是因素间的相互共同作用使然。④ Holmlund & Törnroos 所总结的关系应具备的相关性、长期性、过程性和依赖性四大核心特征实际上在很大程度上解析了关系的来源:相关性(亲密度、对称性、权力依赖结构、资源依赖)、长期特质(持久度、实力)、过程特质(交易与互动、动态性、潜能运用)、内容依赖(相嵌)。⑤ Van de Ven 总结的情境因素

---

① Mark Granovetter. "The Strength of Weak Ties." *American Journal of Sociology*, Vol. 78, No. 1, 1973, pp. 1360 – 1380.

② Ronald Burt. *Structural Holes: The Social Structure of Competition*. Cambridge: Harvard University Press. 1992.

③ [荷] 贝尔特·克兰德尔曼斯:"抗议的社会建构和多组织场域",载 [美] 艾尔东·莫里斯、卡洛尔·麦克拉吉·缪勒《社会运动理论的前沿领域》,刘能译,北京大学出版社 2002 年版,第 118 页。

④ Christine Oliver. "Determinants Interorganizational Relationships: Integration and Future Directions." *The Academy of Management Review*, Vol. 15, No. 2, 1990, p. 242.

⑤ Maria Holmlund, Jan-Åke Törnroos. "What Are Relationships in Business Networks?" *Management Decision*, Vol. 35, No. 4, 1997, pp. 305 – 306.

中，包括资源依赖、承诺共识、认知、一致性。①

三是关系过程（Process）。由于主体间的关系实际上是嵌入（embedded）在更为复杂的网络和社会情境中，关系具有动态性的特点，因此，需要研究关系从形成到成长、调适、变化与消解的整个过程，以及该过程背后的决定因素（determinants）、外部诱因（external factors）等。以社会关系、结构功能主义视角看，由于人是社会关系的主体，因此可以从社会心理视角、政治视角研究关系背后的复杂社会制度与社会情境。

四是关系结果（Performance）。结果是关系研究中的重要内容。主体间关系的内容与结果都是受关系网络结构中的多元关系影响。不同的关系类型、关系过程可能会导致不同的关系结果，主要包括：（1）对关系主体的结果，分为良性（共利、互促）、中性（交易、竞争）、恶性（交恶、离散、对抗）；（2）对外部情境的结果，分为良性（耦合、促进等正外部性）、中性（正负外部性输出）、恶性（负外部性）。

（二）市县关系SPP分析框架

1. 关系维度分析

由于主体是市县双方并置身于特定情境和受其影响，因此，上述关于关系的主体（S）、来源（S）、关系过程（P）、关系结果（P）四个维度实际上可整合为情境、过程和结果三个维度，形成地方行政层级改革中的市县关系总体分析框架——SPP分析。

一是S（Situation），即分析特定情境中市县关系主体的构成、主体对关系的感知、市县关系的来源。府际关系虽表现为政府间关系，但实际上是由关系背后的官员所主导，由此，关系主体及感知是府际关系研究绕不开的话题。Anderson最早指出："官员才是真正决定府际关系的核心，因此，府际关系概念的形成很大程度上是基于人类关系和人类行为。"②

---

① Andrew H. Van de Ven. "On the Nature, Formation, and Maintenance of Relations among Organizations." *Academy of Management Review*, Vol. 1, No. 4, 1976, p. 28.

② William Anderson. *Intergovernmental Relations in Review*. Minneapolis: University of Minnesota Press. 1960, p. 4.

Wright 也认为,"府际关系强调公共官员的角色意识(awareness)与认知(perception)"①,他将府际关系归纳为政府单元、政府官员、政府官员的行动与态度、政府官员间的例行往来、政策议题(主要是财政)五个重要面向②。从规律上看,市县关系的变迁和演进,实际上是市县主体(特别是官员)基于现实需求(目标、利益、共同事务)对关系效用(互补、增补、替代③)感知的结果,是主体主观感知及外围环境客观需求的综合作用使然。尽管外围环境提供诱因,但主导市县关系的动力因素还在于市县主体对关系效用及外部需求的感知。因此,市县关系分析框架自然少不了对主体构成、主体感知及关系最初情境的分析。

二是 P(Process),即市县关系从形成到变迁的过程情况。府际关系研究历来关注关系的形成及变迁演进过程。Wright 认为:"府际关系提醒人们关注政治系统中不同官员间的多元的、行为的、持续的和动态的交换互动。"④ 他采用历史和比较分析法,比较分析了美国七个不同时期的府际关系。⑤ Marshall & Rhodes 对府际关系的分析,包括微观(主体间的博弈行为)、中观(不同政府组织间权力结构的连结关系)和宏观(历史演进视角分析府际关系的发展)三个层次。⑥

---

① Deil S. Wright. "Intergovernmental Relations: an Analytical Overview." *The Annals of the American Academy of Political and Social Science.*, No. 1, 1974, p. 2.

② Deil S. Wright. *Understanding Intergovernmental Relations* (3rd). California: Pacific Grove, Brooks/Cole. 1998, pp. 14 – 15.

③ Ostrom 提出组织间关系的替代(substitutability)与互补(complementarity)。(Elinor Ostrom. "Crossing the Great Divide: Coproduction, Synergy and Development." *World Development.* 1996, 24 (6), pp. 1073 – 1087)。Young 提出政府与 NGO 之间增补性(supplementary)、互补性(complementary)、抗衡性(adversarial)关系。(Dennis R. Young. "Alternative Models of Government Nonprofit Sector Relations: Theoretical and International Perspectives." *Nonprofit and Voluntary Sector Quarterly*, Vol. 29, No. 1, 2000, pp. 149 – 172.)

④ Deil S. Wright. "Intergovernmental Relations: An Analytical Overview." *The Annals of the American Academy of Political and Social Science*, No. 1, 1974, p. 4.

⑤ (1) 冲突阶段(1930 年代及之前);(2) 合作阶段(1930—1950 年代);(3) 集中阶段(1940—1960 年代);(4) 创意阶段(1950—1960 年代);(5) 竞争阶段(1960—1970 年代);(6) 计算阶段(1970—1980 年代);(7) 紧缩阶段(1980—1990 年代)。Deil S. Wright. *Understanding Intergovernmental Relations* (3rd). California: Pacific Grove, Brooks/Cole. 1998, pp. 65 – 112.

⑥ David Marsh, R. A. W. Rhodes. "Policy Networks in British Politics: A Critique of Existing Approaches." In David Marsh, R. A. W. Rhodes (eds.). *Policy Networks in British Government.* Oxford: Clarendon Press. 1992, p. 12.

三是 P（Performance），即市县关系的结果及影响，不仅涉及对市县及相关府际主体的影响，还包括对区域及社会治理的影响乃至公共价值的实现。按 OECD 的观点，不同层级的政府间关系管理旨在：达成国家整体目标；消除政府间不必要重叠及浪费；提升纳税人金钱价值；回应地方公共需求；促进公民更多参与公共事务。① 可见，府际关系结果及影响实际上是针对关系的效果评价问题。其后果可能是公益（public good），也可能公害（public bad）。公益的良性市县关系，应是能够实现市县各自辖区、区域性乃至全国性公共事务治理，促进成本节约、效率提升和公众参与的分治与合作关系。

2. 力场分析②

主体间的关系不仅源于各自的感知，还受内外环境中的其他主体的影响，这种影响表现为力及其作用的力场（Force Field）。"力场"是各种力的存在状态与作用空间。以 Lewin 为代表的力场理论（Force Field Theory）认为，推动事物变革的是驱动力，试图保持原状的是制约力。变革发生，驱动力必须超过制约力。力场分析图是建立在作用力与反作用力基础上的图表分析模型。③ 在组织间关系研究方面，Weiss 指出，公共机构间不会被期望自然接受合作；相反，合作必须是被推动（Pushed）或牵引（Pulled）的。合作的达成，除了"问题共识""合作中的资源可利用性""达成合作的制度能力"这三个条件外，还需要"外部导向性压力"（External Directional Force）。④ 不难看出，Weiss 强调公共组织间克服阻力进行合作所需要的（推）动力、（牵）引力和（外）压力。力场理论及组织间关系理论，为研究地方行政层级改革中的市县关系变迁提供了有效的分析路径。

Ostrom 指出，分析框架确定了人们进行制度分析时需要考虑的要素、

---

① OECD. *Managing Across Levels of Government*. Paris：OECD. 1997，p. 13.

② 此内容中的部分出自笔者已发表的阶段性研究成果。详见韩艺《省直管县改革中的市县合作关系：一个力场分析框架》，《北京社会科学》2017 年第 7 期，第 41 页。

③ Kurt Lewin. *Field Theory in Social Science*. London：Harper and Row. 1951，pp. 200 - 236.

④ Janet A. Weiss. "Pathways to Cooperation among Public Agencies." *Journal of Policy Analysis and Management*，Vol 7，No 1，1987，pp. 94 - 117.

要素间的整体关系并能组织起诊断和规范性调查。① 为此，鉴于市县分析总框架 SPP 的要求，"力场"分析框架至少应涉及 SPP 三项：（1）"力场"结构（Structure），场内要素及关联构成，即包括哪些力（引力、压力、阻力、动力等），这些力的博弈所形成的场内结构如何；（2）"力场"过程（Process），场内各种力的关联，即其形成、博弈及变化过程；（3）"力场"绩效（Performance），即"力场"过程所决定的关系变迁情况。就地方行政层级改革进程中的市县关系看，"力场"SPP 分析框架，应能够洞悉市县关系背后的压力、动力、阻力、引力等力的构成，重点分析这些力的互动博弈、场内结构及演变过程，进而研析和预测"力场"系统对市县关系变迁的总体影响。

第二节　市县关系：基于理论的维度、类型与因子研析

一　府际关系理论之关系维度、关系因子与关系类型

（一）关系因子与关系维度

府际关系处在特定的政治经济环境中，因环境变化呈现动态性的特点。府际关系研究大师 Wright 在其经典著作《理解府际关系》中，依自主性程度和权威性程度的不同，将美国府际关系划分为协调—权威（Coordinate-Authority）、涵括—权威（Inclusive-Authority）、重叠—权威（Overlapping-Authority）三种模型②。他认为，不同时期的府际关系划分取决于三个问题：一是哪些主导公共议程的政策议题？二是主要参与者的主导性认知是什么？哪些导向和心智影响了参与者的行为？三是哪些影响府际行为与目标实施的机制与技术？由此他根据"政策议题"（main problems）、"主要参与者的支配性认知"（participants' perception）、"达成府际集体行动的机制与技术"（IGR mechanisms）这三个要素，将美国不同

---

① Elinor Ostrom. "Background on the Institutional Analysis and Development Framework." *The Policy Studies Journal*, Vol. 39, No. 1, 2011, p. 8.

② Deil. S. Wright. *Understanding Intergovernmental Relations.* California: Brooks Cole Publishing. 1988, p. 40.

时期的联邦、州、地方之间的关系分为七个阶段①。中国台湾地区学者孙同文在 Wright 研究基础上，概括出美国府际关系的四大影响因素：政治经济环境变迁、府际参与者的认知、联邦最高法院对于府际关系纠纷的处理、财政因素。② 归总 Wright "三要素"及孙同文"四因素"，美国府际关系的影响因素其实可以归纳为：环境因素——政经环境变迁（政策议题）、认知因素——府际主体认知、管理因素——府际管理机制与技术（财政）、制度因素——宪法制度框架及司法。

加拿大学者 Cameron 则更多从宽泛的层次上分析了影响府际关系的人口与地理、社会与文化、历史、宪法与制度、政治、环境等宏观因素。③ Agranoff 和 McGuire 总结了城市协作性公共管理关系赖以发生的主体差异（城市协作因城市而不同）、结构和行政的考量、经济和政治的要求三方面原因④，认为协作的差异与地方管理者所感知的内部政治的、操作的障碍以及外部府际关系系统的环境（政治经济因素、结构要素和行政管理要素）有关。⑤ O'Toole 认为，组织间网络的形成包括"复杂政策议题、对政府干预范围的限制、政治压力、关系制度化努力、制度压力"五个原因。⑥ Phillimore 分析了各种机制（如正式的规则、协议与非正式的不明文的规则、习俗和原则）影响府际关系运作。⑦

总结以上观点发现，府际关系的影响因子和关系维度：

一是影响因子。总体上可归纳为四个方面：F1——环境因子（政治

---

① Deil. S. Wright. *Understanding Intergovernmental Relations*. California: Brooks Cole Publishing. 1988, pp. 66 – 67.

② 孙同文："美国的府际关系"，载赵永茂、孙同文、江大树《府际关系》，中国台湾元照出版公司 2001 年版，第 212—213 页。

③ David Cameron. "The Structures of Intergovernmental Relations." *International Social Science Journal*, Vol. 53, No. 167, 2001, pp. 121 – 127.

④ Robert Agranoff, Michael McGuire. *Collaborative Public Management: New Strategies for local Governments*. Washington, D. C: Georgetown University Press. 2003, p. 7.

⑤ Robert Agranoff, Michael McGuire. *Collaborative Public Management: New Strategies for local Governments*. Washington, D. C: Georgetown University Press. 2003, pp. 30 – 31.

⑥ Laurence J. O'Toole, Jr. "Treating Networks Seriously: Practical and Research-Based Agendas in Public Administration." *Public Administration Review*, Vol. 57, No. 1, 1997, pp. 46 – 47.

⑦ John Phillimore. "Understanding Intergovernmental Relations: Key Features and Trends." *Australian Journal of Public Administration*, Vol. 72, No. 3, 2013, p. 231.

经济环境。特定的政策议题、结构和行政管理要素等都可涵盖在范围更大的政治经济环境内)、F2——认知因子(府际参与者的认知与需要)、F3——管理因子(关系管理机制)、F4——制度因子(制度及司法)。

二是关系维度。总结看来,府际关系影响因素虽大到关乎国别与国家结构,中到涵盖一国特定历史阶段和现实情境,小到特定的政策议题,但本质上仍有其规律性的共性维度。Wright 的贡献在于,基于"影响因素—关系类型"分析范式揭示了美国不同时期的府际关系,并构建起基于自主性和权威性维度的府际关系分类模型。其不足在于,关系维度侧重于自主性(其权威性实质仍是自主性)。实际上,身处特定环境中的组织"具有组织性与合作性双元身份"[①],府际关系既必然指涉组织性身份的自主性维度(即是否隶属、是否有行动上的足够权威),也势必涉及合作性身份的互动性维度(即对其他府际主体的感知如何、采取何种互动策略)。而府际关系早期开创者 Anderson 认为:"官员才是府际关系的真正决定者,因此,府际关系概念的形成很大程度上内在地取决于人际关系与人际行为(human relations and human behavior)。"[②] 可见,府际关系背后的官员的互动性认知是府际关系的决定因素。

此外,从府际关系的和谐有序运转看,还应囊括旨在规范并保障关系运行的规范性维度(宪法框架与制度约束)及化解冲突维系良性关系的协调性维度(政策方案与机制技术等)。"协作不是偶然发生的,协作是需要管理的(collaboration must be managed)。"[③] "府际管理强调通过议价、协商、协作、包容等策略的运用过程的府际管理来解决府际关系问题。"[④] 因此,府际关系的维度主要为:D1——自主性维度、D2——互动性维度;D3——规范性维度;D4——协调性维度。

---

① Ann Marie Thomson, James L. Perry. "Collaboration Processes: Inside the Black Box." *Public Administration Review*, Vol. 66, No. S1, 2006, p. 26.

② William Anderson. *Intergovernmental Relations in Review*. Minneapolis: University of Minnesota Press. 1960, p. 4.

③ Robert Agranoff, Michael McGuire. *Collaborative Public Management: New Strategies for local Governments*. Washington, D. C.: Georgetown University Press. 2003, p. vii.

④ Michael McGuire. "Intergovernmental Management: A View from the Bottom." *Public Administration Review*, Vol. 66, No. 5, 2006, pp. 677 – 679.

（二）关系类型

Walker 总结美国府际关系中的 17 种形式：非正式合作、地方间服务协议、联合权力协议、辖区外管辖权、区域政府联盟、因联邦项目而形成的单一目的性区域机构、州规划与发展区、契约外包、地方特区、职能转移、兼并、区域性特区与管理局、大都市多功能特区、城市县、单层市县合并、双层制重组、三层制改革，他认为，这 17 种分类可排在依次由易到难，由政治上最具可行性、最少争议、最缺少有效性到缺少政治可行性、对地方官员威胁最大但最有效的光谱中[①]。Agranoff 和 McGuire 总结了城市政府间经常使用的合作关系类型，包括纵向活动（寻求信息、寻求资金、寻求标准和规则的解释、寻求一般项目指导、寻求技术援助、放松或解除管制、法律救济或灵活性、要求官方政策改变、寻求资助创新、要求典型项目、要求绩效根基的自由决定权）和横向活动（获得政策制定援助、加入正式的伙伴关系、参与联合政策制定和战略制定、巩固政策成果、寻求财政资源、实施联合财政激励、签订合约、项目伙伴关系、寻求技术援助）[②]。Philimore 归纳了正式的规则、协议与合作、冲突解决机制，非正式的咨询、合作、协调、情境调适等[③]。

虽然关系形式多样，但归纳看来实际上无非是为了实现共同目标的非正式的联合呼吁、正式的契约、组织上的联合机构或者管辖范围的合并兼并、无偿的帮扶协作这四大类型。由上，可归纳关系类型：K1——伙伴联合、K2——契约、K3——联合机构、合并、兼并、K4——寻求与帮扶。

二 组织间关系理论之关系维度、关系因子与关系类型

（一）关系维度

一个系统是开放的，并不仅仅因为其与环境间的相互交换联系，还因

---

① David B. Walker. "Snow White and the 17 Dwarfs: From Metro Cooperation to Governance." *National Civic Review*, No. 1, 1987, pp. 14-28.

② Robert Agranoff, Michael McGuire. *Collaborative Public Management: New Strategies for local Governments*. Washington, D. C. : Georgetown University Press, 2003, p. 69.

③ John Phillimore. "Understanding Intergovernmental Relations: Key Features and Trends." *Australian Journal of Public Administration*, Vol. 72, No. 3, 2013, pp. 229-231.

为相互交换联系是系统存活的关键因素。① 当两个或更多的组织交换各自的资源（财力、技术、人力、服务、产品等）时，组织间关系就形成了。Aiken & Hagen 指出，组织被推入（pushed into）相互依赖关系中是因为彼此需要有如专业技能、接近特定的市场机会或者相关的资源。② Van de Ven & Ferry 认为，组织间合作的首要原因是对解决缺少达成自身利益目标的资源问题的理性回应。③ 组织间关系中的资源依赖理论认为，组织间关系总体遵循"需要资源—议题协商—组织间沟通以达成共识与认知—资源交换—结构调整和模式维持"的过程。组织间关系的达成，从根本上来说是为了解决单一组织所无法实现的目标。这些目标可能是共同的需求，也可能是各自的利益，但不论如何，资源交换是关系形成的凭借。因此，D′1——自主交换资源维度。

组织理论认为，组织行为作为社会行动系统中的构成，其背后实际上是人类行为。因此，通常用于检验社会结构与过程的维度，同样适合于界定和评价组织间关系特征。早期组织研究的社会心理视角，即从社会心理和人的观点来研究组织行为。显然，组织间关系行为可以通过分析组织成员的行为得以体现。④ 由此，D′2——社会心理维度。

Thompson & Perry 提出组织间关系的自主性维度（autonomy dimension），即组织间关系中的组织存在本体与合作的双重身份，面临"自利与保持自主 VS 共同目标与合作责任"的张力。⑤ 这种张力又被称为"自主性—责任性困境"（autonomy-accountability dilemma）⑥。Altert & Hage 指出，组织间关系的资源依赖性与自主性（autonomy）被作为分立的维度，

---

① ［美］W. 理查德·斯科特：《组织理论：理性、自然和开放系统》，高俊山译，中国人民大学出版社 2011 年版，第 100 页。

② Aiken Michael, Jerald Hage. "Organizational Interdependence and Intra-Organizational Structure." *American Sociological Review*, Vol. 33, No. 6, 1968, pp. 914–915.

③ 转引自 Janet A. Weiss. "Pathways to Cooperation among Public Agencies." *Journal of Policy Analysis and Management*, Vol. 7, No. 1, 1987, p. 99.

④ Andrew H. Van de Ven. "On the Nature, Formation, and Maintenance of Relations among Organizations." *Academy of Management Review*, Vol. 1, No. 4, 1976, p. 26.

⑤ Ann M. Thomson, James L. Perry. "Collaboration Processes: Inside the Black Box." *Public Administration Review*, Vol. 66, No. S1, 2006, p. 26.

⑥ Chris Huxham. *Creatig Collaborative Advantage*. London: Sage Publications. 1996, p. 6.

但二者呈负相关。① Weiss 指出，在合作中每个机构都试图保持自身的自主性（autonomy）与独立性（independence）。合作涉及出让自主性并且花费时间、精力、思考和金钱。② Van de Van 认为，"自主性（autonomy）意味着组织有能力选择其所期望从事的行为。从参与的组织个体来看，一旦卷入组织间关系则意味着：一是在原本组织可以控制的领域与事务被迫出让部分自由与独立性；二是当潜在的收益不明朗和不确定的时候，组织也必须为发展和维持组织间关系而投入稀缺资源与能量。"③ 这些实际上都谈到了当组织卷入组织间关系特别是合作关系时，组织原本和试图保持的自主性、独立性与因合作关系而产生的联合性、协调性之间的矛盾冲突。因此，可归纳为：D′3——自主性独立性与联合性协调性的冲突维度。

组织身份与共同体意识的二元困境，自主性与合作性冲突，加之目标模糊、本位主义、分配冲突、缺少类似组织内的集中控制力、不确定性等决定了组织间关系天生是脆弱的。维系组织间关系，需要基于化解冲突、协调、学习共识等关系管理以填补关系中的结构洞。组织间关系管理是处理各结点关系，解决界面各方之间专业分工与协作需要的矛盾，实现组织间关系的整体控制，增进组织间协作与沟通。④ 罗珉、何长见认为，组织间关系管理机制是一种包含着"市场"的"价格机制"和"科层"的"命令机制"的协调机制。⑤ 由此，D′4——关系机制维度。

Van de Ven 总结了组织间关系的结构维度（Structural Dimensions）、过程维度（Process Dimensions）和结果维度（Outcome Dimensions）。一是结构维度，主要包括：（1）正式化维度，即是否建立起有效的约束组织间关系的规则、政策和程序。（2）集中化维度，即联合决策的程度，即

---

① Catherine Alter, Jerald Hage. *Organizations Working Together*. London: Sage Publications. 1993, pp. 111–112.

② Janet A. Weiss. "Pathways to Cooperation among Public Agencies." *Journal of Policy Analysis and Management*, Vol. 7, No. 1, 1987, pp. 95–96.

③ Andrew H. Van de Ven. "On the Nature, Formation, and Maintenance of Relations among Organizations." *Academy of Management Review*, Vol. 1, No. 4, 1976, p. 28.

④ 罗珉：《组织间关系理论研究的深度与解释力辨析》，《外国经济与管理》2008 年第 1 期，第 27 页。

⑤ 罗珉、何长见：《组织间关系：界面规则与治理机制》，《中国工业经济》2006 年第 5 期。

Warren 所言的"协调一致的决策制定"[①],衡量的标准是权威的等级程度,即组织间的决策权威对组织成员的约束度。(3)复杂性维度,即分立的组织必须为共同目标而以整体性单元联合行动。衡量的标准是组织的数量、组织间关系立基的议题和任务的数量。二是过程维度,主要包括:(1)资源流,衡量的维度为向度(direction)、集中度(intensity)、变化度(variability)。(2)信息流,衡量的维度为向度(direction)、集中度(intensity)。三是结果维度,是可感知到的关系结果(perceived effectiveness of the inter-agency relationships),即组织成员对组织间实施协定且认为关系有价值、公平、有成效、令人满意的程度[②](见图4-3)。研析发现,Van de Ven 所提出的结构维度、过程维度和结果维度实际上是位于其论文第二部分理论框架(Theoretical Framework)内,其实为一个大的框架,在框架之下的维度点可细化归纳为:D′5——交流互动维度(P1 和 P2 实为信息和资源的交流);D′6——规则正式度维度(S1);D′4——自主性独立性与联合性统一性的冲突(S1);D′7——感知维度(组织成员对关系的感知与评价 F3、F4、O1)。

情境因子(Situational Factors)

F1. 资源依赖(Resource Dependence)
    组织需要外部资源
    组织需要环境中的其他组织

F2. 对焦点议题或机会的承诺(Commitment to Problem Issue or Opportunity)
    解决环境需要或实现机会的感知性承诺

F3. 认知(Awareness)
    环境需求、问题或机会的知识
    对其他组织的服务与目标的知识
    组织代理的个人认识

F4. 共识(Consensus)
    组织间用以解决环境需求或问题的协定
    组织间服务与目标的协定

---

① Warren Roland. *Truth, Love and Social Change*. Chicago: Rand McNally. 1973, pp. 148 – 167.
② Andrew H. Van de Ven. "On the Nature, Formation, and Maintenance of Relations among Organizations." *Academy of Management Review*, Vol. 4, No. 1, 1976, pp. 26 – 29.

方式与结果的冲突

F5. 主要的一致性（Domain Similarity）
在目标、服务、人事技能、组织顾客等方面的一致性

过程维度（Process Dimensions）

P1. 资源流的集中度（Intensity of Resource Flows）
组织间资源流的数量

P2. 信息流的集中度（Intensity of Information Flows）
组织间交流的频率

结构维度（Structural Dimensions）

S1. 组织间关系的正式性（Formalization of IR）
组织间协议
组织间合同

S2. 组织间关系的集中度（Centralization of IR）
组织间联合决策对组织成员的约束度

S3. 组织间关系的复杂度（Complexity of IR）
组织的数量
组织间关系所确定的目标和任务数量

结果维度（Outcome Dimensions）

O1. 感知的效果（Perceived Effectiveness）
组织成员对组织间实施协定且认为关系有价值、公平、有成效、令人满意的程度

图 4-3 组织间关系维度

资料来源：Andrew H. Van de Ven. "On the Nature, Formation, and Maintenance of Relations among Organizations." *Academy of Management Review*. 1976, 4 (1), p. 29。

（二）关系因子

Van de Ven 分析了影响组织间关系的资源依赖、承诺、认知、共识、主要的一致性五个方面的情境因子（见图 4-3）。Ostrom 认为，决定合作的关键因素是"互惠性的合作规范"（norms of reciprocity），以及面对面的交流、规则、惩罚、支持和实施合作的制度。[①] Axelord 认为规范（norm）对润滑相互冲突的团体间的关系极为重要，规范构成了合作的有

---

① Elinor Ostrom. "A Behavioral Approach to the Rational Choice Theory of Collective Action." *American Political Science Review*, Vol. 92, No. 1, 1998, pp. 1-22.

效机制。① Ring 和 Van de Ven 总结了人际关系、心理契约、非正式理解与承诺在合作中的重要性。② 在 Weiss 看来，公共组织间合作关系的影响因子主要有六大方面：（1）对合作中产生的额外净收益的计算；（2）组织员工所持有的关于与外部机构合作的职业规则与价值；（3）从其他组织寻求政治利益；（4）改善内部问题或者效果的需求；（5）对减少关键的不确定性的期望；（6）法律对合作的要求。认为公共机构间的合作部分来自策略计算（strategic calculation），部分来自机遇（chance）与外部压力（outside forces）。③ 合作易于提倡但难于实施。合作因代价高昂而难以出现。Weiss 指出，公共机构间不会被期望自然拥抱合作；相反，合作必须是被推动（pushed）或拉动（pulled）的④。Huxham 和 Macdonald 归纳了破坏合作关系的个人主义行为：重复投入资源而浪费、互相扯皮导致管理真空、缺乏共同目标而彼此抵触；反向行为与冲突。⑤ Huxham 在另一篇文献中分析了组织间合作的动力主要是出于协调需要、学习分享需要、财政需要、外部压力（通常来自政府）（external pressure）；合作的影响因素主要有资源与目标、语言与文化、权力、信任。⑥ 锁利铭也提到，地方政府府际协作机制的建立受到信任因素、交易成本与契约风险的影响。⑦

总结以上观点发现影响因子主要有：$F'1$——情境因子（初始情境，资源依赖、主要一致性、外部压力、目标等）、$F'2$——认知因子（组织

---

① Robert Axelrod. "An Evolutionary Approach to Norms." *American Political Science Review*, Vol. 80, No. 4, 1986, pp. 1095 – 1111.

② Peter S. Ring, Andrew H. Van de Ven. "Development Processes of Cooperative Interorganizational Relationships." *Academy of Management Review*, Vol. 19, No. 1, 1994, p. 103.

③ Janet A. Weiss. "Pathways to Cooperation among Public Agencies." *Journal of Policy Analysis and Management*, Vol. 7, No. 1, 1987, p. 95.

④ Janet A. Weiss. "Pathways to Cooperation among Public Agencies." *Journal of Policy Analysis and Management*, Vol. 7, No. 1, 1987, p. 94.

⑤ Chris Huxham, David Macdonald. "Introducing Collaborative Advantage: Achieving Inter-organizational Effectiveness through Meta-strategy." *Management Decision*, Vol. 30, No. 3, 1992, p. 51.

⑥ Chris Huxham. "The Challenge of Collaborative Governance." *Public Management*, Vol. 2, No. 3, 2000, pp. 340 – 348.

⑦ 锁利铭：《地方政府间正式与非正式协作机制的形成与演变》，《地方治理研究》2018 年第 1 期，第 25—39 页。

成员的共识、认知、承诺、计算、成本、风险、价值观、个人主义行为、语言与文化、信任、共享的规范）、$F'3$——管理因子（关系管理机制、管理推动或压力机制）、$F'4$——制度因子（法律、规则、支持合作的制度等）。

（三）关系类型

Alter & Hage 归纳了竞争性合作与共生性合作两种类型的多种表现形式：同一领域里的组织间的竞争性合作（共同协定、交流网络、社会协定、社会网络、次契约、购买网络、联合生产、研究联盟、伙伴关系、整合与合作、联盟、交易联盟、卡特尔）形式；不同领域里的组织间的共生性合作（权责联结、权责网络、重叠委员会、连锁理事会、财政联结、财政网络、雇佣联结、人力资本网络、共同生产、系统生产网络、纵向企业集团、伙伴关系、联盟、研究联盟）形式。[①]

Huxham & Macdonald 认为，组织间关系有三种形式：co-ordination 是组织间没有互动，但组织会考虑行为对他者的影响；co-operation 意指组织互动仅为了更好地实现各自目标；collaboration 是组织在追逐各自目标的同时达成共同的元目标（meta mission）。[②] Huxham 认为，合作可采用从正式的委员会到非正式的互动等多种形式，比如，包含董事会、成员、执行委员会、工作组这种多层级委员会组织（several layers of committees）。[③] 另有研究指出六种类型组织间关系：交易协会（trade associations）、自愿的机构联盟（voluntary agency federations）、联合企业（joint ventures）、社会服务联合计划（joint programs）、公司财政互联（corporate-financial interlocks）、机构赞助者关联（agency-sponsor linkages）。[④]

组织间关系可能是临时性的，也可能是长期性的；可能是松散的，也可能是紧密的。契约是交换协议的重要特征，不仅连接交换各方而且规制

---

① Catherine Alter, Jerald Hage. *Organizations Working Together*. London: Sage Publications. 1993, pp. 51–61.

② Chris Huxham, David Macdonald. "Introducing Collaborative Advantage: Achieving Inter-organizational Effectiveness through Meta-strategy." *Management Decision*, Vol. 30, No. 3, 1992, p. 53.

③ Chris Huxham. "The Challenge of Collaborative Governance." *Public Management*, Vol. 2, No. 3, 2000, p. 343.

④ Christine Oliver. "Determinants Interorganizational Relationships: Integration and Future Directions." *The Academy of Management Review*, Vol. 15, No. 2, 1990, p. 249.

其行为。① Clark 认为，两个或更多的组织联合从事特定的行为以达成某个目标，通常依据合同。② Brown 和 Lusch 也指出，管理组织间关系的一个常见方式是利用合同。由于合同明晰了角色和责任，从而能减少模糊性、不确定性和争议。③ 的确，为了确保关系的稳固性，特别是解决资源交换中的信息不对称行为，关系契约（relational contract）被作为组织间关系的黏合剂。常见的做法是，通过界定目标、任务分工和权责，进行关系管理。Weitz 和 Jap 指出，除了显性契约，还需要依靠组织间隐含的规范来控制关系。而这种隐含的规范实际就是关系契约的一种体现。④ Pvlou 和 Gefen 强调显性契约外的心理契约的重要性。⑤ 实际上，组织间关系很大程度上是契约的形成与解约过程，作为关系机制的契约在维系组织间关系中扮演重要角色。Van de Ven 在分析结构维度时也提及了协议、合同、联合决策。⑥

由上，可归纳关系类型：K′1——伙伴关系、K′2——契约（协议、合同）、K′3——联合机构（合并、卡特尔、多层级委员会）。

三 关系维度、关系类型与影响因子归总

（一）关系维度汇总

基于府际关系理论所得：D1——自主性维度；D2——互动性维度；D3——规范性维度；D4——协调性维度。

---

① Allan E. Farnsworth. *Contracts*. Boston: Little Brown. 1962. 转引自 Pual A. Pvlou, Dvid Gefen. "Psychological Contract Violation in Online Marketplaces: Antecedents, Consequences, and Moderating Role." *Infomration Systems Research*, Vol. 16, No. 4, 2005, p. 373.

② Burton R. Clark, "Interorganizational Patterns in Education." *Administrative Science Quarterly*, Vol. 10, No. 2, 1965, p. 234.

③ James R. Brown, Anthony T. Cobb, Robert F. Lusch. "The Roles Played by Interorganizational Contracts and Justice in Marketing Channel Relationships." *Journal of Business Research*, Vol. 59, No. 2, 2006, p. 167.

④ Barton A. Weitz, Sandy D. Jap. "Relationship Marketing and Distribution Channels." *Journal of the Academy of Marketing Science*, Vol. 23, No. 4 1995, pp. 305 – 320.

⑤ Pual A. Pvlou, Dvid Gefen. "Psychological Contract Violation in Online Marketplaces: Antecedents, Consequences, and Moderating Role." *Infomration Systems Researeh*, Vol. 16, No. 4, 2005, pp. 372 – 399.

⑥ Andrew H. Van de Ven. "On the Nature, Formation, and Maintenance of Relations among Organizations." *Academy of Management Review*, Vol. 4, No. 1, 1976, p. 29.

基于组织间关系理论所得：D′1——自主交换资源维度；D′2——社会心理维度；D′3——自主性独立性与联合性协调性的冲突维度；D′4——关系机制维度；D′5——交流互动维度；D′6——规则正式度维度；D′7——感知维度。

由于自主交换资源实际上是自主性的一部分体现，因此，D′1和D′3可以合并；再者，自主性与联合性的矛盾（D′3），实际上是自主性与互动性的二元问题，D′3可回归到D1和D2中。作为关系维系的关系机制维度（D′4）本质上是组织间关系的协调，可与D4合并。规则正式度（D′6）可归为D3即规范性维度中。而感知（D′7）、交流互动（D′5），实际上都是自主性与互动性的体现。由此，最终可得自主性维度、互动性维度、规范性维度、协调性维度四大维度。

（二）关系形式汇总

基于府际关系理论所得：K1——伙伴联合；K2——契约；K3——联合机构、合并、兼并；K4——寻求与帮扶。

基于组织间关系理论所得：K′1——伙伴关系；K′2——契约（协议、合同）；K′3——联合机构（合并、卡特尔、多层级委员会）。

综合可得，一是保持各自组织独立身份的关系形式，通常有非正式的联合、呼吁、心理契约，正式的契约合同与协议等；二是保持各自组织独立身份但成立相应的关系处理机构。比如成立可自由进出的联合机构；三是消解原有组织独立身份的合并与兼并。究竟采取何种形式，取决于特定情境的需要。

（三）关系因子汇总

基于府际关系理论所得：F1——环境因子（政治经济环境：特定政策议题、结构和行政管理要素等都可涵盖在范围更大的政治经济环境内）；F2——认知因子（府际参与者的认知与需要）；F3——管理因子（关系管理机制）；F4——制度因子（制度及司法）。

基于组织间关系理论所得：F′1——情境因子（初始情境、资源依赖、主要一致性、外部压力、目标等）；F′2——认知因子（组织成员的共识、认知、承诺、计算、价值观、个人主义行为、语言与文化、信任）；F′3——管理因子（关系管理机制、管理推动或压力）、F′4——制度因子（法律制度要求）。

不难发现，基于府际关系理论和组织间关系理论的关系因子几乎完全重合，因此，关系因子为情境因子、认知因子、管理因子、制度因子这四个方面。

第三节 市县关系演化模型分析：维度—因子—类型

地方行政层级改革进程大致包括市管县体制期、省直管县改革试水期—过渡期、改革完成期三个阶段。每一阶段都必然涉及府际关系调整，其中，受影响最大的是市县关系。因此，可将市县关系放在地方行政层级改革进程中的三个阶段予以考察，基于上一节"关系维度—影响因子—关系类型"框架，构建起市县关系演化模型，以此洞悉市县关系嬗变类型、影响因子与规律趋势。

一 三个时期的市县关系嬗变及模型分析[①]

（一）市管县体制期的市县关系

市管县体制中，上下级领导关系（规范性维度）决定了市县关系主要表现为纵向隶属关系，"隶属性—自主性"是其显著特点：一方面，通过掌控县级主要官员的任用权、职务晋升权和物质奖励权，市拥有向县下达政策命令及分解任务的绝对主导权；另一方面，县在隶属市的同时也可能有着一定的自主性，即县依其自身的实力及能力做出相应的策略选择。实践中，主要表现为"执行性、应付性、自创性和协商性"：作为代理者，县必须贯彻执行上级的计划、政策、决定和命令；执行过程中，县会"区别情况，少数政治任务坚决执行，大多数的社会经济文化工作则想办法应付"[②]；在应付性的选择中，有不少是县级政府和部门的自创性政策或迂回性策略；有时，鉴于问题和利益的复杂性，县可能会请求市进行适

---

① 此内容中的部分出自笔者已发表的阶段性研究成果。详见韩艺《地方行政层级改革中的市县关系：一个演化模型分析》，《国家行政学院学报》2014年第3期，第56—60页；韩艺《省直管县体制改革进程中的市县关系：嬗变困境与优化》，《北京社会科学》2015年第5期，第73—74页。

② 谢庆奎：《中国政府的府际关系研究》，《北京大学学报》2000年第1期，第27页。

当的协商。

当县感知市下达的政策命令（规范性维度）合理且县具备执行条件时，如果县缺乏自主性（自主性维度），县可采用不同的互动策略（互动性维度、协调性维度），这时的市县关系主要表现为"领导—服从"和"帮扶—协作"类型；相反，当县具有很强的自主性，则可能采取紧密配合（"领导—协同"关系）或者协调策略（"领导—协调"关系）。当市不顾县的实际而执意要求县执行时，如果县没有足够的实力自主选择时，县会选择逆来顺受，市县关系表现为"压制—顺从"。反之，如果县有足够的实力和较强的自主性时，县可能会应付了事（"压制—应付"关系），也可能与市协商（"压制—协商"关系），甚至可能对市进行一定程度的抗衡（"压制—抗衡"关系）（模型见图4-4）。

由此可见，县级自主性除了基于县级实力外，还与市管县体制中受约束的程度相关。因此，市管县体制下，影响市县关系的主要因子是：F1——市管县体制情境特别是由此决定的市县行政隶属关系；F2——县级对市级政策命令合理性的感知（即是否与县级利益相左、县级实现的可能性等）与政治性强度（是否为必须完成的强制性和政治性任务）；F3——县级自主性程度（即实力与受约束度）；F4——管理协调。

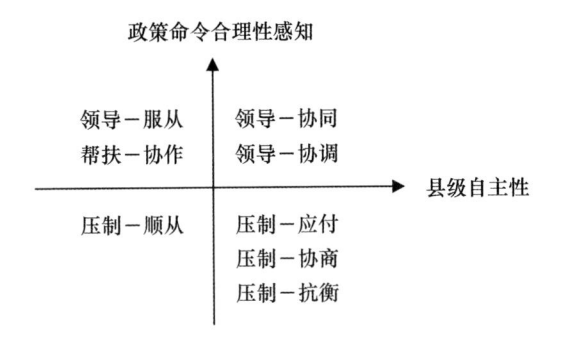

图4-4 市管县体制中的市县关系模型

资料来源：韩艺：《地方行政层级改革中的市县关系：一个演化模型分析》，《国家行政学院学报》2014年第3期，第57页。

实际上从问卷第8道题"您认为'市管县'体制下，市与所辖县的关系有哪些表现形式"结果中"A 领导—服从"（占31.96%）、"B 帮扶—协作"（占 23.33%）、"C 压制—顺从"（占 13.97%）、"D 压制—冲突"（占 9.05%）、"E 指示①—应付"（占 16.66%）、"F 压制—抗衡"（占 4.77%）可得，市管县体制下，行政隶属关系决定了市县关系主要是"领导—服从"关系，其次是"帮扶—协作""压制—应付""压制—顺从"，"压制—抗衡"极为少见。另外，问题第 25 题"能否可请您列举所在地的市县关系（合作、竞争、矛盾、冲突）的案例"结果中"目前更多的市县关系是合作"的回答最多，与这里第 8 题相互印证，交互证明了模型的合理性。

总结看来，市管县体制下，纵向上的层级隶属关系决定了市县主要表现为"命令—服从"与"帮扶—被帮扶"关系。财政市管县，从县级抽取的财政资源往往更多向市区倾斜，一些市级在上收财权的同时，下移事权，县级财权与事权不匹配。然鉴于市县隶属体制，县级对此往往敢怒不敢言，只好逆来顺受。而随着中心城市的扩张，市级通常还会侵占县级土地、项目和产业等资源，市县关系出现紧张。究其原因，在现行地方组织法未明确划分市县间的职能关系，亦未对市县矛盾化解渠道作出实质性规定（规范性维度的制度缺乏）的情况下，不论市县关系的形成、存续还是变动都从根本上依托于市县层级隶属这一体制（自主性维度受限于体制），其结果是市县博弈中，市级处绝对主导地位，而县级自主权则相对弱势与不足。可见，这一时期市县关系带有隶属性、敬畏性与紧张性的特点。

（二）省直管县改革试水期—过渡期的市县关系

改革试水期—过渡期，财政省直管先行但其他权限仍实行市管县体制（自主性维度），然而，地方层面省直管县的实践探索特别是 2005—2013 年中央对省直管县的倡导在增强县级自主性的同时减弱了市级自主性，市县关系为纵横向隶属与争利交织并存，呈现"控制性—自主性"特点：一方面，市级能够预期省直管县后自身的利益受损，同时财政省直管后能感受到县的潜在竞争与威胁，有的市则试图限制和控制县，抓紧时机加大对县的剥夺，例如扩大市区范围（"跑马圈县"、县改区）以尽可能保住

---

① 由于实务部门工作人员在问卷短时间内容易将"压制—应付"与"压制—顺从"、"压制—冲突"误解为相互排斥而漏选，第一轮问卷后对问卷内容进行了修正，特意把"压制—应付"变更为"指示—应付"，本质意思相同，但形式上不互斥。

自身利益；另一方面，随着财政省直管，特别是一些省份如浙江、河南、湖北的强县扩权改革，省直接向县下放市级经济和社会管理权限，县的自主性开始增强，县在对来自上级的资源、资金、项目、政策等方面与市展开明争暗斗式争夺。

因此，这一时期，市县关系除带有市管县体制的印记外，还呈现出新的类型（互动性维度、协调性维度）：一是当省直管县改革在一省范围内重视并强势推进，如果市级自主性大而县自主性小，市县呈现"限制—顺从"关系，例如市对县的帮扶度减弱，县里为难；虽然省里要求扩权强县，但市下放给县的权力虚多实少[1]，县只能"敢怒不敢言"，市县呈现"放权—容忍"关系；市也可能为将来发展提前布局，预留自身发展空间，试图兼并近邻县区[2]，形成"兼并—被并"关系。相反，如果市县双方都具较强自主性，市县可能呈现"领导—协调"关系，甚至是"争利—冲突"关系；此时，如果市强势兼并和决定放权程度则难免与县产生冲突，市县表现为"兼并—抵制"[3] 和"放权—争权"关系。二是当省直管县改革在一省内实质性推进度低，如果市县自主性都不够，市县关系基本无异于市管县体制情形；但当县级自主性强而市级弱时，形成"突破—摩擦"关系，即县试图突破现行体制与市发生摩擦。

追根溯源，试水期—过渡期市县关系植根于省直管县这一制度变迁背景：除2005—2013年中央层面对省直管县的认可提倡外，还特别取决于各地省直管县改革力度。实际上，正是由于各地改革力度不同（比如，浙江、湖北力度较大，河南适中，江西、湖南力度较小），市县自主性程

---

[1] 针对河南的调查显示：市级政府部门从自身利益出发，将本应下放给县的诸如驾驶证、许可证、资格证、资质证、统筹缴费、汽车交易监管、招商项目审批、公安权限、畜牧权限、民政权限、新农村建设项目等共计36—43项实际权限未能下放给试点县。详见孟白《我国省直管县改革试点中出现的问题及对策研究》，《农民日报》2013年9月28日。

[2] 例如，湖北黄石市吃掉下陆县、咸宁市吞并咸安县；河北唐山市和保定市完成对周边县市的吞并；广东江门把新会市（县级市）改成区；浙江绍兴市吞并绍兴县划归为柯桥区和越城区，撤销县级上虞市，设立上虞区；江西赣州市吞并南康市（县级市）作为南康区。

[3] 2005年7月，湖北大冶拟撤市设区，受群众"8·6"群体性事件抵制而中止。2010年6月，湖南衡阳市拟将衡山县店门镇划归衡阳市南岳区管辖，遭到衡山群众围堵107国道而被迫停止。2010年9月，河南三门峡市拟将三门峡下辖的灵宝市（县级市）撤销合并为三门峡的一个区（虢州区），也因民间的激烈反对而被迫搁浅。2013年5月长江网报道，浙江省长兴县的"撤县并区"事件引发200余名领导干部集体抗议，其市县矛盾已然公之于外。

度不一，市县关系呈现出异于市管县体制的新特点。另外，市县双方在应对过渡期改革当中的自主性程度（无所作为、消极应对还是积极扩权）也是主导市县关系的因子。由此，过渡期市县关系超越市县主体扩大到省市县三者关联，形成左右市县关系的三个主要因子：F5——省级制度变迁力度与强度；F6——县级自主性；F7——市级自主性。基于三个因子的三维坐标模型见图4-5。

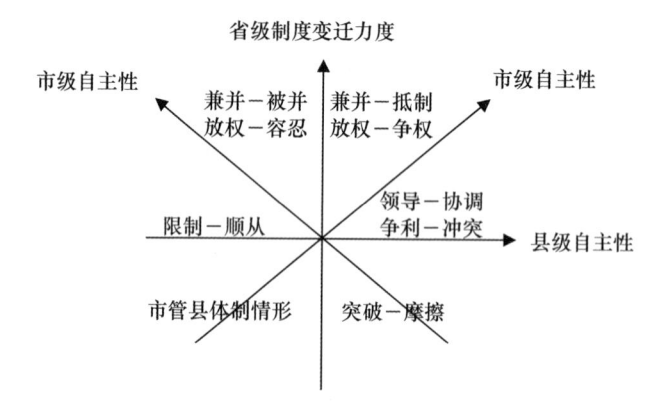

图4-5 省管县过渡期市县关系模型图

资料来源：韩艺：《地方行政层级改革中的市县关系：一个演化模型分析》，《国家行政学院学报》2014年第3期，第57页。

实际上从问卷第9道题"您认为省直管县体制改革过程中，市县关系有哪些表现形式？"排序中"A. 行政上领导关系仍存在，但随着改革推进，领导关系开始减弱"；"B. 疏离关系，'县里为难，市里尴尬'"；"C. 竞争关系，随着县级扩权，县开始与市暗中较劲与竞争"；"D. 争利关系，在权力下放、区划调整、土地利用、资源分配等方面出现争利冲突"；"E. 矛盾关系，有的矛盾已公开化"；"F. 已形成平等合作关系"（只占1.56%）；"G. 其他"（填写内容为"大多数业务还是通过市一级""无法真正绕开市""省市多头管理"等）可得：改革试水期—过渡期，基本上没有形成平等合作关系，而是行政隶属关系与省直管关系（主要是财政关系和会议通知关系）交织，"领导—服从"关系已减弱，出现潜在矛盾，但矛盾公开化较为少见，少数地方在权力下放、土地利用、撤县并区中出现市县争利冲突。

总结看来，省直管县体制改革试水期，财政省直管县与行政市管县并行，试点县与市既沿袭市管县体制下的行政隶属关系，又呈现出省直管县情境中县级由于财权扩大和扩权得利而渐趋形成的竞争矛盾关系。由于市仍实质性对县享有行政领导权，少数市级加紧揽利、抵制改革、减弱帮扶，甚至吞并毗邻县为市区等做法，引发市县矛盾，双方围绕资源和利益展开明争暗斗式争夺。总的看来，这一时期，市县关系既刻有传统市管县体制纵向层级隶属关系的烙印，又初显市县渐趋横向分治与竞争冲突之端倪。但由于缺乏明确的法律规范（规范性维度，F8——法律制度），加之区域统筹、绩效考评、冲突管理等协调机制（协调性维度，F9——合作与冲突解决机制）不够，市县关系总体上呈现出市管县与省直管县双轨制运行下的复杂特点。

（三）省直管县体制改革完成期的市县关系

省直管县体制改革完成期，由于隶属关系解除，市县分而治之，县获得完全的自主性（自主性维度），市县关系表现为横向的竞争合作关系（互动性维度），呈现出"互动性—自主性"特点：一方面，市县基于自利性围绕资源、政策、资本、市场等展开激烈竞争；另一方面，城镇化以及区域一体，特别是交通、环保、都市圈规划等区域性公共事务和跨界共同议题，又要求市县间展开横向合作共治（协调性维度）。市县双方其中任何一方行为都可能会对另一方产生影响，甚至出现唇齿相依的相互依存状态。

Visser 提出府际合作的变量为主观期望及客观条件[1]，中国台湾地区学者吕育诚借此提出参与者共识和参与者条件两个变量[2]。Prager[3] 认为，地方政府只有在其内部无法利用规模经济（scale economics）或范围经济（scope economics）生产某些服务时，才会考虑府际合作。的确，市县分治前提下，市县合作取决于对合作的认同度及自身实现合作能力条件的考

---

[1] James A. Visser. "Understanding Local Government Cooperation in Urban Regions."*American Review of Public Administration*. 2002, 32 (1), pp. 40–65.

[2] 吕育诚：《府际合作概念与焦点研究的再定位》，《府际关系研究通讯》2008 年第 4 期，第 1—18 页。

[3] Jonas Prager. "Contracting out Government Services: Lessons from the Private Sector." *Public Administration Review*. 1994, 54 (2), p. 180.

量,呈现多元关系类型:(1)当市县对合作的感知认同度高,而各自又有实力实现合作时,双方可能基于 Walker 关于美国府际关系 17 种类型(见第二节)中的非正式合作(比如口头协定、信息共享、互相援助)、正式契约、协力、组织安排(联盟)、市县合并等多种方式达成合作;若各自实力都不足则采取互助、联合、共同呼吁、市县合并等方式;当市县实力不均时可能通过协助(一方对另一方协助)、契约(比如县为获得市里更优质的垃圾处理、公园、基础设施共享等服务而向市支付资金)或者兼并等方式达成目的。这三种情形中,合作达成的前提是有效合作机制的构建。(2)当市县没有合作预期认同,而各自凭自身即能实现合作收益时,分立和竞争(甚至恶性竞争)是常态。反之,各方都不具备实力时,采取分立和竞争策略。此两种情况下,合作仍有可能借助于外力(上级行政或政治压力、社会压力)的倒逼作用而达成。当只有一方有实力时,市县借助契约合作或仅是一方对另一方依赖甚或兼并实现。

由此可得,完全的省直管县体制下,市县关系模型及其主要因子(见图 4 - 6):F10——市县对合作的预期及认同度(即共识程度);F11——市县政府的自主性(即实力条件);F12——合作机制;F13——外压(上级或社会的压力、制度压力)。

总结看来,市县虽分而治之,但都市区治理、环境保护、流动人口管理、基础设施共建共享等区域性公共事务又要求展开合作。市县既可能基于信息分享、协议、联盟、整并等方式进行协调(Coordination)、合作(Cooperation)与协作(Collaboration)形成伙伴型关系,甚至携手与其他各层级政府、企业、NGO 等多主体构建区域性公共事务治理的"公共能量场";又有可能相互分立、画地为牢甚至制造行政壁垒与恶性竞争,陷入区域治理碎片化、负外部性、高昂交易成本等"制度性集体行动困境"(Institutional Collection Action Dilemma)[①]。因此,维系这一时期市县分治与良性竞合关系的关键,在于府际认知的增强、府际法制的完善、府际机制的构建以及府际管理(Intergovernmental Management,F14)的践行。

---

① Richard C. Feiock. "The Institutional Collective Action Framework." *The Policy Studies Journal*. 2013, 41 (3), pp. 397 - 425.

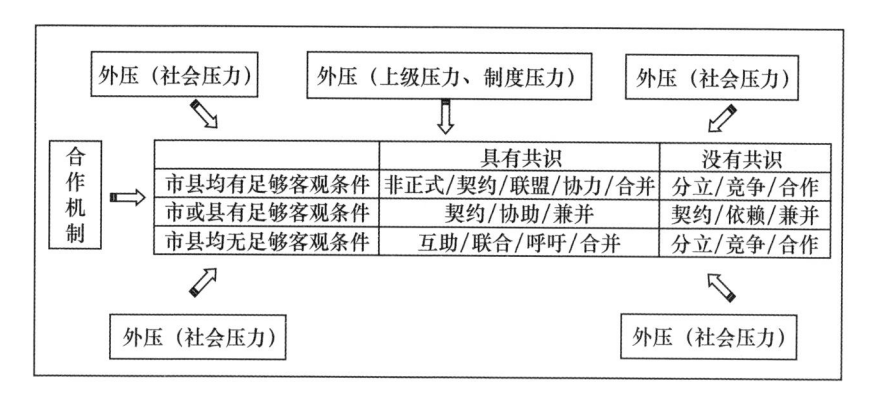

```
┌─────────────────────────────────────────────────────────────────┐
│         外压(社会压力)    外压(上级压力、制度压力)    外压(社会压力)    │
│              ⇩                  ⇩                     ⇩        │
│  ┌──┐  ┌──────────────┬──────────────────┬──────────────────┐   │
│  │合│  │              │    具有共识      │    没有共识      │   │
│  │作│  ├──────────────┼──────────────────┼──────────────────┤   │
│  │机│⇔ │市县均有足够客观条件│非正式/契约/联盟/协力/合并│分立/竞争/合作│   │
│  │制│  ├──────────────┼──────────────────┼──────────────────┤   │
│  └──┘  │市或县有足够客观条件│  契约/协助/兼并  │  契约/依赖/兼并  │   │
│        ├──────────────┼──────────────────┼──────────────────┤   │
│        │市县均无足够客观条件│互助/联合/呼吁/合并│分立/竞争/合作 │   │
│        └──────────────┴──────────────────┴──────────────────┘   │
│              ⇧                                      ⇧           │
│         外压(社会压力)                          外压(社会压力)    │
└─────────────────────────────────────────────────────────────────┘
```

图 4-6 省管县体制中市县关系模型

资料来源：韩艺：《地方行政层级改革中的市县关系：一个演化模型分析》，《国家行政学院学报》2014 年第 3 期，第 58 页。

二 归类与总结

(一) 归类

由上，归总地方行政层级改革进程中的三个不同时期的市县关系模型可得：

1. 维度归类

市县在不同时期和同一时期不同情境中的互动策略取决于：规范性维度（体制及制度对市县关系的明文性或内隐性限定与约束）、自主性维度（由体量、财政、地位、领导者能力等所决定的县级实现自身目标与行动的能力及实力）、互动性维度（是否采取互动或者采取何种互动策略）、协调性维度（旨在促进关系润滑的冲突解决与矛盾消解机制）。

2. 因子归类

由于 F3——县级自主性程度、F6——县级自主性、F7——市级自主性、F11——市县政府的自主性这四项因子的内容在本质上都是自主性，可相应合并归为 F3——市级自主性程度、F4——县级自主性程度。另外，F5（其中的省直管县政策）、F8 与 F13 都是法律制度，F9 与 F12 都是合作机制，F4 与 F14 都是协调，这些均可合并。由此，最终归总为 10 项因子：F1——市管县体制情境特别是由此决定的市县隶属关系；F2——县级对市级政策命令感知的合理性与政治性强度；F3——市级自主性程度、F4——县级自主性程度、F5——省域范围内省直管县体制改革的力度与强度、F6——制度①约束与要求、F7——合作机制、F8——市县对合作的预期及认同度、F9——外压（上级或社会的压力）、F10——管理协调。而这10项分属为（见表4-1）：一是体制因子。比如，F1、F2、F3、F4、F5（其中的省管县体制）、F9。二是制度因子。比如，F5（其中的省直管县政策）、F6、F7、F10。三是认知因子。比如，F2、F8。四是管理因子。比如F7、F10。

表4-1　　省直管县体制改革进程中的市县关系因子汇总

关系维度	因子类型	因子	关系类型
自主性维度	体制因子	F1、F2、F3、F4、F5、F9	（1）领导—服从、帮扶—协作、压制—顺从、压制—应付、压制—协商、压制—抗衡
规范性维度	制度因子	F5、F6、F7、F10	（2）兼并—被并、兼并—抵制、放权—容忍、放权—争权、领导—协调、限制—顺从、争利—冲突、突破—摩擦
互动性维度	认知因子	F2、F8	
协调性维度	管理因子	F7、F10	（3）分立、竞争、对抗、协调、合作、协作、契约、依赖、兼并

资料来源：笔者自制。

3. 类型归类

一是市管县体制条件下，市县关系总体上呈现出命令服从、帮扶带动、潜在矛盾关系，表现形式主要有：领导—服从、帮扶—协作、压制—顺从、压制—应付、压制—协商、压制—抗衡等。

二是省直管县改革试水—过渡期，市县关系既带有市管县体制下的关系特点，又有双轨制运行下总体上呈现出的命令服从、暗中争利、矛盾冲突等新的关系，主要表现形式有：兼并—被并、兼并—抵制、放权—容忍、放权—争权、领导—协调、限制—顺从、争利—冲突、突破—摩擦等。

三是省直管县改革完成期，由于市县行政隶属关系的完全解除，总体

---

① 此处的"制度"取广义的制度的概念，即制度是一个社会的游戏规则，包括正式的制度和非正式的潜在规则。

上呈现出分立、竞争、对抗、协调、合作、协作、契约、依赖、兼并等多元竞合市县关系形式。

(二) 总结①

由上,地方行政层级改革进程的三个阶段中,市县关系总体上将历经从改革前的纵向行政隶属关系,到改革试水期—过渡期的纵横向竞合关系,再到完全省直管县体制下的横向分治关系之嬗变。此过程中,受分别对应于关系自主性、互动性、规范性、协调性四个维度的体制、认知、制度、管理四大因子影响,市县关系形成了不同时期的特定性多元关系类型;同时,从各因子的应然变化情况看,大体呈现出体制因子逐步消解、认知因子亟待转变、制度因子有赖加强和管理因子有待跟进的趋势(见表4-2)。

一是自主性维度——体制因子。综观三个阶段,市管县体制因子从固化(市管县体制期)到减弱(省直管县改革试水期—过渡期)再到消解(省直管县体制期),根本上主导了不同时期的市县关系内容。但从长远来看,资源要素的跨行政区流动及区域公共事务治理的横向联合必然取代传统的体制性纵向权力分合,伴随体制因子逐渐消减的必将是县级自主性的渐趋增强,而这将推动市县形成伙伴型与网络型关系,今后主导市县关系的主要因素应是资源使用及区域性公共事务治理,而非纵向体制因素。

二是互动性维度——认知因子。市县双方对于关系的感知判断(改革前的隶属、试水期的半隶属、完成期的分治)、行为导向(服从性、机会主义性、协作性)与策略选择(改革前的命令与顺从、试水期—过渡期的尴尬与冲突、完成期的竞争与合作)等认知,不但影响了彼此的互动性程度,也从根本上决定了关系内容(隶属、分立、顺从、竞争、对抗、协调、合作等)与关系性质(恶性、中性、良性)。

三是规范性维度——制度因子。由于地方组织法并未对市县关系予以明确和规范,市管县体制下,市县关系几乎完全取决于体制性因素。改革试水期—过渡期,当既有的市县关系格局为省直管县改革所打破的情况下,本应及时出台的旨在规范市县关系运行的多元制度的缺失,一定程度

---

① 此内容中的部分出自笔者已发表的阶段性研究成果。详见韩艺《省直管县体制改革进程中的市县关系:嬗变困境与优化》,《北京社会科学》2015年第5期,第75页。

上加剧了市县关系的无序与失范。对比前两个阶段制度的不足与缺失，特别是第三个阶段良性市县分治关系对府际制度完善的终极依赖看，制度因子可谓市县关系规范有序与否之关键。

四是协调性维度——管理因子。三个阶段的市县关系都难免竞争冲突，协调尤为必要。省直管县改革之前，市县关系更多基于市管县体制的命令等级链协调；省直管县改革试水期—过渡期，在原有的市管县体制协调功能有所减弱的情况下，省级政府本应发挥的府际协调与关系管理职能仍显滞后，在应对市县关系的矛盾与失控上彰显乏力；省直管县运行期，市县关系需借助横向上的市县间合作机制得以协调，但仍有赖于省级政府的即时性府际管理。

表4-2 地方行政层级改革进程中的市县关系嬗变：维度、因子及类型

	自主性维度——体制因子	互动性维度——认知因子	规范性维度——制度因子	协调性维度——管理因子	市县关系表现
市管县	完全隶属	纵向互动 服从性认知	模糊 制度不足	等级链协调	命令服从 帮扶带动 潜在矛盾
试水期	隶属+直管	纵横向互动 服从性认知 机会主义认知	模糊并缺失 制度缺失	等级链协调 府际协调滞后	命令服从 暗中争利 矛盾冲突
运行期	分治+直管	横向互动 机会主义认知 协作性认知	明确并配套 制度完善	即时性协调	分立、竞争、对抗、协调、合作、协作
嬗变趋势	逐步消解	亟待转变	有赖增强	有待跟进	从纵向隶属到纵横向竞合再到横向分治

资料来源：韩艺：《省直管县体制改革进程中的市县关系：嬗变困境与优化》，《北京社会科学》2015年第5期，第75页。

第 五 章

省直管县体制改革试水期—过渡期的市县关系:验证与对策

上一章基于"框架—理论—模型"的研究设计,从理论上勾勒出地方行政层级改革中的市县关系维度、关系类型与影响因子,具有一定的创新性。然而,理论上得出的这些维度、类型与因子是否具有可验证性?省直管县改革试水期—过渡期的市县关系究竟如何,是否还有其他的维度、类型与影响因子?如何从实证验证分析中得出优化策略建议?本章拟基于调研、问卷和访谈对省直管县改革试水期—过渡期的市县关系维度、关系类型和影响因子进行验证,在得出相关验证发现的基础上,基于因子与策略的内在逻辑,探索改革试水期—过渡期的市县关系转型与优化的对策。

第一节 试水期—过渡期的市县关系:一个概览

一 试水期—过渡期

(一) 全国总体情况

自 2005 年国家层面的政策倡导以来,全国范围的省直管县体制改革探索逐步推进。基本做法是,财政上省直管县,或试水强县扩权或扩权强县并逐步过渡到全面的行政上省直管县体制,主要有三种形式:一是从"推行"到"推进"财政省直管县改革。中央层面从 2005 年 1 月《关于切实缓解县乡财政困难的意见》中"推行省对县财政管理方式的改革试点"到《全国农村税费改革工作会议上的讲话》中"具备条件的地方,可以推进'省直管县'和'乡财乡用县管'的改革试点"再到 2006 年中央一号文件"加快推进'省直管县'财政管理体制"。财政省直管县至少涉及全国 22 个省区，虽具体情况不一，但各省至少在收支预算、转移支付、资金调度、财务结算、工作部署等五项财政管理上省直管县（详见下文各地政策文本的比较分析）。二是强县扩权或扩权强县改革。2002 年以来，浙江、湖北、河南、山东、湖南、吉林、黑龙江、安徽、江苏、福建、广东等 22 个省，将部分属于地级市的经济或社会管理权限（计划管理、经费安排、税务办理、项目申报、用地报批、证照发放、价格管理、统计报送、政策享有、信息获得等方面）直接赋予经济强县（强县扩权）或所有县（扩权强县），以壮大县域经济。特别是浙江省连续实施了四轮（1992 年、1997 年、2002 年、2006 年）强县扩权改革之后，2008 年又全面推开了扩权强县改革。三是"推进""探索"行政省直管县试点。2007 年 8 月国务院批复《东北地区振兴规划》，明确提出"加快行政管理体制改革……有条件的地方积极推进'省直管县'改革"，第一次在行政体制上提出省管县改革。2008 年 10 月，党的十七届三中全会通过的《关于推进农村改革发展若干重大问题的决定》明确提出党的"有条件的地方可依法探索省直接管理县（市）的体制"。可以看到一个明显的变化是，从以往强调"推进"省管县财政体制，到逐步号召"积极推进""探索"省管县行政体制。近年来，河南、河北、安徽、江西等省在以往财政省直管县的基础上探索包括县主要领导由省里直管以及日常行政上的全面省直管县试点。不过，行政省直管县的探索并不顺利。河北省 2015 年 9 月宣布，迁安市、宁晋县、涿州市、怀来县、平泉县、任丘市、景县、魏县 8 个省直管县（市）试点试行半年即被迫取消，重新划归设区市管理。[①] 河南省从 2018 年 1 月 1 日起，10 个直管县的组织人事、人大、政协、司法、群团等回归省辖市统一管理。但据 2018 年 1 月 18 日发布的《中共河南省委河南省人民政府关于深化省直管县管理体制改革完善省直管县管理体制的意见》，并非取消省直管县体制，而是在干部管理、司法、人大、政协、群团对口管理上重新回归市管，但直管县仍享有省辖市级经济社会

[①] 蒋子文、王哿：《河北省直管县第二批 8 地试点半年后即告取消，划归设区市管理》，http://www.thepaper.cn/newsDetail_forward_1378910，2015 年 12 月 4 日。

管理权限,以及省政府及其部门下放给省辖市政府及其部门的经济社会管理权限。直管县报请上级审批、核准、备案事项,直接报省审批、核准、备案。省政府各部门在安排项目、分配指标和配套资金方面,将直管县与省辖市同等对待,相关改革试点优先安排在直管县开展。另外,直管县统计数据报送、财政管理、省级会议参会资格等方面仍与省直接对接。

截至 2016 年 11 月,课题组利用政府官网、互联网搜索发现,2002—2016 年,有 22 个省共出台了 129 份总计约 30 余万字的省直管县改革相关(财政省直管县、强县扩权、扩权强县)政策文本①,开展了不同程度的省直管县改革(见表 5-1)。

表 5-1　　　　22 个省份的省直管县改革相关政策文本汇总

区域	省份	文件名称
华东地区	山东省	鲁发〔2003〕25 号;鲁政发〔2009〕110 号;鲁政办发〔2014〕46 号;鲁政办字〔2014〕80 号;鲁政办发〔2016〕17 号
	江苏省	苏政发〔2007〕29 号;苏办发〔2008〕17 号;苏发〔2011〕39 号;苏县改办〔2012〕2 号;苏民宗发〔2012〕53 号;苏新出政发〔2012〕23 号;苏卫综合〔2012〕14 号;苏科政〔2012〕336 号
	安徽省	皖政办〔2004〕18 号;皖政〔2004〕8 号;皖政〔2006〕126 号;皖政〔2007〕28 号;皖政〔2008〕39 号;皖政〔2009〕73 号;皖发〔2011〕10 号;皖办发〔2011〕42 号;皖新出〔2012〕44 号;皖体人〔2012〕9 号
	浙江省	浙委办〔2002〕40 号;浙委办〔2006〕114 号;浙教办〔2007〕96 号;浙委办〔2008〕116 号;浙交〔2009〕80 号;浙科发政〔2009〕57 号;浙旅政法〔2009〕88 号;浙司〔2009〕52 号;浙土资发〔2009〕14 号;浙新出发〔2009〕33 号
	福建省	闽委办发〔2003〕11 号;闽委发〔2003〕11 号;闽委发〔2011〕3 号
华南地区	广东省	粤府令第 98 号;粤府令第 161 号;粤府〔2010〕169 号
	海南省	海南省政府令〔2008〕216 号、琼发〔2008〕7 号、海南省人民代表大会常务委员会公告〔2009〕第 25 号

---

① 22 个省指山东、江苏、安徽、浙江、福建、广东、海南、湖北、湖南、河南、江西、河北、山西、青海、陕西、甘肃、四川、云南、贵州、辽宁、吉林、黑龙江。鉴于省直管县与扩权强县和强县扩权改革交织,这 129 份文本中包括扩权改革文本,即省直管县改革相关政策文本。

续表

区域	省份	文件名称
华中地区	湖北省	鄂办发〔2003〕35号；鄂政发〔2004〕20号；鄂财预发〔2004〕21号；鄂政发〔2006〕26号；鄂政发〔2007〕22号
	湖南省	湘发〔2004〕17号、湘发〔2005〕18号、湘发〔2010〕3号；湘财预〔2010〕109号；湘办发〔2015〕4号；湖南省政府第249号令；湘办〔2015〕30号；湘政办发〔2015〕20号；湘发改投资〔2015〕502号；湘政办发〔2016〕13号
	河南省	豫发〔2004〕7号；豫政〔2004〕32号；豫办〔2006〕19号；豫政办〔2007〕108号；豫政〔2009〕32号；豫发〔2011〕7号；豫政办〔2011〕66号；豫政法〔2011〕28号；豫建〔2011〕110号；豫直改〔2012〕7号；豫发〔2013〕12号；豫直改〔2014〕1号
	江西省	赣府发〔2005〕2号；赣府字〔2007〕12号；赣府发〔2009〕6号；赣府厅发〔2011〕54号；赣统字〔2014〕80号；赣林改发〔2014〕17号；赣司发〔2014〕5号；赣办发〔2014〕16号；赣直管〔2014〕1号
华北地区	河北省	冀政〔2009〕51号；冀发改体改〔2013〕853号；冀安监管办〔2013〕53号；冀林办字〔2013〕22号；冀卫办函〔2013〕10号；冀发改体改〔2015〕234号；冀震函〔2015〕92号；冀林办字〔2015〕16号；冀价政调〔2015〕79号
	山西省	晋政发〔2006〕45号；晋财预〔2007〕6号
西北地区	青海省	青政办〔2007〕17号；青政办〔2007〕131号
	陕西省	陕政发〔2006〕65号；陕政发〔2007〕25号
	甘肃省	甘政发〔2007〕51号；甘政发〔2009〕9号；甘政发〔2009〕47号；甘政办发〔2009〕224号；甘政发〔2011〕1号
西南地区	四川省	川办发〔2007〕74号；川府发〔2007〕58号；川办发〔2007〕73号；川府发〔2009〕12号；川财预〔2009〕46号；川委发〔2013〕21号；川府发〔2014〕43号
	云南省	云政发〔2009〕112号；云政发〔2009〕210号
	贵州省	黔府办发〔2009〕95号；黔府发〔2012〕35号；黔府办发〔2012〕24号；黔府办函〔2013〕112号

续表

区域	省份	文件名称
东北地区	辽宁省	辽政办发〔2005〕1号；辽委发〔2006〕9号；辽委办发〔2010〕33号；辽政办发〔2011〕33号；辽委办发〔2011〕36号；辽政办发〔2012〕35号
	吉林省	吉政发〔2005〕10号；吉政发〔2005〕16号；吉政发〔2005〕17号；吉政发〔2005〕33号；吉政办发〔2005〕38号；吉发〔2009〕11号；吉发〔2013〕16号
	黑龙江	黑发〔2006〕16号；黑政发〔2006〕75号；黑政发〔2006〕79号；黑政发〔2007〕87号；黑政发〔2012〕28号

资料来源：韩艺、陈婧：《省直管县改革政策中的府际关系——基于22个省的改革文本分析》，《北京行政学院学报》2017年第1期，第10页。

(二) 主要代表类型

各地改革在内容（强县扩权、扩权强县、财政省直管县）和维度（财政维度、事权维度、人事权维度）上大体相同，但侧重点和推进度（部分推行全面行政上省直管县试点）存在差异，没有统一的标准和模式。主要的代表类型有三种。

1. 海南省直管县[①]

海南1988年建省之初，即按中央要求首创并成功建立起全面的省直管县体制。除了财政省直管外，海南模式的最大特点是"市县分治"，即市县无行政隶属关系，与省无缝对接。海南省设有3个地级市、6个县级市、4个县、6个民族自治县和1个经济开发区[②]，3个地级市中只有海口和三亚设区，但对辖区外的各县没有管辖权；县、自治县均由省直接管

[①] 此内容中的部分出自笔者已发表的阶段性研究成果。详见韩艺、赖廷桢《省直管县海南模式：困惑、抉择与省思》，《南昌大学学报》（人文社科版）2015年第4期，第64—69页。

[②] 3个地级市（海口市、三亚市、三沙市）；6个县级市（儋州市、五指山市、文昌市、琼海市、万宁市、东方市）；4个县（定安县、屯昌县、澄迈县、临高县）；6个民族自治县（琼中黎族苗族自治县、保亭黎族苗族自治县、白沙黎族自治县、昌江黎族自治县、乐东黎族自治县、陵水黎族自治县）；1个经济开发区（洋浦经济开发区）。

理①,形成了省—市县—乡镇三级政府架构。

三十年来,海南省全面的直管县体制取得一定成效。市县分治与财政省管县,能有效避免市管县体制下地级市对资金的截留,增强县级财力与省政府统筹能力。2013年,课题组调研发现:在各市县与省共享的收入比重中,海口占55%,三亚和洋浦占65%,其他各市县则可拥有75%;海南省政府集中的财力大约占全省的33%②。该比重划分在保证各市县公共支出所需财力的同时,省政府能够基于转移支付,较好地均衡各地财力以统筹城乡发展。而较少层级特别是省县无缝对接,利于即时沟通并提高政策制定的针对性与实效性,减少政策失灵和政策施行阻力,也能较为有效地提高行政效率和节约行政成本。据海南省编制办统计,海南省每年因行政层级减少而节约的财政资金约为14亿元。③ 相关实证研究也证实,海南行政成本仅相当于全国平均水平的1/3—1/2。④ 另外,全面省直管县,利于权力下放与基层治理。2000—2006年,海南省先后向市县下放62项行政审批事项和43项行政许可事项;2008年,又正式下放经济社会管理权197项。权力下放,较能有效调动市县的积极性,走符合当地特色的发展之路,同时优化基层公共服务提供。

应该说,全国范围内探索省直管县体制的初衷,是为了避免市管县体制下行政成本过高、政策执行梗阻、县域发展受限、市县争利等弊端,尤其是寄希望于通过解除经济方面的体制性障碍,促进县域经济增长。海南1988年建省即选择省直管县体制很大程度上亦有此经济因素的考量。然而,截至课题组调研的2013年,总体上看,海南省直管县体制实施以来,与预期效果仍存在差距,尤其是对经济发展的显著促进绩效不彰。整体经济实力较弱,农村居民人均收入和城镇人均可支配收入均明显低于全国平均水平(见表5-2);另外,地区差异大,除了海口、三亚,其他市县,

---

① 市、县领导班子由省委直接考核、任命和管理;所有市委书记、县委书记都是省委委员或候补委员,直接参与省委重大决策。
② 数据来源:2013年10月10日课题组对海南省财政厅官员的访谈(20131010HCZT006)。
③ 调研组:《基于海南实践的省直管县(市)体制改革探索》,《中国党政干部论坛》2010年第2期,第24页。
④ 张尔升、李雪晶:《管理层次及其相关变量的经济效应——来自中国典型的省直管县的证据》,《江南大学学报》(人文社会科学版)2011年第4期,第79页。

尤其是中西部的市县，经济发展较慢，大部分市县仍是穷县，经济水平欠发达（见表5-3）。

表5-2　　　　　海南与全国城乡人均收入对比情况　　　　（单位：元）

年份	农村居民人均纯收入		城镇人均可支配收入	
	海南	全国	海南	全国
2013	8342.6	8895.9	22928.9	26955.1
2012	7408.0	7916.6	20917.7	24564.7
2011	6446.0	6977.3	18369.0	21809.8
2010	5275.4	5919.0	15581.1	19109.4
2009	4744.4	5153.2	13750.9	17174.7
2008	4390.0	4760.6	12607.8	15780.8
2007	3791.4	4140.4	10996.9	13785.8
2006	3255.5	3587.0	9395.1	11759.5
2005	3004.0	3254.9	8123.9	10493.0
2004	2817.6	2936.4	7735.4	9421.6

资料来源：国家统计局网站"年度数据库"和"分省年度数据库"中海南省各年度数据。

表5-3　海南东部、中部、西部地区人均GDP和全国人均GDP情况（单位：元）

	2000	2005	2010	2013
东部	8591	14156	28305	35246
中部	4005	5527	8983	18792
西部	5670	9032	19641	34123
标准差	2023	3543	7902	13000
全国	7857.68	14185.36	30015.05	41907.59

资料来源：2000—2010年海南数据来源于海南省统计局网站"专题分析"中《海南区域经济协调发展研究》一文。2013年海南数据来源于海南省统计局网站《海南统计年鉴2014》。全国数据源于国家统计局网站"年度数据库"。（说明：东部地区包括海口、三亚、文昌、琼海、万宁、陵水；中部地区包括五指山、定安、屯昌、琼中、保亭、白沙；西部地区包括儋州、洋浦、东方、澄迈、临高、乐东、昌江。）

总的来看，省直管县体制在减少行政层级、提高行政效率、节约行政成本、增强市县自主性上的作用有目共睹。可见，不论是从已取得的体制绩效还是从契合海南的实际来看，省直管县体制确有必要，那种认为省直管县体制导致海南落后的"体制之痛"观点过于武断和显失公允。然鉴于"经济现代性在某种程度上与高绩效的公共制度是相关的"①，客观地看，海南落后固然有历史、地理、人文、经济基础等现实原因，但与管理体制并非毫无关联。因此，总体上看，海南省直管县对于经济增长的绩效作用相对有限。

产生省直管县体制预期绩效与实际绩效的时间偏差，即"绩效时滞"的根本原因在于，省直管县体制相关条件不足。实际上，省直管县体制突破"绩效时滞"之"瓶颈"，形成明显的报酬递增效应和持续性制度红利，至少需要前提、核心、关键、保障这四项条件：一是市场在资源配置中的决定性作用发挥是经济稳步增长的前提。省直管县能否跳出囿于体制内改革的旧思维，弱化资源配置上的行政性因素，充分发挥市场在区域分工、产业结构和资源配置中的作用，可谓经济增长的先决条件。二是合理的政府间权责配置是解除经济增长体制性障碍的核心。省直管县改革旨在合理配置省市县权责，但倘若权责配置不科学不彻底，省直部门揽权不放、市县职责分配不均或相互重叠甚至抵牾，体制性掣肘会极大程度地限制经济绩效与活力，消解省直管县绩效。三是省直管县本质上是府际关系的调整与变革，其中，作为拉动地方经济增长主体的市县特别是其关系良性与否是区域经济协调发展的关键。四是作为一项系统性制度安排，省直管县体制的推行与改革有赖于法律制度完善、编制配备合理、垂直管理体制理顺等相关配套支持与保障。然而，此四类条件的不足，导致海南省直管县制度实施与制度预期间出现"绩效时滞"：一是行政性主导资源配置，限制市场绩效，导致区域分割分治并可能引发市县恶性竞争；二是政府间职责划分不清，财力、事权与支出责任不匹配，加之资源分配不均，市县发展受限；三是市县分治变市县分割，区域性公共事务治理缺乏统一规划与有效合作；四是相关配套保障未及时跟进，降低了省直管县绩效。因此，总体上看，海南省直管县并不算太成功。

鉴于海南1988年建省即探索推行省直管县，其并未历经从市管县的历史到省直管县改革。因此，海南情境并非真正意义的省直管县改革，特别是从实行的绩效来看，效果不佳（访谈中不少当地公务员表示海南直管县并不太

---

① ［美］罗伯特·C. 帕特南：《使民主运转起来》，江西人民出版社2001年版，第98页。

成功),加上海南省域面积小、偏东南一隅的特殊性,海南模式不具代表性。

2. 浙江省财政省直管与强县改革

1953—2004年("文化大革命"后期除外),浙江一直实行省管县财政体制。即使在80年代市管县体制改革时,虽增设了地级市政府,但财政体制上依然坚持省管县。1994年,全国推行分税制改革,国务院规定"原则上一级政府一级财政",但浙江顶住压力,保留了财政省管县体制。可以说,浙江省的市管县体制从来就没有被完整地实施过。① 除了保持财政省直管县外,浙江分别于1992年、1997年、2002年、2006年、2008年②进行了五轮扩权改革,陆续向县(市、区)下放一些原本属于地级市和省级职能部门的经济社会管理权限。总的看来,浙江财政省直管县和扩权改革,优化了经济社会发展环境,极大程度地调动了县级积极性,县域经济快速发展。多年来,浙江半数左右的县(市)进入全国百强县,每年占据着全国百强县近1/3的席位。2011年,浙江农民人均收入达13071元,连续27年保持全国第一即是例证。此外,学术研究对此也予以高度肯定,大量的文献(何显明③、贠杰④、陈国权、李院林⑤、周武星等⑥、崔凤军等⑦)都证实与肯定了浙江经济社会全面发展与省直管县改革显著

---

① 吴金群等:《省直管县体制改革:现状评估及推进策略》,江苏人民出版社2013年版,第9页。

② 1992年扩大萧山、余杭、鄞县、慈溪等13个县(市)部分经济管理权限。1997年在萧山、余杭两个县级市试行地级市部分经济管理权限。2002年扩大绍兴、温岭、慈溪、诸暨等17个县(市)以及萧山区、余杭区、鄞州区的经济管理权限。2006年扩大县级义乌市几乎享有设区市的经济管理权限。这四轮为强县扩权,即有针对性地选取强县进行扩权;2008年为扩权强县,即不重点针对强县,而是对所有县进行普惠性扩权,从之前的20个县(区)扩大到全省所有县(市)。

③ 何显明:《从"强县扩权"到"扩权强县"——浙江"省管县"改革的演进逻辑》,《中共浙江省委学校学报》2009年第4期,第5—13页;又见何显明《省管县改革:绩效预期与路径选择——基于浙江的个案研究》,学林出版社2009年版。

④ 贠杰:《浙江"省管县"财政体制及其对我国行政体制改革的启示》,《江苏行政学院学报》2008年第1期,第92—97页。

⑤ 陈国权、李院林:《地方政府创新与强县发展:基于"浙江现象"的研究》,《浙江大学学报》2009年第6期,第25—33页。

⑥ 周武星、田发、蔡志堂:《省管县改革对经济增长的实证研究——来自浙江省各县的经验分析》,《哈尔滨商业大学学报》2014年第4期,第54—59页。

⑦ 崔凤军、陈晓:《"省管县"体制对不同等级行政区域经济发展的影响研究——以浙江省为例》,《经济地理》2012年第9期,第1—7页。

效益间的密不可分性。浙江省直管县改革也由此被誉为"浙江经验"。

总体上看,作为省直管县改革的先行者与示范者,浙江取得了显著的成功。浙江省直管县也与浙江省域面积小(仅大于宁夏和海南)、县域经济基础与社会发展条件好、民间商业文化传统悠久、民众自主创业意识强、民营经济发达、市场化程度高、地级市经济相对薄弱、政府执政理念开明务实、敢于政策创新等多种因素叠加的"浙江现象"相关。

3. 河南、安徽、江西等地探索全面的行政省直管县试水改革

一是试点县的党委、人大、政协和群团组织直接接受省级对口系统领导或指导。在2004—2006年扩大县域经济社会发展自主权、2009年省直管县财政体制改革的基础上,2011年,河南省经中央编办批准,开展全面行政省直管县体制改革试点,选择远离中心城市、经济增速较快、人口基数较大的巩义市、兰考县、汝州市、滑县、长垣县、邓州市、永城市、固始县、鹿邑县、新蔡县10个县进行试点。2014年针对上述10个试点县启动"全面省直管"模式。10个试点县的党委、人大、政协和群团组织直接接受省级对口系统领导或指导。选择重点县的党政主要领导高配为副厅级。比如,2011年对10个县(市)的党政主要领导高配为副厅级。2014年试点县党委、人大、政府、政协的正职由省委管理,班子其他成员及副县级以上干部由省委委托省委组织部管理。

二是选择重点县或试点县把干部管理权限改由省辖。2011年,安徽在广德县、宿松县,将县委书记和县长改由省委直接管理,其他副县级以上干部由省委委托省委组织部管理。2011年,黑龙江在绥芬河市、抚远县把县(市)干部管理权限由省辖市管理调整为由省直管。湖北省省直管县(市)的党政正职由省委管理,四大班子成员和纪委副书记、法院院长、检察院检察长由省委委托省委组织部管理;其他副县级干部,改为由直管县(市)管理,报省委组织部备案。已公布试点方案的省区,试点县(市)党委、政府、人大、政协正职领导全部高配为副厅级,有的还调为正厅级。[①]

三是选择试点县进行全面行政省直管县。江西是探索实施省直管县体

---

① 张占斌:《省直管县改革新试点:省内单列与全面直管》,《中国行政管理》2013年第3期,第12页。

制较早的省份。早在2005年江西省就选择21个扶贫开发重点县进行财政省直管县改革试点。到2009年，全省所有的县（市）均已实行省直管县的财政体制。2014年，江西在以往财政省直管县的基础上，又选取南城、丰城、安福、瑞金、鄱阳、共青城6个试点县（市）全面探索省直管县体制改革。省直管县体制改革在取得提高基层民众办事效率、扩大县（市）权力的同时，挑战与问题并存。事实上，江西省试点改革总体上欠佳，这从江西受访公务员的问卷填写情况中可见一斑。梳理江西作答者关于原因分析的回答，代表性观点为："省管县扶持力度大，但带动效果不明显，自身发展潜力不足"；"未（真正）实行"；"体制不够完善"；"没有真正意义上推行改革政策"；"江西省直管县的数量偏少，知名度不高，发展极不平衡，县域经济无明显变化"；"省级管理范围大，具体指导不强"；"制度落实不到位，有些县重在向上报数据报资料，务虚的多务实的少"；"一些改革措施没有真正发挥作用，省管县的优势没有在实践中真正体现出来"；"省领导关系虽在，但明显处于弱势，很多方面还是向市里汇报，改革形同虚设，后力不够"；"推行力度不大，感觉没有省直管一样"等。

（三）总体位处阶段

一是从形式上看，分为"财政省直管"（2005年开始全国多数省份推行）、"强县扩权"①（浙江历经1992年、1997年、2002年、2006年四轮强县扩权改革；2003年湖北、山东与福建；2004年河南；2005年广东；2007年四川等）、"扩权强县"（2007年湖北、2008年浙江）、"行政省直管试点"（2015年河北、2014年江西、河南、湖南等）。

二是从阶段上看，省直管县改革大致历经了诱导期（强县扩权、扩权强县）—试水期（财政省直管县）—过渡期（财政省直管到行政省直管）—回潮期（部分退回到市管县体制，如河北；部分双轨制运行但以市管县为主，如河南、江西等）四个阶段（见图5-1）。

---

① 强县扩权改革除浙江模式外，还有以湖北、河南、四川为代表的强县带动与弱县激励并重模式，以海南、重庆为代表的市县分置与扁平化管理模式；以广东为代表的全面推进模式。详见孙学玉《我国强县扩权实践模式的案例分析》，《学海》2008年第1期，第65—72页；傅光明《省直管县财政体制》，《财政与发展》2006年第1期，第32—35页。

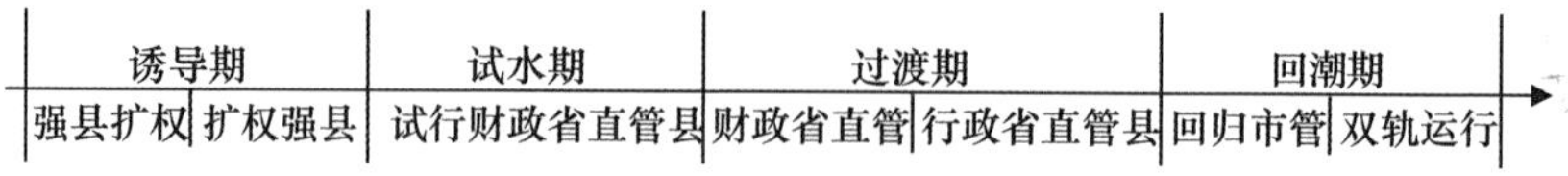

```
| 诱导期        | 试水期      | 过渡期      | 回潮期        |
| 强县扩权 扩权强县 | 试行财政省直管县 | 财政省直管县 行政省直管县 | 回归市管 双轨运行 |
```

图 5-1　省直管县改革进程

（四）总体效果

从问卷第 10 题"您所在地区、省直管县改革的成效如何"的回答看，省直管县改革效果不太理想，改革过程中遇到了"瓶颈"。在所有回答"成效显著"的原因中，"财政管理效率提高，资金调度快"；"减少了行政审批，行政效率提高"；"扩大地方财源，县级财政增强"；"县级政府决策权扩大，自主管理能力增强"；"县域经济发展快"；"城乡差距缩小"。说明省直管县改革的确在财政资金调度、结算、转移支付等财政管理上的成效最大，其次是由于简化了审批，基层办事效率得以提高。另外，县级财政实力得到提升，自主性增强，县域经济发展较快，逐步缩小城乡差距。

二　试水期—过渡期的市县关系——基于政策文本考量[①]

（一）政策文本考察的必要性

针对 22 个省出台的 129 份政策文本（见表 5-1）。运用文本比较法进行考察，其必要性与价值在于：一是对现有政策文本研究关注焦点的补充。吴帅（2010）[②] 从财权、事权及人事权三个维度对 21 个省（区）的省管县改革文本分析，得出地域差异性、明显的非同步性结论，认为应着重推进人事权维度的省直管改革。庞明礼、徐干[③] 以 22 个省的省直管县改革文本为样本，探析扩权改革进程、目标、基本原则、主要内容及扩权方式的异同并得出相关结论。现有研究极具价值，然采用文本综合比较，侧重于各省改革时间、批次、扩权等多维分析，鲜有涉及府际关系维度。

---

① 此内容中的部分出自笔者已发表的阶段性研究成果。详见韩艺、陈婧《省直管县改革政策中的府际关系——基于 22 个省的改革文本分析》，《北京行政学院学报》2017 年第 1 期，第 11—14 页。

② 吴帅：《"省管县"改革的维度与进度：基于政策文本的分析》，《北京行政学院学报》2010 年第 6 期，第 12—16 页。

③ 庞明礼、徐干：《"强县扩权"体制改革的文本分析》，《北京行政学院学报》2015 年第 4 期，第 18—30 页。

实际上,省直管县改革的核心是省市县府际关系(财政关系、权力下放关系、公共行政关系、人事关系等)的调整与优化。因此,基于府际关系视角,对各省政策文本进行比较分析,彰显必要。二是基于政策文本的研析,能全面衡量与反映各地省直管县改革是否对府际关系特别是其中的市县关系予以重视及关系管理要求等情况。

(二)政策文本比较分析

1. 关系主体

(1)以省市县间关系为主,少数提及区域合作关系、条块关系

各省文本都能涉及府际关系,只有少数出现"省市县关系"相关表述。如豫发〔2011〕7号"省直管县体制改革是新时期深化行政管理体制改革,全面调整省、市、县关系的重要尝试";皖政〔2004〕8号、黔府发〔2012〕35号、吉政发〔2005〕17号、青政办〔2007〕17号、陕政发〔2006〕65号都提出"妥善处理省、市、县三级政府间的利益分配关系";浙委办〔2006〕114号"调整和规范省、市、县三级政府的事权关系"。琼发〔2008〕7号"理顺省与市县两级政府行政事权、财政分配关系"。有的强调市县关系,如苏发〔2011〕39号"互利共赢的新型市县关系",赣办发〔2014〕16号"妥善处理市县关系"。值得一提的是,闽委发〔2011〕3号,提出推进城市联盟,发展福州和厦漳泉区域合作关系。有的看到"条块关系"(皖办发〔2011〕42号、苏发〔2011〕39号、琼发〔2008〕7号)、"垂直管理部门与地方政府关系"(吉发〔2009〕11号、闽委发〔2003〕11号、辽委发〔2006〕9号、鲁发〔2003〕25号、赣办发〔2014〕16号)。

(2)府际关系限于行政系统内部,少数省份扩大到政治系统和外部关系

多数省均规定,试点县党委和政府省直管,人大、政协体制和法院、检察院体制暂时不变。但豫发〔2013〕12号、赣办发〔2014〕16号扩大到人大、政协、法院、检察院和群团体制全面省直管以适应改革。梳理发现,除皖发〔2011〕10号中"更好地发挥公民和社会组织作用……加强区域性协调,统筹组织跨县域经济社会事务"、黔府办发〔2012〕24号关于"充分调动各方面积极性……协调推进,形成合力……"黑发〔2006〕16号"整合各方资源,推动县与各方在县域经济社会发展中全面合作,

共同发展。合作共建……建立长效合作机制"外，绝大多数省份均未提及外部社会力量作用，府际治理理念较为缺乏。

（3）部际关系相对不受重视

各省均以省委办、省政府办为文本的主要发文方，其次是发改和财政部门，其他职能部门参与度较弱。只有浙江、河北、江西、河南、江苏5个省份①的其他职能部门出台了部门系统内工作对接文件。从部际关系看，多成立以省长挂帅、核心部门厅局长组成的"省直管县改革试点工作领导小组"②，以发挥统筹、领导和协同作用，有的省还直接以其名义发文（苏县改办〔2012〕2号、豫直改〔2014〕1号），但文本中未实质性构建起部门间的分工协作机制或出台相应的细则。因此，总体上看，多以政府间关系为导向，对部际关系还缺乏足够重视。

2. 关系内容

（1）省以下政府间财政分配关系

财政关系是省直管县的重点，主要包括内容表述与基本原则、府际财权关系、责任与监督、主体协同等方面。

一是表述及原则趋同。"规范政府间财政关系，进一步理顺政府间收入分配关系"（湘发〔2010〕3号）；"规范（或妥善处理）省、市、县政府间财政关系（或利益分配关系）"（陕政发〔2007〕25号、皖政〔2004〕8号、青政办〔2007〕17号、黔府发〔2012〕35号、云政发〔2009〕210号、鄂政发〔2004〕20号）；"理顺省以下财政分配关系"（川委发〔2013〕21号、黔府办发〔2009〕95号、赣府发〔2005〕2号），内容表述呈现出高度的同一性。基本原则方面，"权责统一"和

---

① 浙江省有交通、教育、科技、旅游、司法等部门；河北省有安监、林业、卫生、地震、价格等部门加入；江西有林业、统计、司法等部门；河南有住建、法制办等部门；江苏有民宗、卫生、住建、新出、科技等部门。（详见表5-1）很大原因是这些省的省委省政府文件中规定"各部门出台对接文件"，如苏办发〔2008〕17号，省各有关部门要按照本通知精神，抓紧研究制定具体实施方案，将有关工作延伸到县（市）。

② 名称大同小异，比如，苏县改办、冀直管县、豫直改，小组下设办公室，多数设在省编办，有的设在省发改委（赣办发〔2014〕16号）。有的还专门制定领导小组工作规则，如豫直改〔2014〕1号。有的省职能部门内部也成立厅长和各处处长组成的领导小组，如苏建法〔2012〕569号、苏民宗发〔2012〕53号、冀安监办〔2013〕53号、赣统字〔2014〕80号。有的还要求"省和直管县分别成立省直管县体制改革试点工作领导小组"，如豫发〔2013〕12号。

"保持既得利益不变"(川委发〔2013〕21号、黔府办发〔2009〕95号)、"保证既得利益不受影响"(陕政发〔2006〕65号)、"维持现行利益分配格局"(皖政〔2004〕8号)、"保证和不调整各级财政既得利益"(甘政发〔2007〕51号)等措辞几无二致。

二是府际财权关系。除山西(晋财预〔2007〕6号,预算编制与下达、体制核定、资金调度、决策批复四项)力度较小外,各省至少在收支预算、转移支付、资金调度、财务结算、工作部署五项上省直管县,但力度不一。比如,赣府发〔2005〕2号中"八个到县"(体制性补助拨付、收入计划下达、基金收入分成、转移支付及专项补助、财政结算办理、收入报解及预算资金调度、债务偿还、工作部署都直接到县)与"两个不变"(市对县的支持、数据报送和汇总程序),甘政发〔2009〕47号做出了近乎相同的规定;而黔府办发〔2009〕95号中规定"五项到县",但"三项不变",即市县既得利益、市对县的支持、债权债务不变。所不同的是,前者债务偿还直接到县,而后者债权债务不变;前者数据报送和汇总程序不变,而后者直接与省对接。

三是责任与监督关系。黔府发〔2012〕35号提出,"明确划分省级政府与县级政府支出责任,实现地方政府支出责任在省与试点县(市)政府间全面、清晰、科学、高效的划分"是一大亮点。不少省份都提到省、市对直管县财政的支持和监管(见表5-4),但形成省直管县和市管县双轨制并行。如川府发〔2007〕58号、云政发〔2009〕210号都保留市级对试点县(市)统计、报表汇总和日常监管等职责。尤其是陕政发〔2006〕65号规定"行政管理体制不变,且市财政对县的各类工作会议,试点县必须参加",川财预〔2009〕46号关于财政统计工作、会议管理、公文报送均需经过市级,意味着未实质性省直管县。

四是协同关系。几乎所有省份都提出"省财政厅、省国税局、人民银行(省会城市)中心支行等部门要加强配合,协同推进省直管县财政体制改革试点范围工作",规定省市县财政部门做好对接,但未出台明确协同的具体要求。

表5-4　　　　　　　部分省份财政责任与监管措施对比

省份	财政监管关系措施
云、陕、青、甘、鄂、赣、鲁	加大对县财政监督检查
云、黔、粤、甘、湘、闽、琼、豫、鲁	完善财政转移支付制度
川、陕、黔、青、赣、鄂、苏、皖、闽、吉	建立对县财政的激励约束机制
川、黔、皖	建立沟通协调机制
川、赣、湘	信息化建设以互联互通
云、陕	加强对县（市）乡新增财政供养人员的监控

资料来源：笔者自制。

（2）权限下放关系

权限下放是省直管县改革的核心。总的原则是：能放尽放，赋予试点县（市）行使与设区市相同的经济社会管理权限①。基本做法是："除国家法律、法规有明确规定外，原由设区市审批或管理的事项，均由试点县（市）自行审批或管理；需由设区市审核、报省审批的，均由试点县（市）直接报省审批，并抄送所在地设区市。对国务院及国家有关部门规定须经区市审核、审批的事项，采取委托或授权等方式予以下放。"皖政〔2009〕73号、湘〔2005〕18号甚至规定，市级要求保留的审批审核事项，分别需报省政府法制办、省审批制度改革办公室核准。

一是扩权遵循若干"不变"前提，双轨制并行特点明显。陕政发〔2007〕25号，坚持行政管理、干部管理和现行财政体制及利益格局不变。川府发〔2009〕12号，现有行政区划保持不变，试点县（市）与所在市的行政隶属关系、行政管理职责、行政管理权限维持不变。四川"发展由市统筹、工作由市领导、干部由市管理、稳定由市负责"（川办发〔2007〕73号）及县争取上级支持的项目申报实行双轨制（川委发

---

① 综合一起转发扩权目录，如云政发〔2009〕112号，湘政办发〔2016〕13号；也有分部门专门出台权限下放目录，比如浙江，既有省委和省人民政府颁布的综合扩权目录，如浙委办〔2002〕40号，又有部门扩权清单，如浙交〔2009〕80号、浙教办〔2007〕96号、浙科发政〔2009〕57号、浙旅政法〔2009〕88号、浙司〔2009〕52号、浙土资发〔2009〕14号、浙新出发〔2009〕33号。

〔2013〕21号）。

二是扩权内容和程度不同。冀政〔2005〕8号，赋予试点县计划直接上报、财政直接结算、经费直接安排、税权部分扩大、项目直接申报、用地直接报批、证照直接发放、部分价权下放、统计直接发布、政策直接享有、信息直接获得11个方面管理权限。皖办发〔2011〕42号，做出与此类似规定的同时，还扩大至公积金管理及收益自留。赣办发〔2014〕16号，下放规划直接上报、计划指标直接单列、统计数据直接报送、证照直接发放、政策直接享有五方面权限。总结看来，多数省份共计扩权一百多项，但江西（1490项，赣直管〔2014〕1号）、浙江（443项，浙委办〔2008〕116号）、湖南（406项，湘政办发〔2016〕13号）、吉林（330项，吉政发〔2005〕33号）的力度较大，四川（56项，川府发〔2014〕43号）力度最小。除由省府统一出台权限下放目录外，冀赣川的省直部门还专门发文部署部门系统内权限下放[①]。另外，部分省将扩权延伸到小城镇。如甘政发〔2011〕21号、吉政发〔2005〕10号、吉发〔2013〕16号、苏发〔2011〕39号、闽委发〔2011〕3号、皖办发〔2011〕42号、鲁政办字〔2014〕80号、赣办发〔2014〕16号。

三是责任与监管。将扩权纳入对省直部门和市州政府绩效评估（湖南省政府第249号令）；规定市政府及各部门关于业务培训和支持服务等放权责任（闽委办发〔2003〕11号、吉政发〔2005〕16号、吉发〔2013〕16号）；规定县承担与管理权限相应的责任（云政发〔2009〕112号、海南省人民代表大会常务委员会公告〔2009〕第25号）；接受省市两级考核（陕政发〔2007〕25号）；建立严格的管理制度和问责机制（黔府办发〔2012〕24号、湘政办发〔2016〕13号、川府发〔2009〕12号）；监督制约机制（赣办发〔2014〕16号、湘政办发〔2015〕20号、苏发〔2011〕39号）；督查（豫直改〔2012〕7号）。最为突出的是，苏发〔2011〕39号则全面涵盖了几

[①] 冀安监管办〔2013〕53号、冀发改体改〔2013〕853号、冀发改体改〔2015〕234号、冀卫办函〔2013〕10号、赣林改发〔2014〕17号、赣司发〔2014〕5号、赣统字〔2014〕80号。四川则以川办发〔2007〕74号转发18个部门扩权试点工作意见。

乎所有的责任范围。

（3）公共行政关系

省直管县改变了市县间原有纵向层级隶属关系，在弱化市对县的领导关系的同时，催生了省直接领导县和省直部门对县的业务直接指导或领导关系，并引发部际与府际、垂直管理与条块关系等变革，由此形成了多元复杂的公共行政关系。

一是省县关系。层级关系上，几乎所有试点地区的县级政府、党委直接受省级领导，豫赣皖三省还进一步扩大到人大、政协、纪委、群团组织等受省级对口指导，但司法体制有所不同①。皖办发〔2011〕42号规定，试点县的政府目标管理、民生工程等工作直接由省单列考核，不参加所在设区市的考核。部际关系上，几乎都规定试点县（市）部门直接受省厅局的业务指导：工作计划、总结、报表、统计资料等直接报省厅局②；省厅局召开的设区市参加的会议，试点县（市）直接参加；省厅局印发设区市的公文、信息等文件，同时印发试点县（市）。赣苏浙冀四省的职能部门还出台与县级部门业务关系的对接文件。

二是府际多主体关系。黔府办发〔2012〕24号规定"加强省级部门与部门之间、省级与市（州）、县（市、特区）之间的沟通、联系和衔接"。赣府字〔2007〕12号确定"各级、各部门要按照省政府的统一部署，密切配合"。湘政办发〔2016〕13号提出"完善省市县纵向工作机制"；鲁政办字〔2014〕80号、皖发〔2011〕10号提出"形成省、市、县三级联动机制"。有的强调区域合作，如闽委发〔2003〕11号，"促进区域分工合作。支持中心城市与周边的县（市）不受行政区划限制采取城市联盟建设的方式，做到统一规划、整体布局、资源共享、设施共建、优势互补、共同发展"。闽委发〔2011〕3号，提出推进城市联盟，支持福州和厦漳泉两大都市区的区内城市之间、区域中心城市与周边县（市）

---

① 豫发〔2013〕12号针对省直管县地区设立法院和检察院分院；赣办发〔2014〕16号规定"法院、检察院体制按照省委部署另行调整"；皖办发〔2011〕42号明确"法律有明确规定的司法业务管理体制维持不变，司法行政和干部管理等可作适当改革和调整"。

② 福建还特别规定了地级市的申诉权，"各县（市）政府直接上报省政府及省直有关部门请示、报告，同时抄送设区的市，设区的市如有不同意见应在15个工作日之内向省政府及省直有关部门反馈"（闽委办发〔2003〕11号）。

之间加快合作。

三是条块关系。豫发〔2004〕7号、湘发〔2004〕17号、辽委发〔2006〕9号、鲁发〔2003〕25号都提出省以下垂直管理部门地方党委协管机制，即：省以下垂直管理部门在县乡两级延伸机构领导干部的任免、考评考核、权力监督，上级主管机关要充分征求和听取所在地党委和政府意见。垂直管理部门与所在地党委、政府相互协调、配合和支持。豫发〔2004〕7号特别明确"实行双重管理的部门，要以地方管理为主"。皖办发〔2011〕42号，全面涉及省以下垂管机构、中央派驻机构、市以下垂管机构、县直部门在乡镇派驻机构等主体与省级主管部门、地方政府的关系。苏发〔2011〕39号、赣办发〔2014〕16号规定，试点县地税局由省以下垂直管理调整为省地税局管理，国土资源局的领导干部改由省国土资源厅管理。积极争取调整和完善银行、供电、国税等公共服务行业管理体制。

（三）政府文本考察的主要结论

1. 文本内容趋同性强，数量上东中西板块呈聚类差异

除少数省份体现少量特色性外，一些省份政策文本在府际关系改革目标、原则甚至具体内容、文字表述和行文逻辑等方面都呈现出高度雷同性，省域特色不明显，存疑简单套用和照搬他省之嫌。这说明作为一项自主制度创新实践，省直管县在各省的推进力度不够、效用不明显，不少省份处于中央导引和外省示范压力下的被动、观望和模仿状态。从数量看，东部和中部总体领先西部地区（见表5-1），中部河南省（12个）和东部浙江省（10个）最为突出，而山西、陕西、云南、青海只查询到2个文本，处于停滞阶段。根据表5-1的发文数量统计（见图5-2）显示，2002—2007年为总体数量递增年份，2007年和2009年到达顶峰，这得益于2006年中央一号文件、2006年"十一五"规划、2009年中央一号文件关于"省直管县"政策倡导的推动。而数量总体回落，可能受地方实际、改革困境[①]、政策饱和、动力不足等多因素影响。

[①] 从课题组穷尽各种办法查阅不到冀办发〔2013〕13号、冀直管县〔2013〕1号、冀办发〔2015〕5号这三个文件，申请信息公开被告知涉及"机密"遭拒，特别是河北2015年宣布8个省直管县试点试行半年后又被迫退回市管县体制看，大致能推断改革遇到瓶颈，绩效不佳。

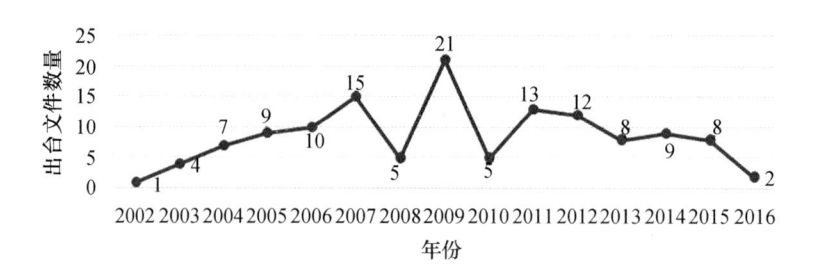

图 5 - 2　2002—2016 年 22 个省文本数量趋势

资料来源：笔者自制。

2. 虽关注到府际关系，但对市县关系重视不够，府际管理缺乏，府际治理缺失

各省文本都能注重府际关系，但对于关系中的竞争、合作、冲突、协作关注不够，未明确规范府际关系的具体策略或相关职责，府际管理缺乏。另外，府际关系主体几乎都以省—市县、省—县关系为主轴，省委办和省政府办、省发改委和财政厅为发文主体，其他职能部门参与度较弱，特别是对于市县关系、条块关系、府际多主体关系鲜有涉及。只有闽、赣、皖三省明确提及市县关系及区域合作；豫辽鲁吉皖苏赣七省关注到条块关系。由此可见，对于省直管县中的府际关系特别是亟待转型的市县关系关注严重不够。另外，除皖发〔2011〕10 号、黔府办发〔2012〕24 号、黑发〔2006〕16 号提出府际主体间的各方合作外，其他均未提及外部社会力量作用，反映出府际治理理念的缺失。

3. 能涵盖财政、权限和行政三大相互关联的关系，但关系变革不彻底

从关系间的关联看，财政省直管、扩权强县引发行政关系的变革。如财政—行政关系上，赣府发〔2005〕2 号、皖政办〔2004〕18 号、赣府发〔2009〕6 号都规定，省直各部门要适应财政省直管改革试点要求，切实转变工作思路和方法，部署工作、制发文件、项目安排和专项资金分配直接到试点县市。扩权—行政关系上，黑政发〔2012〕28 号，"省级部门加强对试点县工作的协调指导和监督检查"；苏办发〔2008〕17 号，"省各部门要及时协调好与市、县（市）关系"。辽委发〔2006〕9 号，"建立省直各有关部门与试点县（市）对口部门联系制度"。从各个关系看，不少省份的财政关系和权力下放存在放虚不放实、责任下移、县乡干部编

制和能力提升配套不够等问题；而行政关系也存在双轨制运行的冲突。可见，关系变革并不彻底，与全面省直管县尚有较大距离。

4. 文本存在府际关系"盲区"，对干部交流因素重视不够

"官员才是真正决定府际关系的核心因素"①。鉴于府际关系的背后是人际关系和官员能力，干部交流对于提高激励与增进府际合作尤为重要。综观文本，有的规定干部管理体制不变，有的虽予以调整但只规定试点县干部由省委管理，对干部激励与府际间交流关注不够。只有福建（闽委发〔2011〕3号、闽委发〔2003〕11号）、山东（鲁政办字〔2014〕80号、鲁发〔2003〕25号）和安徽（皖办发〔2011〕42号、皖发〔2011〕10号）提出"加大干部交流力度"；豫发〔2004〕7号、辽委发〔2006〕9号和琼发〔2008〕7号提出高配县（市）领导为厅级，吉发〔2009〕11号提出县（市）书记兼任上级领导职务，对干部予以激励。其他文本几乎都存在府际关系"盲区"，一定程度上忽略了真正在很大程度上决定并影响府际关系的干部交流因素。

5. 多为宏观要求，缺少可操作化实施细则，政策绩效有待提升

各省文本总体上都能涉及府际关系，但政策能力不一，有的只限于层级关系，少数能扩大到相关的市县关系、条块关系；多数将视野限于省内，少量能顾及区域关系、社会多主体关系。另外，文本虽能兼顾考量责任落实与权限监管，但仅是宏观层面的应然性要求，内容还不够充实，缺乏可操作性机制，影响了总体绩效。因此，在政策探索期摸索基础上，有待出台全面详尽的政策以助于改革推进。

第二节　试水期—过渡期的市县关系验证与结论

一　试水期—过渡期的市县关系验证

（一）校验与发现

为验证第四章的研究结论，笔者带领课题组从2013年起进行了为期

---

① Williamson Anderson. *Intergovernmental Relations in Review*. Minneapolis：University of Minnesota Press. 1960, p. 3.

四年的大量调研，采用问卷调查、深度访谈、焦点团体访谈展开。问卷调查能够针对市县关系的特定问题进行较精准的衡量，一对一访谈则能够真切了解公务员对市县关系的看法和心声，焦点团体访谈则能在受访者之间产生共鸣，三种方法间能起到有效的互补作用。验证结论如下。

1. 体制因子方面，体制性摩擦引发市县尴尬与分歧

财政省直管县与行政市管县并行的双轨制下，一些经济和社会事务权限虽下放到县里，但日常管理仍遵循原隶属关系程序，加之市里掌控县级的人事任命权、经济管理权和目标考核权，县级处于承担市级交办事项但却没有配套资金的尴尬境地，财权与事权不匹配。对于市来说，财政省直管后财权减少财力下降，但不少地方要求"还要进一步加大对县级的补助力度，保证在教育投入、危房改造、医疗改革、新农村建设等方面对县的配套资金"①，其同样面临财权与事权不对等、管人与管事相脱节的问题。在市县一方权责不对等或者双方都可能权责不匹配时，难免造成分歧、推诿与矛盾。另外，双轨制中"直管变双管"，县级需要应付省市层层检查与重复工作，特别是省市政策不一时，县里往往左右为难，需两头周旋与多级协调，导致市县尴尬、误解与龃龉。

（1）财政体制与行政体制不匹配，省直管与市代管双轨制不协调，省直管县难以真正实现

调查显示，已经实行了财政上省直管县的地区，一些地方县级财政局每年上缴市级财政的基数并没有改变；行政上尤其是干部人事任免上还是受到市的直接管辖，无法真正绕开地级市。从问卷结果看，也基本上得到了证实。受访对象对问卷第 10 题"您所在地区，省直管县改革的成效如何"所填原因中的代表性观点主要有："上级推行力度不够，放开的权限少，没有市县完全剥离"；"大环境体制不适应"；"还是受到市一级管理，未完全放开权限"；"改革过程中，县还是保有原先管理运作模式，有过渡期转型期"；"没有能够真正实现直管（权力下放），地市不愿放手，省里管不过来"；"省领导关系虽在，但明显处于弱势，很多方面还是向市里汇报，改革形同虚设，后力不够"；"推行力度不大，感觉没有省直管

---

① 缪匡华：《"省直管县"体制改革中地级市面临的问题研究》，《天津师范大学学报》（社会科学版）2010 年第 6 期，第 13 页。

一样";"改革不彻底,虽然省直管县,但市仍管县";"市与县的核心关系未改变";"改革存在不稳定性,两套运行体制下,存在潜在矛盾";"改革不彻底,形式上的";"我县实行省直管县财政体制,与行政管理体制不同步,容易出现问题、新情况";"市县关系不明确,与现有运行体制不一致,形成多头管、无人管现象";"省直管的范围和力度存明显差距,直管的效能尚未完全显现";"婆婆太多,利益冲突";"省直管县还处在过渡阶段";"管人和管财权力还抓在市里";"没有真正享受设区市的待遇";"体制没理顺,省里没真管,设区市照管不误,配套措施没跟进,人事和财政体制没改革到位";"人事任免权仍归市里";"设区市不愿放权,省级机关不愿多管事";"思想意识认识不到位,'两个婆婆'管理,职责不清";"要么省市对直管县的双重管理,增加直管县的工作量,要么都不管,造成直管县无所适从的局面等";"人事、财政、公共资源等体制结构不尽合理,上下互动不够通畅"。这些观点都有力说明了行政上的市管县与财政上的省直管县不匹配,造成形式上虽是省直管县,但实质上仍是市直管县的尴尬格局。究其根源在于,财政体制和行政体制不配套,省直管与市代管双轨制不协调。这从下文的访谈中也能得到证明。

> 在省直管试点之后,与市一级的直管部门的关系存在着微妙的变化,我们机构编制部门上面同样也存在这个情况。名义上是省直管,但实质上是委托市里代管,其实就是双头管理的层面,虽然按照试点方案的要求,相关的权限要求下放给了我们直管县,比如:我们省直管县有权设立审批正科级机构,但是,这个下放的时候后面打个括弧(要进行省市先行报备)。原来只需要报给市里审批相对来说还简单一点,现在不仅要报给它,还要报给省里审批。所以,这就导致我们办事难度、成本都在成倍增加。①
>
> 很多下放你不能执行,执行到不了位,零散的下放,还有就是相关配套的改革还是有些滞后,可能因为改革还是个试点有个渐进的过程,你财政属于省直管,但是,很多干部人事任免之类的并没能做

---

① 2016年6月2日课题组对J省省直管试点G县的调研,编办人员访谈整理(编号20160602JGBB004)。

到。所以双重管理，省里要管市里也要管，但是要顾到市里，市里直接卡到你人事，把你岗位变得什么都没有了，调到别的地方去了。所以说双重管理的话，干部在做事的时候可能积极性方面会受到影响。作为县级，你不能不考虑市里的因素，但省直管县省里的要求你一定要做到。①

我们有经费直接从省里划拨过来调到我们县。就是说，在一些年底经费结算方面还是要去市里，一方面我们要去省里对下账，另外还要去市里对下账，要求市里对我们确认，然后再拿到省里去，省里再对账。同时，包括我们以前市里一些上检方面，我们先送到省里，省里再给市，其实这也完全没有漏掉市里这个阶段。②

当初试点的时候是打算将人事权也让直管县自己掌握的。但是由于各种原因，县里的领导大多是处级副处级干部，在省里就显得职位有些低，不好参与一些领导和决策，就把人事、干部管理这一块，还是留在了市里。不过这是当时试点时的做法，那么到了现在，这个关系又该如何转变？我们现在有7个科室，但没有一个科长，因为我们没有完整的人事权，无法自己安排。希望也能帮我们呼吁一下这个事情。③

你现在突然受到省里管，由省里直接布置下来的事，它没有这个能力和人员去承担，有些事还是要推到市里来。（可能有的时候还有一个技术问题，比如说刚刚公安的L局长说的公安刑侦这一块的技术；实际上我们人社部门在职称评审的专家、考试设备方面也是市里，它县里不具备这个条件）你说对着省里就够呛了，现在还要对多个部门，所以说，省里面管了就直接管全、管透，不要塞给另一个地区再管，原来就是代管，现在省直管了实际上还是绕不开市里直接代管。④

---

① 2015年10月9日课题组对A省Y县的调研，政府办工作人员访谈整理（编号20151009AYZFB016）。

② 2014年2月8日课题组对H3省G县的调研，财政局工作人员访谈整理（编号20140208H3GCZJ003）。

③ 2016年6月2日课题组对J省省直管试点G县的调研，发改委工作人员访谈整理（编号20160602JGFGW011）。

④ 2016年4月28日课题组对J省X市的调研，人社局工作人员访谈整理（编号20160428JXRSJ007）。

从土地管理的角度而言,对县来讲,它是一个很好的平台,最起码各种指标是单列的。但是这个前提就是要直管县彻底管到底。不要像我们国土这一块,帽子在上面,嘴巴、口粮全在下面。搞得四不像,国土局长很难当,两边都要受气,都得罪不起。但是,作为县级这一块呢,它很尴尬。如果它(省直管县)不是很彻底的话,虽然它(县)是省管县,但是我还有个市在上面。省、市我都得罪不起,毕竟还有一层行政关系在这里。作为市里面,既然实行了省直管,就省直管吧。所以呢,省直管县就把职责划分清楚,市里面就管城市这一块,其他什么都不要管。明确之后,可能有利于各个方面的发展。如果没有理顺这一关系,我觉得试点可能不会有很好的效果。我的意见就是,如果市管县就是什么都单列,一锤子敲到底。(省直管)如果中间还搞个市,搞得不明不白,市里面好难,县里面也好难。①

(2)省直管与市代管双轨制运行的体制性摩擦,导致层级间多头管理、重复工作与双重考核,增加县里负担

省直管与市代管双轨制条件下,增加了基层工作负担。一些地方存在文山会海、"公务旅行"现象,县里应付省市等上级检查和任务分工,干部主要精力放在汇报、工作总结、陪同和应付检查上,影响正常职能开展,基层疲于奔命,不堪负担。有的任务分解和检查,省市之间重复性工作,造成资源浪费和人为制造工作量。这可以从问卷第10题"您所在地区,省直管县改革的成效如何"的原因回答中的代表性观点得到验证:"改革推进项目不清晰";"省直管的不彻底,省管经济不管行政导致多头开会、多头汇报,省、市、县尴尬;相对市来说,县里能争取到的省里资源有限。省直管后,县里的话语权减弱,实际获得的资源可能还不如市管县时期";"行政成本较高";"领导重复开会,开了省里的开地区的";"权责划分不清晰,容易要么都来管,要么都不管";"省直管县没有真正完全落实到工作中,市县关系尴尬,县里工作左右为难";"婆婆太多,利益冲突";"思想意识认识不到位,'两个婆婆'管理,职责不清";

---

① 2016年4月28日课题组对J省F县的调研,国土局工作人员访谈整理(编号20160428JFKGTJ016)。

"未全面到位";"存在'县里为难,市里尴尬'现象,权责不够明确";"权责利不明晰"。另外,在如下的访谈中也得到证实。

> 会议精神及相关文件,以往是层级下发,但现在(省直管后)还需要按层级走,这样会产生"会议贯彻会议,文件传达文件"的现象,增加了各级部门的工作量。①

> 有时候有些会议,按照惯例,省里面开完了,市里面也要开。市里要求你去吧,你是省直管县,你也参加了,不要求你去吧,他好像又舍不得放一样。怕什么会议精神传达不到位,他宁愿要求你参加,也不愿意万一追责到他身上。就是这么一个概念,就形成了一个多头开会,我们就疲于奔命。我去开这个会,没有意见,是吧,省里面重视我去。开完就开完,回来以后,市里面又要开。我就好累,你知道吧。②

> 第一,就是会议多了,会议确实多了。像市里面开会我们要参加,省里面开会我们也要参加。本来局长去,局长没有时间去,副局长去,副局长又派我去,我一个普通干部,人家设区市的干部都是正处级干部。我们一样坐在一起,一样的发言。反正会多了,对于我们来讲是不好的,上面要是理解还好,如果不理解的话,还以为我们不重视。第二,就是事情多了,像我们林业这一块,业务方面市和县是一样的,什么造林啊、防灾防火啊。现在既要向省里申报材料,又要向设区市申报材料。包括考评也是一样的,把我们放到全省去考评。基本上垫底,因为我们实际情况也是在这里的。③

> 有些事情双头管理存在这样一个问题,确实会存在两个部门进行互相推诿,省里推给市里,市里推给省里,所以很多时候会导致我们很多事情根本没法去办、办不成。④

---

① 2013年4月23日课题组对J省R县的调研,编办工作人员访谈整理(编号SGJR20130423JRBB003)。

② 2016年6月2日课题组对J省省直管试点G县的调研,城建与交通局人员访谈整理(编号20160602JGCJJ009)。

③ 2016年6月2日课题组对J省省直管试点G县的调研,农林水务局人员访谈整理(编号20160602JGNLS001)。

④ 2016年6月2日课题组对J省省直管试点G县的调研,编办人员访谈整理(编号20160602JGBB005)。

行政管理与财政管理不相适应。如 F 县报项目时不通过 X 市，直接上报省里，X 市因此并不了解情况，但必须做好信息传递和数据统计等工作。F 的预算指标都是省里直接下达的，但年终结算却要通过 X 市，这样也造成了工作上的不便……①

　　考核考评体系不匹配，你省直管县也好、不省直管也好，但省直管县，我们省政府对我们全省 100 多个县市都要考核，分三类县考核，一类二类三类，我们是二类县，二类也有 30 多个县，省里有一个考核体系。那我们每年都要按照省里说的尽量得高分，因为省里考核它是综合的，各厅各部各局都有考核，比如技安局要考核、发改委要考核，他会综合考核为什么要选中你去。但是市委市政府也要对我们进行考核，这是双重考核，不但很累很烦，关键是你直管县的话，可能市里他还会觉得，你省直管县在考核方面还会另外多加一点规定什么的，会有其他的偏见之类的。②

　　考核考评体系不匹配：省里有一个考核体系，但是市委市政府也要对我们进行考核，这是双重考核，有的（考评内容）还不一样甚至是矛盾的，你比如……搞得我们左右为难，两边都不能得罪，有时两边都挨批，两边都受气。③

（3）行政省直管县后存在的体制不一、上下对接与配套问题

　　省直管县面临体制承接的问题：行政省直管县后，县级由原来只需对口市级转变为需要对口省里若干个职能部门。特别是当县级机构设置与省里不一致时，这种上下不一的矛盾就会更加突出。实际上，2016 年前的省直管县改革中，不少基层根据实际进行了前瞻性、务实性和创新性改革（比如整合工商、质监、卫生等组成统一的市场监管局；整合教育、体育组成体教局；整合文化、广播与新闻组成文广新局，等等），但存在基层

---

① 2016 年 4 月 28 日课题组对 J 省 F 县的调研，人社局工作人员访谈整理（编号 20160428JFRSJ002）。
② 2016 年 4 月 29 日课题组对 J 省 F 县的调研，政府办工作人员访谈整理（编号 20160429JFZFB08）。
③ 2015 年 7 月 22 日课题组对 H2 省 N 县的调研，住建局工作人员访谈整理（编号 20150722H2NZJJ004）。

官员经常抱怨的"下改上不改"问题，即基层创新性机构改革面临着原有的上级纵向管理体制的不一致。在这种情况下，省直管县既要允许和鼓励基层的自主创新空间，又不得不面临着对接数增加、工作量增大、对口统一难的问题。

> 而且省县在机构设置上又不一样，像我们县里，比如我们一个局的机构就可能是由一个教育局、卫计局，一个质量和市场监管局，三个机构合在一起，还有文广新局，文化、广播、新闻出版，三个局合到一起。但到省里就不一样，我们一个这样的局到了省里就要对口文化厅、广播电视厅、新闻出版局，一个县里的局对应上面这么多的厅局和部门，这个工作量就非常的大。①
>
> ……另外，在改革、在沟通上，与省厅沟通上也有点困难。有些业务动不动就找它副厅长、厅长，压力太大，官太大了。我们天天找他有压力。②
>
> 第三个就是，我们国土这边搞是搞了网上行政审批这块，但是，说只是增加了工作量没有实实在在的进行网上行政审批。等于说你纸质的和电子的都要报，只是增加我们的工作量，没有真正的实行无纸化办公。以后如果说纯粹的省管县以后，按照这种操作程序的话，会增加我们基层的负担。③
>
> 我的感觉就三个字，第一个是"快"，就是省直管之后，办事就更便捷高效，无论是上面东西传到下面来，我们接收到下还是下传上，接地气，报文件很快，我们可以从政府办直接报到省政厅，以前不行要绕来绕去的，要绕几个弯子，现在就快了。不光是干部办事快，老百姓办事也快，上面贯彻到基层也快。第二个字就是"忙"，省直管县后确实比以前忙好多，因为体制不一，权限下放，需要人承

---

① 2016年4月28日课题组对J省F县的调研，政府办工作人员访谈整理（编号20160428JFZFB007）。

② 2017年8月15日课题组对G省M县的调研，住建局工作人员访谈整理（编号20170815GMZJJ004）。

③ 2016年4月29日课题组对J省F县的调研，国土局工作人员访谈整理（编号20160429JFGTJ006）。

接，这个担子谁来挑。在我们大部制的个性情况下，多个部门对接，尤其忙。我理解的省里压力也大，也更忙。第三个字就是"忧"。我们就是忙一点累一点也可以。但是，有些问题，超出了我们（负荷），除了身累还有心累。怎么样协调跟地级市的关系，怎样保证工作正常有序地开展。①

2. 认知因子方面，逐利性认知诱发市县摩擦与冲突

当市县双方都能清晰意识到试水期改革几乎是一场零和博弈，并从机会主义出发选择博弈策略时，必然诱发争利与冲突。县尤其是强县急需扩权并脱离市级管控，但市级"控权不放、明放暗不放、先放后收、放小不放大、放虚不放实"②以及"有利则照旧，无利则推诿"，引致市县猜忌、摩擦与背离。强县扩权特别是扩权强县后，相应的管理事务需要有对应的人力与技术资源保障，县级对此难以适应③，但市级凭借自身在编制管理分配上的主导权和技术条件上的优势地位，掣肘编制和技术资源分配，让本已资源相对匮乏但扩权后又急需配套资源的县心生抱怨。而县级在扩权中的自利倾向及与市级的貌合神离，市级对此心存芥蒂。同时，市意识到省直管县改革中的利益受损，采取减弱对县级帮扶与支持等"断奶"措施，激起县里怨恨与抵忤；另外，市为预留将来发展空间，抓紧时机"跑马圈县"④和盘剥汲取，加剧市县资源冲突，有的强县甚至与市

---

① 2016年6月2日课题组对J省省直管试点G县的调研，政府办人员访谈整理（编号20160602JGZFB001）。

② 针对河南的调查显示：市级政府部门从自身利益出发，将本应下放给县的诸如驾驶证、许可证、资格证、资质证、统筹缴费、汽车交易监管、招商项目审批、公安权限、畜牧权限、民政权限、新农村建设项目等共计36—43项实际权限未能下放给试点县（详见孟白《我国省直管县改革试点中出现的问题及对策研究》，《农民日报》2013年9月28日）。

③ 安徽宿松县官员表示，试点县承接了不少市的权力，但县级编制仍然未动，"事权下放，编制不增，很多事没办法干"。比如公路、水利部门下放了质监权力，但县里既无编制也无专业人员从事这一工作，最后只能重新再委托市里（王圣志、杨玉华：《安徽，省直管县改革遇上坎了》，半月谈网 http://www.banyuetan.org/chcontent/jrt/20141017/114705.html）。

④ 例如，湖北黄石市吃掉下陆县、咸宁市吞并咸安县；河北唐山市和保定市完成对周边县市的吞并；广东江门把新会市（县级市）改成区；浙江绍兴市吞并绍兴县划归为柯桥区和越城区，撤销县级上虞市，设立上虞区；江西赣州市吞并南康市（县级市）作为南康区。

的矛盾公开化①。

另外,从问卷第10题"您所在地区,省直管县改革的成效如何"的原因回答中也能看到市县摩擦与冲突:"改革就是利益的调整,就会触犯多方面的利益";"存在观望思想,老的观念、思维仍然存在";"改革不彻底";"改革不彻底,权力明放暗不放";"省与市级协作,市级压制县级";"江锂②引进,是市里的安排";"省直管县力度不大,还需经常接受市里的检查";"管理效率不高,内部机构协调问题";"没有真正理顺省市县之间的关系";"行政层级无法跨越";"权责利关系未理顺"。

问卷第17题"省管县改革过程中,市与县之间冲突的表现有哪些"的回答中除了权力下放、土地利用、区划问题、资源争夺、职责争议之外,从零星填写的"F. 其他"选项中"市里不愿帮扶县里,产生隔阂""划走纳税多的大企业""给县里穿小鞋""评奖评优不给你"等看出市县间的竞争甚至矛盾。

(1) 市里优先市本级,对县的帮扶和积极性有所减弱

> 财政省直管相对来说削弱了市级对我们的积极性,因为县由省直管,那么市级财政会更趋向于市本级,这也是比较明显的。市里对县这一块更多的是业务指导和督查方面,但是,县级运转、报账等在省里,不在市里。③

去年我们G环保局在省里17个处室里面打分是第一。省里面对我们的工作非常认可,然而我们在市里的排名是倒数第一。理由是市里认为G不归他们管,是归省里管的。就是说,现在直管县和市里部门不像以前那么好沟通对接。直管县的位置有时候非常尴尬。名义

---

① 2005年7月,湖北大冶拟撤市设区,受群众"8·6"群体性事件抵制而中止。2010年6月,湖南衡阳市拟将衡山县店门镇,划归至衡阳市南岳区管辖,遭到衡山群众围堵107国道而被迫停止。2010年9月,河南三门峡市拟将三门峡下辖的灵宝市(县级市)撤销合并为三门峡的一个区(虢州区),也因民间的激烈反对而被迫搁浅。

② 江锂科技有限公司作为大项目的引进,市、县在此利益上存在分歧和矛盾。受访者不便多谈,简单做了举例提及。

③ 2013年9月16日课题组对J省J县的调研,财政局工作人员访谈整理(编号20130916JJCZJ004)。

第五章　省直管县体制改革试水期—过渡期的市县关系：验证与对策

上是省管县，实际上有好多事情都是市管县，很难处理好两方面的关系。我就简单说这么多。① 不过在考评方面，因为制度不完善，我们基本在市里拿不到任何奖项，因此有些挫伤积极性。②

现在就试点情况而言，可能会出现争利的情况、出现争权的情况。为什么呢？作为市里而言，我也不知道直管县是什么状况，它肯定不会再考虑县域经济，考虑给你多少钱、给你多少地。在情况没有完全明确、没有理顺的情况下，市里面肯定会倾斜到市管的范围，肯定不会倾斜到省管的范围，这也是理所当然。③

企业使用我们县里的资源、污染我们的环境，却将所得税上缴J市，县里在为企业支付环境和资源成本，却享受不到企业带来的财力和规模。虽然财政都省直管县了，但是，行政上我们还是归市里管，所以，（对于这种情况），我们也只能敢怒不敢言。④

省直管之后，我们各个省直管试点县的党政主要领导管理权限收归省里，但是其他中层干部的所有人事权限还是保留在地级市，这就造成了一种目前来讲比较尴尬的局面，就是我们直管县的处级领导交流，在地级市层面来说不好操作，因为要经过报省里进行审批报备，然后市里面也不愿麻烦不愿操作，所以对直管县的处级干部领导的成长、交流也受到了一个很大的限制。同时，对于直管县的一个中层干部来讲，市里面由于我们进行了省直管县试点之后，从某种意义上讲，与地级市就存在着一种竞争的关系了。它对我们省直管县的中层干部配备方面主动性就大大的减弱。很多时候对中层干部配备需要我们基层直管县要去讨、去要、去争取，这样对我们的经济社会发展各方面造成了很不利的局面，连干部配备有时候都很难配齐，包括我们乡镇领导换届各方面我们在人事操作层面的难度远远大于其他普通的

---

① 2016年6月2日课题组对J省省直管试点G县的调研，环保局工作人员访谈整理（编号20160602JGHBJ009）。
② 2016年6月2日课题组对J省省直管试点G县的调研，财政局工作人员访谈整理（编号20160602JGCZJ002）。
③ 2017年8月19日课题组对H1省D市的调研，市委办工作人员访谈整理（编号20170819H1DSWB003）。
④ 2013年6月22日课题组对J省P县的调研，财政局工作人员访谈整理（编号20130622JPCZJJ006）。

县。这是干部人事权限方面。①

另外，从问卷第 25 题"能否可请您列举您所在地的市县关系（合作、竞争、矛盾、冲突等）的案例"的填写结果"试行省直管后，设区市对试点县的财力补助大大减少"；"社保卡发放与管理中，省管县所在设区市不履行业务指导职能，省管县自身又不加强与省厅的对接，使得社保卡业务工作中时常存在脱节情况"中也能看到市对县帮扶和积极性减弱的问题。

（2）权限下放受到市级掣肘和县自主性约束，下放不彻底与不紧要并存

> 还有行政审批这一块，我觉得有些该下放的没下放，不该下放的放了。比如说外国人进出地方山林考察某种植物、野生植物或是野生动物这项下放了，那么至于他考察的目的是什么背景是什么，那要我们去（了解），那我们县一级的林业部门可以说是做不到这一点，他们是纯粹的来考察还是带有其他什么目的，我们是不可能（得知的）。再一个是对这些外国人在交流方面，我们不可能有优势，不可能有市里或者省厅这么方便。它这个就直接下到县里，当然这一块任务在目前来讲，近十多年没有一个，也有可能就是它下放到这里的理由。因为近十多年都没有，反正我这里没事你这里也没事，我任务已经下放了，而且下放了几十个，光这一项就是二十多个，外国人考察啦外国人进出啊这些东西。但是有一个又没下放的，你比如说野生动物养殖户又在市里面管，比如说，养一些竹鼠，那么竹鼠要卖出去、要销售，在运输途中要去拿一个证，拿一个检疫审批，老表要从场里跑到市里，一天就过去了，还要他人在那里，不在那里的话，如果坐公交什么的去那这一天就完了，所以我觉得它该下放的没下放，不该下放的放了。第三个，作为我们林业部门来讲，在森林环境保护这一块，在这方面来讲，它是属于市范围内要统一规划统一调配，那是一

---

① 2016 年 6 月 2 日课题组对 J 省省直管试点 G 县的调研，组织部工作人员访谈整理（编号 20160602JGZZB005）。

回事情。但是在业务上，我觉得市林业局仅仅是服务，你需要什么服务，那你就提供服务而已。毕竟他的人财物更齐备一些。①

关于行政管理权限的下放，刚刚我们有些部门谈到了下放，的确下放了很多，经常省政府下放下来，下放到市里，要我们做好对接。我这里做个总结：客观地说，有的确实有效果……但是这里边也存在不少问题，比如，有些事下放的是无关紧要的，你下不下放都无所谓，我们这里一年、两年、十年都办不到一件，这些下放都只是形式上的下放，核心的没下放。有权力的不下放，甚至就到市一级为止了。所以我们这里还要请示市，市里做不了主还要请示省。②

另外，从问卷第 13 题"您所在地，向县级权力下放的效果如何"中选择"B. 成效不明显"和"C. 没有效果"中，认为权力下放效果不佳的原因主要是"市级权力下放不彻底"；"技术、编制等配套条件未跟上，县里'有权用不好'"；"权力下放带有随意性，缺少科学依据和标准"；"监督力量不够，存在权力滥用"；"直管后省管不到位"；"改革徒有形式"；"没有真正绕开设区市"等。这些说明下放权力不彻底与不紧要，与访谈中的内容相互印证。

（3）市县间的潜在矛盾甚至公开冲突

省直管县改革铺开后，一是干部阻力大。这里头包括如何处理隶属关系与平行关系的转变。曾经的上级变成同级，市县合作、交流的展开存在问题；二是消减了中心城市对县市的辐射和带动作用的积极性。③

市级部门占用了大量的工作编制，而作为职能实践部门的县级单位，却人员紧缺。而且，县级部门经常要应对省市两级的双重检查，

---

① 2016 年 4 月 29 日课题组对 J 省 F 县的调研，林业局工作人员访谈整理（编号 20160429JFKLYJ007）。

② 2016 年 8 月 26 日课题组对 A 省 S 县的调研，政府办工作人员访谈整理（编号 20160826ASZFB001）。

③ 2017 年 7 月 23 日课题组对 H2 省 R 县的调研，法制办工作人员访谈整理（编号 20170723H2RFZB010）。

人手不足，工作繁重，下级实践部门"疲于奔命"。①

考核考评体系不匹配，你省直管县也好、不省直管也好，但省直管县，我们省政府对我们全省 100 多个县市都要考核，分三类县考核，一类二类三类，我们是二类县，二类也有 30 多个县，省里有一个考核体系。那我们每年都要按照省里说的尽量得高分，因为省里考核它是综合的，各厅各部各局都有考核，比如技安局要考核、发改委要考核，他会综合考核为什么要选中你去。但是市委市政府也要对我们进行考核，这是双重考核不但很累很烦，关键是你直管县的话，可能市里他还会觉得，你省直管县在考核方面还会另外多加一点规定什么的，会有其他的偏见之类的。②

我们乡镇就 11 个，我们这么多部门 20 多个，还有县级机关五六十个总共加起来，你想想看，从乡镇部门里面选择，这个选择范围就比较小了，你不可能市里面的人他会到你县里来，这是一个，人员编制市里面卡死了，像我们教育系统，我们每年报指标报到市里，我们报 60 个，市人社局、市政府他最后会砍一下，减掉 10 个，老让你吃不饱，这么多年，每年都有那么多退休的，但是他补充的不让你一次性到位，每年给你一点、给你一点。（问：这是事业编吧？政府办：这就是事业编，我们行政机关也有事业单位事业编。问：事业编县级以上地方可以自己做主，市县还要管？政府办：他不让我们做。必须到市里批，他不批给你，我也没辙啊！比如说我们住建局，他需要很多的人才，还有我们的安全局，我们县里有二十多个煤矿、三十多个铁矿，采石场有几十家，商业有一百多家，但是我们安全局这么多年一直想招煤炭监管人员，就是招不到，你要招的时候他又不让你招，不给你名额指标。）③

省直管县对我们市级受损最大。坦白说，现在市里对县在新

---

① 2013 年 4 月 23 日课题组对 J 省 R 县的调研，林业局工作人员访谈整理（编号 20130423JRLYJ005）。

② 2016 年 4 月 29 日课题组对 J 省 F 县的调研，政府办工作人员访谈整理（编号 20160429JFZFB008）。

③ 2016 年 4 月 29 日课题组对 J 省 F 县的调研，政府办工作人员访谈整理（编号 20160429JFZFB009）。

农村建设、财政资金等方面帮扶的积极性有所影响。由于这里头有（利益）分歧，难免存在矛盾和冲突。你比如说……虽然省直管县确有必要，但要维护市级利益。全面省直管后，县级都自主了，与市无瓜葛了，市里在土地、财力、物力等资源都大幅缩水的情况下，不合并强县入市区，如何发展？目前很多地方开展的撤县并区，既是确保市级利益的选择也利于整合资源和扩大区位优势。我们也正酝酿撤N市并入市里作为N区。①

感觉改革不彻底，现在的情形就是"直管"变"双管"，县里经常在参加省里会议后，还得接受市里重新布置一次，仍然存在"会议贯彻会议，文件传达文件"。"两个婆婆"我们都不敢得罪，各种周旋与协调，增加了我们县级部门的工作量与成本，干部"疲于奔命"，也容易产生市县间的分歧与潜在冲突……②

我们海南已实行市县分治，尤其县委书记由省直接任命增加了县级话语权，的确如你们课题组在S市、Q县调研所谈到的，海南市县在资金、晋升、资本、土地旅游资源的争夺很激烈，负面效果那是显而易见的。最为典型的就是各市县的旅游车只能在各自范围内活动，一旦超出各市县范围就会遭受外地交通部门的处罚。区域分割分治的另一个不良后果就是各地重复建设的现象较为严重，兴建了大量的同质化景区。2005年海南9个"野人谷"就是一个典型。③

问卷第6题"您认为，'省直管县体制'较为明显的缺点是什么"中相当比例的受访者选择"可能导致县级扩权扩张和无序开发"；"可能引发地区封锁甚至恶性竞争"；"可能不利于市域范围内的利益协调与区域统筹"；"原有的地级中心城市利益受损与发展受限"，这些都能反映出市县利益分歧与矛盾关系。此外，问卷第11题"在您看来，省直管县体制

---

① 2013年8月3日课题组对J省G市市委办工作人员的访谈整理（编号20130803JGSWB012）。2013年11月，经国务院批准，N市（县级市）并入G市作为N区。

② 2013年3月16日课题组对J省R县的调研，林业局工作人员的访谈整理（编号20130316JRLYJ006）。

③ 2013年11月10—13日课题组对海南省S市和Q县公安部门、旅游、发改委、民政、财政部门官员，以及中国（海南）改革发展研究院X研究员的访谈整理（编号ZGHSQ201311）。

改革的障碍有哪些"中"F. 市县关系问题"是所有选项中排第三位的障碍，也印证了省直管县改革中的市县关系问题。

另外，从问卷第 25 题"能否可请您列举您所在地的市县关系（合作、竞争、矛盾、冲突等）的案例"的填写结果看，多数受访者不愿意涉及相对敏感问题，但从少数作答中仍能突出反映如下问题。

一是明确指出问题。如"浙江湖州市长兴县拒绝撤县变区，成为'市管县'，甚至公职人员带头游行"。"我市与宜春市在环保业务上合作较好。由于审批权的下放，审批过程中的评估环节，我市没有评估机构无法管理，宜春市环保与环境工程评估中心一直在支持我市。另外，由于我市环境监测站属县级站，人员、监测设备配置低，满足不上直管后项目竣工环保验收的监测要求，但宜春市环境监测站还是大力支持。再就是矛盾方面，有时要到宜春开会、报表等，直管后增加了工作量，无形中增加了行政成本。""武宁县域范围内有庐山西海，庐山西海 80% 的水域在武宁县，其余在永修县，但由于庐山西海旅游资源丰富，为整合，市政府安排一个专门管委会负责庐山西海全域旅游开发管理，结果却是没有协调好两县的争议，与两县争夺旅游开发利益，分割两县行政管理权限。""在跨区域公共平台使用上不能实现共用共享，如 C 机场应服务全省，而 G 新区与 N 市对此尚有争议，涉及到管理权、资金、政策等。""杭州萧山区撤市设区后经济实力反而没有比之前更有影响力。萧山区撤市设区后，很长一段时间内与主城区存在多方面的隔阂。"

二是对市县关系不便多谈，点到为止，但却折射出简短的文字背后的市县关系问题。如"仙女湖环境治理""人事安排、财政上解、工作考评""常州市与（武进县、武进市、武进区）"[①]。

三是不明确举例，谈宏观的一般性问题。如"省直管县过程中，市仍掌握县的关键资源（如土地指标）、考核权力、干部人事权力，有刻意挤压县资源的倾向"。"一些（原本市级[②]）放在县里的大项目，因省直管县后转移到其他地方。一些现行体制下需市里审批的事务，经常会滞后。"

---

① 拟将武进县改为武进市，但最后被并为常州市的武进区，背后的市县关系争议。
② 括号中的内容为课题组基于问卷内容、推测答题者原意所加。

(4) 主导市县关系调整的主要是政策利益、地位实力和外部压力因素，而非社会效用目标认知

从规律上看，市县关系的变迁和演进，实际上是市县主体基于现实需求（目标、利益、共同事务）对关系效用（互补、增补、替代）感知的结果，是主体主观感知及外围环境客观需求综合作用使然。尽管外围环境（重大事件、跨地区的公共事务治理）提供诱因，但主导市县关系的动力因素还在于市县主体对关系效用及外部需求的感知。问卷第16题"您所在地区，县与县之间会因何事项展开合作"中虽然衡量的是平等的县县之间的合作动因，但假设市县分治后市县解除隶属关系，市县关系其实可以还原为这里的县县关系，也就是说，二者本质上存在相通性。问卷排序结果显示，"B. 上级政府的要求与推动""A. 重大事件的发生""E. 跨地区的公共事务治理"。"F. 其他"中有填"地缘关系的合作"；"招商引资，培训交流"；"项目和政策上的联合"；"不会主动，除非压力山大"。可见，主导市县关系仍主要是政策压力（上级政府的要求与推动）和利益诱因（经济发展导向、市县各自利益），社会综合效用目标因素占比较小。这表明，市县主体对于潜在的良性关系特别是可能达成的社会效用目标尚未有足够的感知，市县双方难以超脱自身利益的思维定式转向更大范围的社会效用目标。

> 从浙江看，1999年以来省里前后分批几次权力下放，力度不同，效果也不一样的，后几次效果较明显。市里只能按省里政策要求放权，虽然我们并不情愿。特别是一些部门，那更是有意见。但既然省里要求，而且省直管县和向县扩权是个挡不住的趋势，对我们市级来说也只能放，但怎么放、放多少，还是有弹性的。……省直管县对我们市级是很不利的，现在干部阻力大、思想阻力大、利益阻力大，关键是这种不利怎么减少到最小。至于其他的，就很少考虑了。①
>
> 现在市里对帮助指导和全市一盘棋的关注（积极性）有所减少，我们主要担心市里的要求给我们为难，另外一个就是，分给我们的权

---

① 2013年12月19日课题组对Z省J市的调研，发改委工作人员的访谈整理（编号20131219ZJFGW021）。

力能不能落到实处。我觉得，这还是取决于市里的开明特别是主要领导的观念，说白了，就是他给不给权、让不让你自主、愿不愿意和舍得下面子跟你合作的问题。①

从问卷第 10 道题"您所在地区，省直管县改革的成效如何"关于"成效不佳"的原因"县经济与市经济差距已经拉大，无法对等，影响改革效果"中也看出市县关系背后的不同地位实力因素。

3. 制度因子方面，规范性缺失导致关系照旧甚至失范

《地方人民代表大会和地方人民政府组织法》对市县关系未明确涉及；而改革试水—过渡期国家和地方层面出台的大多为省直管县财政性规范，一些地方为此专门出台的省直管县政策文件也多为原则性规定且性质上属政府发布的规章等规范性文件，法律效力相对有限，难以全面有效规范改革中的各类复杂市县关系情形。向县扩权过程中，一方面，个别下放的事权缺乏法律依据和制度保障，试点县没有足够的权限和资源履行相关事权；另一方面，随着县级财权和事权的扩大，出现用权混乱，但对此如何监管和约束没有明确的规范。同时，对于市级权责如何转型与定位也不清晰。由于权责利不清晰，有着发展冲动的县与固守利益的市，都有可能采取谋利行为，难免出现推诿扯皮与内耗争斗。另外，在合作形式、权责划分、仲裁管理、条件保障等都缺乏制度性规定的情况下，市县即便有合作也只能依托于原有的隶属体制。

（1）缺少顶层设计以及相关法律制度

实际上，正如有学者所指出："目前省管县改革中存在的问题，表面上是扩权县（市）与省、市对接不好，沟通不好，对扩权政策掌握不够，用的不足不活，实际上是缺乏顶层设计规划以及相关法律和政策实施细则。"② 另外，市县间缺少激发合作动力的有效机制安排，极易出现"合作惰性"与"合作疲乏"，既有的合作也多为纵向间的非对等合作且限于

---

① 2013 年 6 月 23 日课题组对 J 省 P 县的调研，副县长访谈整理（编号 20130623 JPFXZ008）。

② 张占斌：《稳步推出省直管县改革配套政策》，《行政改革内参》2011 年第 3 期，第 36—40 页。

信息分享、内部协作等单一形式，加之市县潜在争利，屈从与冲突、规范与失调等杂象交叠，市县关系缺乏良性运行保障。

> 在财政权、人事权不下放的情况下，省直管其实是没有多大实际意义的，所以我们对待这个工作特别慎重。因为我们的工作离不开市公安局这一环节，如果脱节了，工作是没有办法顺利进行的。行政权力下放的好处，一个就是便捷高效方便行动，省去了许多不必要的繁杂环节。不过因为人事权财政权没有下放，我们需要受理的业务又增多，因此我们面临着人手不足、经费不足以及编制体制问题。第二就是关于体制、工作程序方面，没有实质性的突破。因为有好多事情是已经立法了的，无法随意改动，我们不能绕开市公安局而开展工作。如果完全落实省直管县，这就需要省厅设立专门的部门来对接这个事情，需要有完整的配套体制与制度来保障省直管县的运作。我们的工作重点还是放在市里面，但是，也经常去省里开会，能得到一些最新的信息，保障信息畅通。①

> 第二个就是因为我们目前有些权力下放，包括省厅这块下放给我们的一些权力，但是，在法律法规层面，他们规定还是在市一级进行操作，因为目前他只是委托，在法律层面没有进行修改，这块对我们这边做事呢，可能会有一定的影响。②

> 我们（浙江）从1992年以来省里前后五轮（1997年、2002年、2006年、2008年③）权力下放，力度不同，效果也不一样的，后几次效果较明显，尤其是2008年的"扩权强县"改革。市里只能按省里要求放权，虽然我们并不情愿，特别是一些部门，更是有意见。但既然省里已经这么做了，而且省直管县和向县分权是个挡不住的趋势，对市来说也只能放，但怎么放、放多少，还是有弹性的。……所

---

① 2016年6月2日课题组对J省省直管试点G县的调研，公安局工作人员访谈整理（编号20160602JGGAJ002）。

② 2016年8月16日课题组对A省G县的调研，教育局工作人员访谈整理（编号20160816AGJYJ005）。

③ 括号中的年度系根据后面访谈中其他官员的补充。

以，关键是省里政策力度，这个有点像法律，强制性更大。①

　　我觉得要有一个长远的规划，现在我们省直管县搞了这个试点它最终想搞成什么样子，这个很重要。我觉得这种传统的规划和定义，基层不知道怎么办是吧？到底是想把县里合并，到一个像地级市这个层面，你是要这样干下去了，还是搞一下算了，在小圈子里打个圈，就这样子了。这是我觉得一个根本性的问题，这个问题不解决很难有一个非常好的效果，大家都不敢搞，这个是个很关键的东西。②

从问卷第11道题"在您看来，省直管县体制改革的障碍有哪些？"中的"F. 其他"中有填原因"国家及省政策的支持"。问卷第26题"想听听您对改进和优化省直管县改革过程中的市县关系的高见"答"进一步完善顶层设计，目前我省省直管县目标不清晰，造成了部分行政权的省直管，还是全部行政权的全方位直管不明晰"中也能反映出缺乏顶层设计和明确的目标。

（2）关系没有理顺、缺少运行保障

　　现在主要是没有硬性规定，到底市县级别地位怎样、哪些权力共享、哪些该分权、哪些需要合作都没有明确，我们作为基层，也感觉没有头绪。冲突是难免的，合作没有正式的规定和形式，也是想搞就搞，确实有些随意性。……如果要形成你们所说的有效的良性市县关系，我看至少要两个条件：一是法律，依法规范权力哪些是市里的、哪些是县的，这个要分清楚，因为法律都规定了的，那没得说按法律做就没争议。我们邓小平不是说过吗，"制度好坏人办好事，制度不好，好人也办坏事"，就是这个意思。二是有操作（机制），比如对合作的协议书内容、合作启动、合作分担等方面能不能提供保障。在

---

① 2013年12月19日课题组对Z省J市的调研，市委办工作人员访谈整理（编号20131219ZJSWB009）。

② 2016年6月2日课题组对J省省直管试点G县的调研，县委办工作人员访谈整理（编号20160602JGXWB008）。

这方面,省里应站出来,对市县起调控协调作用。①

我个人看,省直管县的确很好,有没有必要?完全必要。但是,就像前面各位领导讲的,落实不到位,为什么?我们现在还是有点战战兢兢,不敢得罪市里,为什么?省管县就是一个大的框架,没有明确该怎么管,是一杆子插到底,还是怎么,最后的结果是实际中很多事务还是由市管。有句歇后语"外甥打灯笼——照舅(旧)",就是这个意思。现在还是按原有的动作模式来。因为你没有底气,缺少制度这把尚方宝剑和护身符,你怎么能绕得开市里?所以,真正的制度保障和能力底气是关键。②

另外,从问卷第 10 题"您所在地区,省直管县改革的成效如何"中"成效不佳"的原因中有"职能划分没有执行到位,相关政策和制度还不完善"。

4. 管理因子方面,协调性滞后加剧市县争利与矛盾

由于直管县后管理半径的激增,省级对县级监管及市县关系协调管理滞后。在协调性管理滞后甚至缺失的情况下,一些地方扩权后,市县间出现盲目攀比、重复建设和无序开发等竞争行为。另外,省直管县后,原来市域范围内相对统一的公共服务体系可能由于市县所持的本位主义而分割,权责归属上的任何分歧都将激化积蓄已久的矛盾。然而,省级政府在导引市县合作所需的信息共享、资金分配、责任分担、绩效考核等方面的府际管理职能却相对滞后或缺失,市县间本应有的良性合作难以彰显。问卷第 6 题"您认为,'省直管县体制'较为明显的缺点是什么?"中"A. 省级管理范围扩大,有可能鞭长莫及",第 11 题"在您看来,省直管县体制改革的障碍有哪些?"中"B. 省级管理幅度过宽,管理难度增大"都有数一数二的回答比,从中能明显得出省级管理难度问题。另外,在问卷第 10 题"您所在地区,省直管县改革的成效如何"中的开放性复选

---

① 2014 年 8 月 26 日课题组对 A 省 S 县的调研,司法局工作人员访谈整理(编号 20140826ASSFJ005)。

② 2016 年 5 月 6 日课题组对 H3 省 G 县的调研,法制办工作人员访谈整理(编号 20160506H3GFZB001)。

题,"如果您选择 B 或 C,即省直管效果不佳"的原因填写答案中,"省直管的范围和力度存在明显差距,直管的效能尚未完全显现";"省里距离较远,管理不到";"省级管理范围太大,具体指导不强";"省管理范围扩大,鞭长莫及,县级权力扩大,但管理能力却没有同步提升";"市里不管,省里管不到";"执行难";"省直管链条太长及且不了解当地实际情况"等均在很大程度上进一步印证了省级在直管县后管辖过大、应接不暇和协调性滞后的问题。问卷第 6 题"您认为,'省直管县体制'较为明显的缺点是什么?"中"F. 其他"中的填写内容为"对省级监督能力是极大考验""行政区划调整难";"省直部门压力大"等也是说明。

(1) 省级管理能力与自主性问题

> 省管县,省里面的行业主管部门,全省各个工作行业里头或者各个市里面统筹,它不一定有很多的精力专门对着哪个县来管理。如果是牵扯到两个,他更没有时间,它又管不了那么多,加上市里面又管不了或者什么(不愿管),那就出现两头都不管,市里面现在把它(县里)当成一个弃儿。①

> 现在省里虽采取了权力下放、市县领导高配等手段抬高县级地位,但在资源配置、法律法规跟进、调控支持方面还不够。我们公安部门,案件侦破需要高科技支持,县级单位没有这块技术,你总不能什么都麻烦省厅吧,再说它也不可能向县里提供细致的业务指导和服务。还有以前的劳动教养问题,法律规定劳动教养权力只能由地级市掌握,这就导致县里(涉劳动教养的问题)只能到省厅法制处备案解决。所以,我觉得省厅要在市县间的资源配置、法律和调控上要扩大作用……②

> 地级市与县级本身存在差距,在获取资源与上级政府支持的过程中,二者仍然存在实力上的差距,照此发展下去,二者的差距会越来

---

① 2014 年 8 月 6 日课题组对 J 省 X 县的调研,人社局工作人员访谈整理(编号 20140806JXRSJ004)。

② 2013 年 10 月 13 日课题组对 H 省 S 市和 Q 县公安部门官员访谈整理(编号 20131013HSQGAJ005)。

越大，造成优者更优、差者更差。要均衡二者经济实力，省政府必须有所倾斜，加大对县级政府的支持力度。①

(2) 市县缺少合作机制

　　一般出现分歧，我们有时会主动向市里解释，一是怕引起不必要的隔阂，毕竟还是需要经常打交道，总的来说，还是上级，不好得罪。二是市里还把握着一些关键资源。深层次的矛盾问题还是市里主持召开协调，磋商谈判机制是有的。至于定期会晤联席会议它是平等的才发生的，目前我们还没法与市里平起平坐，至于像你们课题组提到的信息分享、信任互惠，总体上讲还是比较难的，现在是不会与你分享关键信息喽……信任互惠也没原来那么好了。②
　　县在资金、晋升、土地、旅游资源的争夺很激烈，负面效果那是显而易见的。市县也有合作的需求，但大多都没有正式的规定和形式，很多时候想到合作就搞，对此，省里采取了些措施，但还不够，应对市县起调控协调作用。……市县合作不是所有都搞得成的，目前市县基本上是在设施共享、项目共建、联合争取政策倾斜这些能够给双方互利双赢而不会受损的方面展开，但在土地利用、区域规划、资源占用方面不但很少合作反而是竞争，有时甚至冲突，比如……所以说，合作机制总体还是缺乏的。③

问卷第 18 题"您所在地，市与县间、县与县间是否有建立起合作机制？"回答"不清楚"的占 52.89%，"有建立"的占 34.67%，"没有建立"的占 12.44%。这与访谈中的结论、课题组的观察出现了不一致。可能的原因在于，问卷中没有明确合作机制的内容，相当一部分受访公务员所理解的合作机制即是合作，而非这里所言的正式的合作机制，而在访谈

---

① 2013 年 10 月 13 日课题组对 H 省发改委官员访谈整理（编号 20131013HFGW015）。
② 2017 年 10 月 8 日课题组对 H1 省 P 县的调研，政府办工作人员访谈整理（编号 20171008H1PZFB012）。
③ 2013 年 10 月 10 日课题组对中国（海南）改革发展研究院 X 研究员的访谈整理（编号 20131010HYJY019）。

中能够很好地避免这种理解偏误,基于访谈提纲,特别是对话解释能够让受访者明确合作机制的特定指向。

(二) 新的发现:能力与自主性因子

县级在编制、人员、专业性、工作能力、技术条件等方面存在短板,由此导致:一是下放权力承接不了,影响了省市对权力下放的积极性(部分权力下放后上收),也减弱了县级对省直管县政策的最初信心;二是县级缺乏同市级博弈的能力与底气,在省直管县背景下不得不实质上仍依赖于市级;三是直接导致省直管县难以真正落实,实施绩效大打折扣。这些问题的核心在于县级自主性能力的欠缺。究其根源,既有市级卡住关键资源舍不得下放,也有相关法律制度不配套,还有长期以来的历史遗留,更有未及时对县级培训指导和资源倾斜以提升其自主性等多种因素。

(1) 县级机构、编制和技术受限,级别相差悬殊,影响沟通

> 省里的规定下放,我们都下放。我们愿意下放,但是,县不愿接(承接难),你比如仲裁院、劳动监察指导大队,没这个机构,没这个编,他们承受不了,不愿接……①

> 一个是人员编制紧缺,现在搞省直管县很多权力下放,但是,我们地方上仍然没有增加。按国家规定,编制只减不增,机构不能随意增加,必须一减一增,你要增加一个机构必须减少一个机构,才能保持总体的平衡。所以是权力一下放,我们下面的部门肯定要承担实际的职能,需要更多人来办事,但是,这个编制又受到了限制,所以,搞的很多部门工作量很繁重,人员又面临局限。而且省县在机构设置上又不一样,像我们县里,比如我们一个局的机构就可能多个局合并,一个教育局、卫计局,一个质量和市场监管局,三个机构合在一起,还有文广新局,文化、广播、新闻,三个局合到一起。但到省里就不一样,我们一个这样的局到了省里就要对口文化厅、广播电视厅、新闻出版局,一个县里的局对应上面的局,这个工作量就非常的大。第二个是干部的履职能力还有待提高。权限下放职能更多,干部

---

① 2014年8月6日课题组对J省X市的调研,人社局工作人员访谈整理(编号20140806JXRSJ006)。

能力相应也应该有更高的提升,但是,县里还是普遍存在着人员的年龄结构老化、知识结构老化的问题,功能不足,还有些就是装备上和技术上,比如我们农业局,搞农产品检测,很多装备都没有,搞工程改革,我们很多像环保要用专业的车辆,搞检测,而这个车的工程师又不给你,这里面又存在着一些问题。①

如果是省直管县,县的审批职能、工作量会扩大。就目前的人员、包括业务这一方面也需要过程。因为现在一些大的项目的行政审批就是市里省里审批,现在省直管县把审批权下放到县里,县里把握政策和承担这些审批就需要技术要求、专家的邀请等一系列的事情都需要忙。②

到山上考察某种植物、野生植物或是野生动物,他到我们县里来,我们哪里知道他什么背景呢。你下放到这里,但是,近十多年都没有办过一个这样的手续,但是万一来了,你怎么去鉴别他?那我还是要跑到省厅那边去请专家来,下放到我们这里有什么意思?只是完成了一个下放了多少的条款的任务而已。我们现在全部都是40—50岁以上的人占了70%多,这些技术骨干全部退下来之后就断节了,技术人员不够。③

如果你把经济强一点的县都拿到省里面去管了,市一级任务蛮重的。像我们在城里开会,把省管直管的县的带去坐那里,他们也提出有些县原来机构设置、人员编制就比较少,像环保部门、人保部门。他们的一个县对到我们市里三四个四五个科室,你对到省里去可能就得四五个五六个,所以有些事省里直接管也管不到。市里边不支持的也做不了,就是它现在没有这个能力承接。因为它现在的编制人员就这么多,所以你现在突然受到省里管,由省里直接布置下来的事,它没有这个能力和人员去承担,有些事还是要推到市里来。④

---

① 2016年4月28日课题组对J省F县的调研,政府办工作人员访谈整理(编号20160428JFZFB007)。
② 2017年7月16日课题组对H3省D县的调研,发改委工作人员访谈整理(编号20170716H3DFGW008)。
③ 2016年4月29日课题组对J省F县的调研,林业局工作人员访谈整理(编号20160429JFKLYJ008)。
④ 2016年4月28日课题组对J省X市的调研,人社局工作人员访谈整理(编号20160428JXRSJ005)。

第三，就是压力很大，这个主要是我们自身的问题，一个是机构不健全，比如我们林业部门，像其他局里一百多号人，少的也有几十号人，像我们只有七八个人。特别是技术人员少，在硬件设施方面，也是没法比，拿森林防火来讲，很难做。还有实验方面，原来我们取样送到市里面做，现在市里面也不管了，我们自己做又设备跟不上，我们只好送到省里面去。压力大是很难承接上面的事情的。我们很难和其他县相比，可能更多的还是我们自身的问题。①

不利的地方也有，首先就是人少，人员不够用，许多干部都是身兼数职，人手不足。第二个就是我们感觉有很大的压力，比如写个报告、写个材料去省里报告，将会被和市里的材料比较，觉得我们的材料水平低。再一个就是基础设施较差，无法与市里相提并论。我们的资金、人力、物力都相对薄弱，但是我们要达到的标准却很高。我们还需要面对来自市里的压力。②

我是分管人事工作的，对省直管县有些感受：第一，省厅确实给我们提供了蛮多的资源的。在业务上也给了蛮多指导。但是，下放的权力很多，刚刚各位领导谈了很多，有的可能是由于自身的原因，也有原因是权力下放了，原来这个事情没有做过，有些事情可能几年才遇见一次，有些权力承接不了。比如外国学者来华许可，几年也才碰到一个，确确实实也是。第二个感觉就是，在市局一块，我们之间的关系感觉总体上还不错，但也有些情况：比如说原来我们事业单位招聘，下放的权力是给了我们的，但是，我们在实践上没有实际操作。为什么呢？第一个，感觉这一块压力很大，第二个就是人员、设备跟不上。就说一个很简单的例子，那个改卷子的机子，市里最差的机子10万一台，要配备两台的话，要20万，要是好一点的，就要40万。你要不？不要，我一年也招不了几个人。我们采取的方式是什么呢？是委托，原来是市里分内的事情，现在要委托，而且口头上的委托没

---

① 2016年6月2日课题组对J省省直管试点G县的调研，农林水务局人员访谈（编号20160602JGNLS010）。

② 2016年6月2日课题组对J省省直管试点G县的调研，发改委工作人员访谈（编号20160602JGFGW005）。

有用，还要书面上的委托。还要和他科长啊、副局长啊关系好才同意委托。所以处理的时候就是这样的。第三个就是，业务上也承接不过来，比如职称评审的问题，像老师的评审还好一点，我们有这么多的高级老师，要是一个小的序列的评审，我们找评委都找不出来。那怎么办呢？也是采取委托的方式。本来是我们请一些专家来评审，没有办法，干脆一纸委托派出去算了。①

另外，从问卷第13题"您所在地，向县级权力下放的效果如何"的否定性回答（选项"B. 成效不明显""C. 没有效果"）中"E. 技术、编制等配套条件未跟上，县里'有权用不好'"中不难发现，技术、编制等配套条件未跟上是权力下放实效不佳的主因之一。问卷第11题"在您看来，省直管县体制改革的障碍有哪些"中"H. 其他"填答为"县级专业技术人员业务素质提升问题"。

（2）相关法律法规未配套

一个是省管县以后，这个权力下放，县级机关这块的承接这些权力责任增大了，行政审批的工作人手，刚才跟编办这边也说了一下，我们这边工作人手和业务素质可能还有待于进一步的提高。第二个就是因为我们目前有些权力下放，包括省厅下放给我们的一些权力，但是，在法律法规的层面，他们规定还是在市一级进行操作，因为目前只是委托，在法律层面没有进行修改，这块对我们这边做事呢，可能会有一定的影响，这是一个……所以要求相关立法要跟上。②

下放行政审批权限，本来法律法规规定了市县级环保部门是有这一项审批权限的，但是因为可能我们环保这一块，牵涉的技术性可能比较强，

---

① 2016年6月2日课题组对J省省直管试点G县的调研，人社局工作人员访谈（编号20160602JGRSJ010）。

② 2016年8月16日课题组对A省G县的调研，教育局工作人员访谈（编号20160816AGJYJ005）。

所以说在以往审批权限有很多项比如技术人员技术方面，还有机构、专家方面，相对于市里存在一定的差距，所以这个权限很多一部分是由市一级上收了，因为主要是技术支撑这一块。①

（3）市县主政者的能力情况

> 市县合作主要取决于领导，比如我们 R 书记，之前在市里待了蛮多年，当过副秘书长，还在我们周边这几个县任过县委组织部长、县长，能力强，经历丰富，资历也高，所以，我们不管是在跟市里还是周边县打交道时就蛮方便。你比如，市里领导都熟，市直部门有的（领导）还是他以前的下属，上次县里石化项目审批就很顺利。我们与其他周边县共事，他们也很敬重 R 书记，这几年我们派去其他县学习、交流合作不少。……以前 C 书记时，跟周边县合作也很好，但他调走后，就影响蛮多，好在现在 R 书记非常重视这个。②

问卷第 16 题"您所在地区，县与县之间会因何事项展开合作"中"C. 领导人在县与县之间的任职经历""D. 领导人之间的熟人关系"虽各自占的比重并不大，但相加起来可观，证明了领导人的能力（主政经历和熟人关系）在润滑县县之间、县市之间关系中的不可替代作用。

6. 官员晋升渠道未畅通

> 长远的规划配上配套的改革，也要有效的激励。有效的激励机制跟不上，那么干部他图什么呢？级别都一样的，事情又多，待遇又不好，干的费力，改革就不具有可持续性。前不久到安徽小岗村去，说当时十八个农民，它为什么改革星星之火可以燎原，最关键的原因是他照顾了国家集体和个人利益。交给国家了剩下的都是自己的，他才有干劲。政策是要在有效的激励下改革的。比如干部高配，这个是必须要搞的，这高配不仅仅是说个人利益，这也是为了

---

① 2016 年 4 月 29 日课题组对 J 省 F 县的调研，环保局工作人员访谈（编号 20160429 JFH-BJ008）。

② 2013 年 6 月 24 日课题组对 J 省 P 县，政府办官员的访谈（编号 20130624JPZFB011）。

推进改革事业发展，调动积极性的需要，也是他协调、处理各种问题的需要。举个简单的道理，比如说，你厅级干部做那个位置，你科级干部做这个位置，这话是厅级干部才能讲的，你不能讲你不能乱讲、越位，你就不具备这种协调调配的能力，这倒不是说你能力大小的问题，这是上级授予的能力，帽子给你了，你就有能力使用这个权力。从这个意义上来讲，高配是推动改革，调动干部积极性，是省直管县的一个非常必要的条件。第二个呢就是其他经济的带动和他的考评。我们到底是在省直管县体制下考评，还是参与全省的考评，还是地级市进行考评？怎么认可他干得好不好，怎么激励他，他上升的空间在哪里？比如说我们发改局局长，他干得比较好，他能不能进入省发改委任职？他交流的渠道在哪里？那么省发改委的比较年轻的干部，他能不能到县里来任职、挂职？这个流向能不能打通？虽然你是省直管，但是你只能在市里、各县里头转转，干部成长的空间在哪里？他考评激励的东西在哪里？如果这个不能解决那我觉得省直管县的确较难调动积极性。路线定了干部没确定，结果是表面积极内地里消极，干不成是吧。①

二 结论

（一）因子汇总

第四章最终形成 10 项因子：F1——市管县体制情境特别是由此决定的市县隶属关系；F2——县级对市级政策命令的合理性与政治性强度的感知；F3——市级自主性程度；F4——县级自主性程度；F5——省域范围内省直管县体制改革的力度与强度；F6——制度约束与要求；F7——合作机制；F8——市县对关系的预期及认知；F9——外压（上级或社会的压力）；F10——管理协调。这 10 项分属归类为：一是体制因子。比如，F1、F2、F3、F4、F5（其中的省管县体制）、F9。二是制度因子。比如，F5（其中的省直管县政策）、F6、F7、F10。三是认知因子。比如，F2、F8。四是管理因子。比如 F7、F10。

---

① 2016 年 6 月 2 日课题组对 J 省省直管试点 G 县的调研，县委办人员访谈（编号 20160602 JGXWB011）。

本章经由验证，主要结论为：

一是体制因子方面，体制摩擦引发市县尴尬与分歧。主要表现为：（1）财政体制与行政体制不匹配，省直管与市代管双轨制不协调，省直管县难以真正实现；（2）省直管与市代管双轨制运行的体制性摩擦，导致多头管理、重复工作与双重考核，增加基层负担；（3）行政省直管县后的体制不一、上下对接和配套问题。前两个问题源于，省直管县改革力度（F5，多地表现为财政省直管县而非真正行政省直管）与行政上市代管县的双轨制运行的体制摩擦，但根本原因还在于市管县体制的强大惯性，特别是其所决定的隶属关系仍然实质上左右着市县关系运行。因此 F1 和 F5 得到验证。从针对双轨制实行的问卷和访谈看，总体上看（不排除少部分地区有所不同）县仍然处于市管县体制下的相对弱势状态，没有因省直管而发生太大变化。因此，F3、F4 即体制所决定的市县自主性得到验证。同时，第三个问题，新发现因子 F11——行政省直管体制运行中的问题。

二是制度因子方面，规范性缺失导致关系照旧与失范。主要表现为：（1）缺乏顶层设计规划以及相关法律制度；（2）关系没有理顺及缺少运行保障。因此，F5——省域范围内省直管县体制改革的力度与强度不够，其需要有顶层设计和相关法律及政策保障（F6）。

三是认知因子方面，逐利性认知诱发市县摩擦与冲突。主要表现为：（1）市里优先市本级，对县的帮扶和积极性有所减弱；（2）权限下放受到市级掣肘和县自主性约束，下放不彻底与不紧要并存；（3）市县间潜在矛盾甚至冲突；（4）主导市县关系调整的主要是政策利益、地位实力和外部压力因素，而非社会效用目标认知。而实际上双轨制运行下市县潜在矛盾、分歧甚至冲突的程度，除了市县从自身利益出发的本位主义导向外，与双方对政策项目（土地、税收、资本、企业等）和可能发生的关系的感知（F2、F8、F9）相关，特别是最终取决于市县各自的自主性程度，由此，F2、F3 和 F4、F8、F9 得到证明。

四是管理因子方面，协调性滞后加剧市县争利与矛盾。主要表现为：（1）省级管理能力（F10——管理协调）与自主性问题（F12——省级政府管理能力）；（2）市县缺少合作机制（F7）。

五是新发现"能力因子"，表现为机构、编制、技术、级别等硬件条件和工作能力软件条件，可归类为自主性维度（F3、F4）（见表 5-5）。

第五章　省直管县体制改革试水期—过渡期的市县关系：验证与对策　/　213

原因在于：一是能力因子的特殊性。尽管县级在技术、编制、能力、级别等方面自主性弱，从根本还是源于长期以来市管县体制下行政等级隶属关系所决定的资源分配权（也即能力因子与体制因子高度相关），但考虑到背后还有历史、制度不配套等多元因素，有必要将能力因子单独凸显出来。二是能力因子可归类为自主性维度。综合多数学者（孙立平①、周志忍②、欧伯文和李连江③、赵壮天④等）观点，总体认为，地方政府自主性是地方政府超越上级政府和地方各种社会力量的控制和约束，独立按照自己的意志实现特定目标的权利能力和行为能力。因此，自主性是在特定关系情境中按自己意志的行动能力。

六是官员晋升交流渠道如果未打通，影响积极性，也由于不敢得罪市里，极有可能回归到原有的市管县体制。访谈发现的F13——县的级别定位和官员的晋升交流通道，总体来说，虽是认知，但要改变这种认知，涉及管理因子层面的官员晋升交流，因此F13可归为管理因子构成。

表5-5　省直管县体制改革进程中的市县关系因子汇总

关系维度	因子类型	原有因子	因子验证	因子变化
自主性维度	体制因子	F1、F2、F3、F4、F5、F9	F1、F3、F4、F5、F11	增加F11，F2不明显
	能力因子	—	F3、F4	增加F3、F4
规范性维度	制度因子	F5、F6、F7、F10	F5、F6	F7和F10不明显
互动性维度	认知因子	F2、F8	F2、F8、F3、F4、F9	增加F3、F4、F9
协调性维度	管理因子	F7、F10	F7、F9、F10、F12、F13	增加F9、F12、F13

资料来源：笔者自制。

---

①　孙立平：《向市场经济过渡过程中的国家自主性问题》，《战略与管理》1996年第4期，第64—74页。
②　王娜：《政府自主性与利益表达机制互融——北京大学政府管理学院副院长周志忍教授专访》，《21世纪经济报道》2005年12月26日。
③　Kevin J. O'Brein, Lianjiang Li. "Selective Policy Implementation in Rural China." *Comparative Politics*, Vol. 31, No. 2, 1999, pp. 167–186.
④　赵壮天：《边疆省有政府自主性行为研究——基于云南的实践》，博士学位论文，云南大学，2014年，第28页。

(二) 结论

对比第四章经由框架—理论—模型的地方行政层级改革中的市县关系分析框架不难发现,除F2、F7、F10不明显外(但分别在认知因子、管理因子中得到验证),所得的因子都得到验证,同时也发现了F11——体制上下对口、F12——省级政府管理能力、F13——县的级别定位和官员的晋升交流通道这些新的因子,理论推导的研究结论总体上得到了证明。

由此可知,省直管县改革试水期—过渡期,行政上市管县体制与财政上或形式上的省直管体制的双轨制产生体制性摩擦(体制因子、能力因子),加之市县因认知驱动的机会主义策略选择(认知因子、能力因子),特别是省直管县政策设计、府际制度的缺乏(制度因子)与府际管理(管理因子)的滞后,市县关系在转型中出现尴尬、分歧甚至冲突,如何优化市县关系是关键。

第三节 试水期—过渡期的市县关系转型与优化

一 因子与对策点分析

(一) 因子分析

首先是分析因子的固化属性,在此基础上,有针对性地寻求对策(见表5-6)。

表5-6 省直管县行政层级改革进程中的市县关系:因子、路径与策略

关系维度 因子类型	因子构成与固化属性	路径与策略
自主性— 体制因子	F1 韧性+惯性+弹性 F3 惯性+弹性 F4 惯性+弹性 F5 弹性 F11 弹性+惯性	路径:弱化体制因子 F1 消解市管县与省直管双轨制 F3 维护地级市利益,有条件地方推行撤县并区 F4 权力下放与分权,切实提升县级自主性 F5 顶层设计,促进省直管县政策落地 F11 上下管理体制对口

续表

关系维度 因子类型	因子构成与固化属性	路径与策略
自主性— 能力因子	F3 定性＋弹性 F4 定性＋弹性	路径：弱化体制因子 F3 市级放权与帮扶 F4 全方位提升县级自主性
规范性— 制度因子	F5 弹性 F6 弹性	路径：强化制度因子 F5 地方出台与优化政策文本 F6 国家层面的政策与法律制度支持
互动性— 认知因子	F2 定性＋弹性 F3 定性＋弹性 F4 定性＋弹性 F8 定性＋弹性 F9 惯性＋弹性	路径：转变认知因子 F2、F3、F4 合作共识 F8 增强公共价值导向 F9 优化府际管理
协调性— 管理因子	F7 弹性 F9 惯性＋弹性 F10 惯性＋弹性 F12 惯性＋弹性 F13 惯性＋弹性	路径：跟进管理因子 F7 构建起有效的市县合作机制 F10、F12、F13 增进省级政府的府际管理职能

资料来源：笔者自制。

一是"韧性"，即有着较强的抗压性，短期内难以根本改变，但存在改进之"希望"。比如F1。省直管县体制改革并未从根本上冲击原有的市管县体制，很大程度上说明市管县体制仍有强大的韧性。

二是"惯性"，即一旦形成会长期积淀并存续，在短时期内完全消解是不太现实的"奢望"，除非有强大的外部力量，比如F1、F11，表明市管县体制乃长期积淀的产物，有着极大的惯性，在这一体制下的市县双方的自主性也带有惯性的特点（F3、F4）、外部的压力（F9）亦然。另外，省级政府对市县关系的管理协调受管理体制、传统惯习、观念感知的影响而带有很强的惯性。

三是"定性"，即固有的属性DNA，不可能根除，改变只能是一种"愿望"，但可因性利导，从利益诱导中加以治理。比如市县对关系的认知所持的本位立场、思维方式、认知能力等（F2、F3、F4、F8）都属定性，关键在于借助于观念态度、利益机制、管理机制以有效诱导转变。

四是"弹性"，即已经发生一定程度的改善或者有着改变的空间，有理由对此"展望"，比如从F1至F13的13项因子均具有弹性，可有针对性地采取引导措施。

由此可得，一是鉴于F1韧性＋惯性＋弹性、F3定性＋弹性、F4弹性、F5弹性、F11弹性＋惯性，路径为弱化体制因子。原因在于，虽然原有的管理体制韧性大，且在省直管县改革实践中行政市管县体制仍存在极大的惯性（双轨制运行），但并非不可改变。为此，路径为：弱化体制因子，在条件成熟地区从市管县真正过渡到省直管县，消解市管县与省管县双轨制。二是鉴于F5弹性、F6弹性，需强化制度因子，进行顶层设计和各类、各层面的立法制度保障。三是鉴于F2、F3和F4均为定性＋弹性、F8定性＋弹性、F9惯性＋弹性，可行的路径是：转变原有的认知因子。虽然市县双方从自身立场和本位主义的定性特质不可能根除，但可借助于利益机制（补偿机制、合作机制）去诱导自利基础上的合作共赢的实现。四是鉴于F7、F9、F10、F12、F13弹性，需要及时跟进管理因子，提供即时性府际管理。

（二）对策点分析

（1）宏观层面——制度因子，即F5、F6所得。从根本上说，市县关系受"嵌入"（embededness）于其中的制度环境影响：市县压力型体制中政策指令的政治性程度，以及国家层面省直管县政策的导引特别是地方省直管县改革制度变迁这一总体的制度环境，都在极大程度上影响甚至左右市县关系。鉴于"F1韧性＋惯性＋弹性"，即市管县体制虽然对省直管县改革有强大的抗拒性、短期内影响力仍存在且能形成照旧的惯习，但存在弹性空间。关键是需要有强大的外部压力和制度保障。因此，所需配套条件：C1——顶层设计与省直管县制度变迁；C2——府际关系法制完善。政策的合理性（市县间职能分工）及相对完善的政府间关系法案是市县关系规范有序的前提和保障。

（2）中观层面——体制机制（协调性）因子，一是体制因素，即F1、F3、F4、F5、F9与F11。这需要条件：C3——减少双轨制，有条件的地区过渡到省直管县。鉴于自主性取决于体制因素,需要合理维护市级利益(C4)的同时,切实增加县级自主性(C5)。另外,市县间的博弈,双方平等是关键:只有平等才能对等,才能良性合作,因此,C6——市县分等。二是机制因素,即 F7、F9、F10、F12、F13。相对于制度因子及行动者因子分属宏观与微观层面,机制因子关联市县关系的中观层面,发挥着超越市县双方但联结二者的桥梁作用。市县双方间需要建立起涉及利益分享、协调磋商、相互信任等在内的有效合作机制与干部交流考核机制,即 C7——有赖于外部激励和导引机制条件、C8——省级政府加强市县领导在任职上的交流及考核机制。

(3)微观层面——行动者认知因子,即 F2、F3、F4、F8、F9 所得。在自主性(F3、F4)的基础上,关键还取决于:一是条件 C9,即市县双方提升对公共事务治理的敏感度及合作共识的认同度;二是条件 C10,即促进市县双方增进公共价值共识。

二 主要对策建议

(一)宏观层面的规范性维度——制度因子:强化制度因子,提供政策支持

林毅夫提出的诱制性和强制性两种制度变迁轨迹[①]能够提供市县关系制度化的解释与路径。以制度变迁视角观之,省直管县作为一项制度创新,其制度逻辑为:地方层面(海南、浙江等省)率先诱致,随后国家层面关于省直管县改革的政策发挥了肯定和导引功能,进一步推动了地方层面的制度变革。从省直管县改革后与市管县双轨制运行的问题看,地方层面的政策创新已经达到极限,顶层设计还不够。因此,省直管县改革有待于完成从地方诱致性制度变迁到国家指示性制度变迁再到最终立法强制性制度变迁的全过程,从而提供良性市县关系的制度保障。

1. 在有条件的地区,坚持省直管县改革方向,进行顶层设计和出台相关政策

国家层面的制度(领导人讲话、中央一号文件、党的报告、全会文

---

① 林毅夫:《关于制度变迁的经济学理论:诱致性变迁与强制性变迁》,载[美]R. 科斯等《财产权利与制度变迁》,上海三联书店、上海人民出版社 1994 年版,第 371—418 页。

件、部门文件）主要集中在2007—2011年，对已尝试省直管县改革地区的制度创新发挥了默示、激励与支持作用，对其他地区的学习与跟进也起到鼓励、号召与推崇效应。正是国家层面的系列政策与地方政府的制度创新形成了融合协同效应，成功地扮演了指示性制度变迁的角色。2011年后，政策力度与持续性明显减弱，背后的原因与省直管与市代管双轨制运行中的问题不无关联。在地方制度变迁已经遇到"天花板效应"时，需要适时加强更高层面的政策指示和鼓励倡导，条件成熟时甚至可采取法规形式实施"强制性制度变迁"，为地方结合实际推行"诱制性制度变迁"提供强大的激励效应和动力支持。正如有学者所指出的："目前省管县改革中存在的问题，表面上是扩权县（市）与省、市对接不好，沟通不好，对扩权政策掌握不够、用的不足不活，实际上是缺乏顶层设计规划以及相关法律和政策实施细则。伴随省管县改革的深入，地方能自己探索的领域越来越窄，需要从上往下改革的领域越来越大。"[①] 为此：一是加强顶层设计，对省域管辖幅度小且省级管理能力强、经济基础好、交通便利、县级自主性强、市县关联度不高等具备条件的地区，坚持推进省直管县，同时注重从法律、管理、关系调整等方面提供全方位的配套改革。二是全国搞一刀切，其他不具备条件的地区，视情况保留市管县体制。

2. 完善法律制度，出台府际关系规范

一是加快制定省直管县改革及府际关系方面的法律法规。从域外经验看，地方组织法是地方府际关系的基本保障。为此，从短期看，需要起草和制定市县合作办法和指导规则，提供良性市县关系的基本依据。从长远看，即对《地方人民代表大会和地方政府组织法》进行细化完善或专门出台新的《地方政府组织法》甚至《市县关系细则》，完善相关配套制度，重点是厘清省、市、县权责划分，同时在合作机制、合作形式、争议仲裁等方面合理划分省市县间的职责，在此基础上可考虑形成《地方政府合作条例》等配套制度，对市县合作范围、合作机制、经费负担、争议仲裁、合作绩效考评等做出规范，对职责划分、相互关系和过程方式等

---

① 张占斌：《稳步推出省直管县改革配套政策》，《行政改革内参》2011年第3期，第36—40页。

加以制度化，为良性市县关系保驾护航。另外，鉴于市县隶属关系解除后的合作及区域治理，需要研究市县区域规划法、区域合作法、大都市区管理法等法律法规，形成市县合作、区域协调与都市治理的完备法律体系。①

二是系统规划，从倾斜性放权转向制度性定权。从严格的法律意义上讲，只要法律、法规没有规定可以授权或委托其他行政机关代为行使相应职能的，都是不能进行授权或委托的。②根据行政法理论和《最高法院关于适用〈中华人民共和国行政诉讼法〉的解释》，行政授权的依据为法律、法规和规章。因此，省直管县改革中，不少地方采用法规规章之外的规范性文件方式授权或委托向县级下放权力的做法缺乏明确的法律依据。短期看，应规范权力下放标准与程序，总的原则是按县级能力配备权限，完善权限下放制度保障。从长远看，应打破"职责同构"③，通过立法进一步厘清省市县间的责权利关系，重新定位市县的功能，总的方向是市县的财政政策要明确、市县的公共事务要划分清晰、市县行政区划的调整标准要有制度性的界定、市县的行政地位要明确。省市县职责划分的总体框架是，省承担区域宏观政策制订和监督管理的作用，推动事权、财权等逐步下放到县级政府，协调市县之间的关系；市级在履行好城市管理与公共服务固有职能的同时，弱化"城乡合治"职能，新增区域一体、辐射带动等方面的区域性协同职能；县级应合理扩充经济和社会事务管理权限，职能主要定位在执行政策、壮大县域经济、扩大就业、新农村建设和稳步发展小城镇上。

（二）中观层面自主性维度——体制因子：弱化体制因子，增强县级自主性

双轨制运行的体制摩擦是省直管县绩效大打折扣的根本性制约主因。由于原有市管县的纵向隶属关系尚未完全解除，除了财权、部分经济和社会事务管理权限调整和下放外，涉及社会管理、工作考核、安全稳定、人

---

① 吴金群等：《省直管县体制改革：现状评估及推进策略》，江苏人民出版社2013年版，第119页。
② 吴金群等：《省直管县体制改革：现状评估及推进策略》，江苏人民出版社2013年版，第39—40页。
③ 朱光磊、张志红：《职责同构批判》，《北京大学学报》2005年第1期，第101—112页。

事任免、日常监管等仍然实行市管县体制,即出现了两种体制并存,特别是省直管县体制"内卷入"原有的市管县体制,河北等少数省份甚至出现省直管试点后又被迫"回退"市管县体制①。不难发现,省直管县改革过渡期的背后隐含着两种体制并存交织的"内卷化"现象②,而实际上过渡期出现的双头领导、市县矛盾冲突等问题,无不根源于此。正如有学者所指出,"如果不能从行政体制改革的高度而仅实行财政体制上的省直管县只能是做表面文章,改革终将再次陷入'头疼医头,脚疼医脚'的怪圈,无助于从根本上解决市管县体制下的种种弊端"③。为此,总体方向是弱化体制因子,合理维护地级市利益,增强县级自主性。

1. 在有条件的地区,明确省直管县体制改革方向,解除双轨制冲突,消解市管县体制的纵向掣肘

一是区分和明确双轨制破解的条件。在省域管理幅度小、经济条件基础好、交通便利、县级自主性强的试点地区,尽快缩小财政省直管到全面

---

① 河北省 2015 年 9 月宣布迁安市、宁晋县、涿州市、怀来县、平泉县、任丘市、景县、魏县等 8 个省直管县试点试行半年即被迫取消,重新划归设区市管理。

② 康德在《判断力批判》中指出内卷化理论(involutions theorie),是内卷、内缠、纠缠不清的事物,以及退化、复旧,用以对比"进化论"(康德:《判断力批判》,邓晓芒译本,人民出版社 2002 年版,第 280 页)。戈登维泽使用内卷化,用以描述当一种文化模式达到了某种最终的形态以后,无法稳定下来,也没有办法使自身转变到新的形态,而是不断在内部变得更加复杂化,从而进一步强化原有模式(Alexander Goldenweiser. Loose Ends of Theory on The Individual, Pattern, and Involution in Primitive Society. in R. H. Lowie (eds). Essays in Anthropology Presented to AL Kroeber. Berkeley: University of California Press, 1963. pp. 99 – 104)。在戈登维泽的基础之上,格尔茨使用"农业内卷化"解释爪哇岛由于"农业无法向外延扩展,导致劳动力不断填充到有限的水稻生产,进而慢慢地形成了劳动力填充型的农业模式"发展状态,其对"内卷化"界定为,一个系统在外部扩张受到约束的条件下所进行的内部膨胀和自我战胜,难以突破原有模式。一种社会或文化模式在某一发展阶段达到一种确定的形式后,便停滞不前或无法转化为另一种高级模式的现象(Clifford Geertz. *Agricultural Involution: the Processes of Ecological Change in Indonesia*. Berkeley and Los Angeles: University of California Press, 1963: 81 – 82.)。国内学者扩大内卷化外延,韦森区分三个概念,变革(revolution),间断性的、突发式或者说剧烈的社会制度的改变与更替;演进(evolution),连续缓慢的、增进性的、发散性的或沿革式的社会变迁;内卷(involution),一个社会体系或一种制度在一定历史时期中在同一个层面上内卷、内缠、自我维系和自我复制;内卷机理一旦成型,就会"锁定""固化",形成"路径依赖",导致系统内部结构更新和制度创新难以发生(韦森:《社会秩序的经济分析导论》,上海三联书店 2001 年版)。马卫红认为,"只要是改革一圈又回到原点或近似原点的情形都用内卷化来解释。"(马卫红:《内卷化省思:重解基层治理的"改而不变"现象》,《中国行政管理》2016 年第 5 期,第 27 页)

③ 王雪丽:《中国"省直管县"体制改革研究》,天津人民出版社 2013 年版,第 4 页。

省直管县的时间差。可先行通过强县扩权与扩权强县措施，弱化市管县体制惯性，然后基于全面配套改革，彻底解决市代管问题，减少制度变迁中的时滞，由省级政府对县政府进行全面直管。实际上，从问卷第25题和第26题的填写看，反映了实践部门工作人员对尽快解决双轨制运行的期盼与呼吁。在试水期—过渡期出现省直管县与市管县两种体制并存交织、省直管县改革因被嵌入原有市管县体制而绩效不彰，甚至被迫回退市管县的地区，充分考虑双轨制运行产生的双头领导、市县争利、矛盾冲突、改革受阻等问题的严重程度，如果发现的确不适合省直管县，可重新回到市管县体制。

二是鉴于省直管县改革中的市县关系已不完全是体制内的行政层级、区划调整、财权划分问题，其背后隐含的仍然是一个长期未解的政府与市场关系问题。因此，应跳出体制内改革的旧思维，将市县关系放到体制外的政府与市场关系系统中综合考量，弱化行政性因素对市县关系的负面影响，充分发挥市场在区域分工、产业结构和资源配置中的作用，以做强县域经济和突出地级中心城市辐射效应为导向，形成市县良性竞争与分工合作关系。

2. 合理维护地级市利益，通过行政区划、职能调整、转移支付和有偿服务等方式增强地级市区域带动职能

省直管出现"两头热、中间冷"现象，与地级市利益受损有关。省直管县不是零和博弈，不是取消地级市和割市补县。相反，在适合推行省直管县的地区，应合理维护地级市利益的同时，做强和做大中心城市，发挥区域中心辐射与带动作用。

一是保持市的级别不变，维护设区市的合理发展空间。对于市县毗邻、县级农业人口比重小、城市化率高的地区，在充分尊重市县各自意愿、确有合并调整需求、合理维护市县双方利益的基础上，经过科学论证与设计，进行撤县并区与市县合并的行政区划调整改革。

二是鉴于省直管县很大程度上减少设区市的管理范围和工作量，需要合理调整设区市的管理事项，在此基础上精简市级相关机构，做好人员分流，特别是减少原有涉农管理机构、编制与人员。

三是职能调整与转型。对内看：一要撤。撤销管理和带动县乡经济发展的职能。二要放。将部分经济管理权（如项目审批、登记注册、市场

监督与行政执法等）和社会事务管理权力（如劳动就业、社会保障、文化教育等）下放直管县及其职能部门承担。三要转。抓住机遇，积极转变职能。从以往的城乡合治下主要管理县乡切实转移至以城市建设、公共服务提供和应急管理为核心的城市治理上，提高城市治理韧性，加快建设现代化城市。四是增。鉴于不少地级市已成为区域中心，特别是在一些区域性公共事务上，由于县级能力和资源相对较弱，市一级仍要承担起区域治理协调者、区域发展引领者、区域安全维护者角色。为此，做大中心城市，强化地级中心城市的主导者角色和区域公共事务的辐射、带动与引领功能，发挥区域治理的倡导和催化作用，促进共赢，但不得直接干预县级事务。当然，需要指出的是，随着市县隶属关系的解除，市级新增的区域协同职能不可能寄希望于市级的情感纽带和区域认知，而应基于转移支付或市场机制予以补偿。市级政府的区域性管理职能应基于转移支付给予适当补助，以激励和促进市级在区域治理上的动力。而市级如若继续发挥在人才、技术、设备和管理等方面的优势对省直管县进行辐射、带动与帮扶，也应当通过政府间的府际协议、公共服务购买、外包等市场机制以有偿服务的形式来体现。

关于地级市的转型问题，总体方向是按照市域社会治理现代化的要求，职能应定位在城市发展与市区公共服务的提供上，仍应保持对原所辖县资金、政策等方面的支持与帮扶，相关技术性强的部门（公安、司法等）对县级仍提供技术、设备、管理上的支持；中心城市应继续承担起区域性公共事务的带动引领职能，突出基础设施（如机场、垃圾处理、环境保护）服务提供优势，向县提供有偿服务。同时，随着不再管县及乡村，市级相应的职能部门职责应弱化、人员分流与减少编制。

3. 做好纵向权力下放与分权，切实提升县级自主性

强县扩权、扩权强县改革实效不佳，主要原因在于自主权下放不务实（明放暗不放、放少不放多）、可能形式上增加但实质上限制了自主性（放虚不放实，虚权特别是很大责任的虚权）。因此，不是下放权限越多就越好，除非很贴近实际（即与试点县的自主性能力相匹配）。实际上，在纵向的权力下放背后，隐藏着自主权与自主性的关系逻辑问题，二者并非一定正相关，要达成自主权与自主性的平衡，根本的方向是，在扩大县域发展自主权的同时，切实提升县级自主性。

一是稳步推进扩权强县改革。改变操之过急的做法，转而基于网上征集、座谈会、听证会等形式，尽可能吸纳基层意见，在全面考量县级自主性能力的基础上，科学对下放的权限内容、时间、进程等进行充分论证研究，制定权限下放目录清单，并按实际需要和实践反馈进行动态调整。切忌简单模仿、改革超前或滞后，同时避免虚放，做到权力下放充分、务实和到位。特别是需要提供权力下放的法律依据，提供可操作性细则。同时，也要加强有效管控，防止权限失控和滥用。为确保平衡，应时刻关注自主性程度变化，基于反馈纠错机制、第三方评估等渠道，以发现问题，及时动态调整（比如，对于存在较大问题的权限，采取上级收回、取消或转移给社会组织）。

二是明确定位与核心职能。除部分非农人口比重大、城市化率高的经济强县向城市发展转型外，多数县都应将服务"三农"和做好基层工作作为核心职能。其余技术性强（质量监督检验检疫、食品药品监督管理、技术鉴定和专业培训等需要较高设备和人才投入的职能等）和政策性强的职能（现行法律法规明确规定只下放到设区市的职能等）都可以考虑通过购买服务或分担成本的方式与周边设区市进行合作。这既能减轻试点县的人力和财力负担，又能提高设区市的资源利用效率，有利于发展新型的市县关系，形成市县在技术、制度、机制、管理、人才等方面的互利支持。另外，县要围绕资源禀赋、产业基础、地理位置明确产业发展方向，尤其应注重与周边设区市形成互补性产业格局，错位发展，拓宽合作空间，共同增强区域经济发展活力。

三是从机构、编制、技术、培训、配套等资源和地位方面切实提升县级自主性。改革过程中，许多试点县都出现了经费不足、设备落后、人员老化、管理能力跟不上的问题，需要加大针对县级的培训与学习，更重要的是从机构、编制、技术、培训、配套等方面提供全面支持，否则，自主性较弱，仍难以真正发挥自主权下放的实效。另外，调查中不少干部谈到，试点县干部人事级别比设区市低一级，比省低两级，级别差距使试点县公务员在与省市工作交往中处于边缘化地位的矛盾，在难以根本改变"以级别定权力"的情况下，短期内可考虑推行市县分等，区分情况适当提高县级行政级别（比如，从当前一些地方推行的经济强县的主要干部高配为副厅级到全面提升为副厅级），既能增强县级自主性，也为市县间的干部交流提供了平台。但从长远看，应淡化级别因素，更多从立法和配套等方面全面促进县级能力提升。

4. 完善顶层设计，加大省域范围内的省直管县改革力度

新型市县关系，除离不开国家、省级的顶层设计和持续关注外，也需要省级范围内的制度完善。从本章第一部分针对22个省的省直管县改革政策文本的比较分析发现：政策文本的趋同性高，府际关系重视不够，多为宏观要求，缺少可操作化实施细则，政策绩效有待提升。对此，对策建议如下。

一是加大地方自主制度创新，增强文本中的府际关系维度，从府际关系迈向府际治理。各省因地制宜，增强省域特色。同时，针对现有文本中的府际关系"盲区"与实际改革中的府际关系困境，有针对性地出台和完善相应文本：在重视政府间关系的同时，关注部际关系、条块关系，将职能部门、垂直管理部门纳入分析视野，省直部门出台部门系统内配套文件，同时理顺垂直管理部门与地方政府间关系减少省际趋同；注重财政、权限和行政等府际关系背后的人事关系和干部交流。另外，从长远看，市场经济、区域一体要求省市县突破行政区划扩大到包括NGO、公民、城市群等多元主体的广泛参与互动，文本中应考虑增设未来府际治理的政策性规定。

二是明确改革配套，细化相关要求。文本中切实考虑县乡两级承接能力，增强扩权实效。这方面，赣直管〔2014〕1号关于"试点县（市）因设备条件、技术力量等暂时难以承接的，可向省直部门和设区市提出申请、暂缓实施，待条件成熟后再实施"值得借鉴。同时，细化对县级在编制、人力、技术等方面综合配套措施。另外，文本中既有宏观要求，更要有实现此要求的细化操作性规定，通过明确有效的路径、方案、机制和准则，确保政策要求能够具体落实和提高实效。

（三）中观层面的协调性维度——管理因子：跟进协调因子，做好府际管理

省直管县打破了原有的管理幅度与管理层级，特别是随着市县隶属关系的解除，不但管理幅度以乘数增加，横向间的府际关系也更为复杂（比如，问卷第25题中有谈到"共青城是省直管县城，大力扶持的情况下会与其他周围县城有政策的冲突，如招商引资的优惠政策""县县矛

盾""县的扩张与周围的冲突"),这就要求管理能及时跟进,既涉及省级政府的宏观协调与府际管理,适当提高省级层面管理水平,更要求市县间的合作机制。

1. 省级做好府际关系的协调与管理

总的看来,省级政府应切实加强府际管理(intergovernmental management)职能,综合利用财政、规划、资源配置等政策以及激励、引导、干预、控制、仲裁、调停等方式履行好作为指挥者与引导者、市县纷争的协调者与仲裁者、市县合作的促进者与导引者、市县博弈的监督者与制约者等职责。

一是统筹与平衡。统筹市县空间规划和区域性功能定位:推进市县空间规划工作,落实区域主体功能定位;在壮大县域经济适当向县级倾斜的同时,进一步发展中心城市,通过转移性支付弥补市级在省直管县改革中的"财政损失",加大对市级在区域性公共事务治理中的成本补偿,要按照"事权与支出责任相匹配"原则(例如,2011年2月,广东省正式发文确定佛山市顺德区为广东省首个省直管县试点。佛山市、顺德区不得要求对方分担应属自身事权范围内的财政支出责任),合理安排市级对县承担的转移支付与相关配套资金比重。同时,完善权力运行监督,既防范市对县的不当干扰,又加强省级对县级的监管力度。

二是评价与激励。府际合作评价包括确认地方政府间:角色和功能不具明显的对抗性;具有成就社会公益的共同合作认知;彼此投入合作的资源情况;冲突管理;更高效的服务递送;各自、共同及社会目标的实现度等。为减少市县关系的负外部性,省级政府应扮演好公共价值领导者(facilitative leader)角色,可建立包括市县功能合理分工、区域合作认知、投入合作资源、关系管理、服务递送绩效、是否确立权威机构(市县合作组织)、信息相互公开、联合参与决策、精算成本效益[1]等方面的市县合作评价指标体系等衡量市县合作与竞争的考核指标并根据考核结果,对市县恶性关系予以问责并对良性合作补助或奖励。省级着力解决区域范围内公共产品的外溢性及总体规划问题,通过财政平等、再分配措施、设立

---

[1] Martin Painter. *Collaborative Federalism: Economic Reform in Australia in the 1990s*. Cambridge: Cambridge University Press, 1998.

共同基金、收益分享等方式促成市县形成良性关系。

三是协调与协助。"府际关系管理部分在于强调连接不同的政府单位。"① 作为府际间管理的例行性、常规性和必要性行为,府际管理是经由议价、协商、协作、包容等策略的运用过程。② 当市县冲突时,省级政府居间推动以共识合作为基础的对话,通过冲突管理有效化解矛盾、包容分歧和平衡利益;必要时可协助成立区域性特定功能组织,为市县合作提供支持。省级政府在协调市县关系方面要花大力气,并完善监督与考核制度。

四是放权与支持。过渡期,省级既要适当通过"权力下放""强县扩权"和"扩权强县"形式赋予市县管理地方公共事务的足够自主权,也要确保省市向县下放的权力到位并取得实效。在扩权的同时,省应加强对扩权县的监管,防止因权力失控和市县分治"巴尔干化"引发的市县恶性竞争和区域性公共事务治理碎片化问题。

五是交流与引导。调研显示,市县主政者间的关系极大程度上左右市县关系。为此,需要增进相邻市县间干部的调动、交流。随着省直管后,县级干部的晋升路径缩短,短期内可考虑按区域、实力及地位分设副厅和正厅县级别,利于市与县干部在市县间的调动和任职,从而创造合作所需的关系网络、信任互惠等社会资本条件。借用省直管县后县级行政级别的提升将为市县间干部交流提供新契机,增进市县领导间的人际互动和对主政地的情感维系,发展市县间信任互惠的社会资本,利于引导市县间产生良性合作。同时,落实"事权与支出责任相匹配"的精神,加大财政补助,平衡市县支出责任所需的财力。对有较强外溢效果、重分配公平性的区域性公共事务,配备专项资金鼓励和支持合作。

2. 推动市县间构建多元合作机制,为市县良性关系提供有效的机制安排

创造有效的合作结构及相应规则既是府际合作机制的核心内容,又是良性府际关系的必要前提。为此,市县需要增强机制构建能力,从以下几

---

① Robert Agranoff. "Directions in Intergovernmental Management." *International Journal of Public Administration*, Vol. 11, No. 4, 1988, p. 361.

② Michael McGuire. "Intergovernmental Management: A View from the Bottom." *Public Administration Review*, Vol. 66, No. 5, 2006, pp. 677–679.

方面展开合作机制安排。

一是探索多元合作方式。Christensen 总结了地方政府间从自主到合并两个极点间合作光谱上的 7 种合作形式：信息交换、共同学习、共同评估和讨论、联合规划、共举财源、联合行动、联合经营[①]。除这里的各种联合形式外，还可综合考虑服务性质、资源情况、成本收益、规模经济等因素，针对不同的情况，探索包括从非正式的信息分享、共同战略、互助、共同学习[②]、地方行政联络会议，到正式的府际协议、共举财源、契约外包（比如县为获得中心城市的高质量公共服务而与市订立契约），再到组织整合的共同设置机关、市县合并等多种形式。

二是构建囊括市县等政府主体参与的常态性区域合作机制。第三章的国外市县关系中可得，各国都设立了多种形式的府际论坛等合作平台。市县在长期合作互动中，可建立起类似国外府际论坛、区域政府联盟、联席会议等常态性合作机制以分享信息、联合决策、实施政策、谈判磋商、合作管理。实际上，从问卷第 19 题回答的信息分享机制、磋商谈判机制、信任互惠机制、领导人定期会晤或联席会议机制、服务购买机制看，这些常态性的机制也得到认可。

三是提供资金和政策等支持。考虑到合作机制成功的关键在于合理的资金取得及财务分担，需要建立起有效的资金支持、资金管理及利益分享机制，甚至可成立有计划审议权和经费决策权的区域合作委员会加以管理。需要指出的是，在缺乏完备的法律保障情况下，合作机制的推行很大程度上取决于省级乃至中央的支持和导引，比如，可通过研拟府际合作计划书、行政契约范本为市县合作提供规范和引导。

（四）微观层面的互动性维度—认知因子：转变认知因子，促进互利共赢

Anderson 指出，"府际关系概念的形成于人类关系和人类行为之上"

---

① Karen S. Christensen. *Cities and Complexity: Making Intergovernmental Decisions*. London: Sage. 1999: 32-43.

② Karen S. Christensen. *Cities and Complexity: Making Intergovernmental Decisions*. London: Sage. 1999: 32-43.

"官员才是真正决定府际关系的核心"①。Wright 也强调,"府际关系具有官员行为与态度的特征","府际关系强调公共官员的角色意识与认知"②。毫不夸张地说,市县间的领导观念意识特别是对合作的理解是市县良性关系的动力。总的来看,良性市县关系既要市县防止双方的"零和博弈",更应避免出现区域的"公害效应"。

1. 转变认知因子,增进合作共识并调和利益,防止"零和博弈"

在缺乏制度性诱因情况下,即使市县间有一定的资源互赖性,也可能由于本位主义或个人主义阻碍合作。因此,认知与共识至关重要。需要增进市县公务员尤其是领导者在平等尊重、资源互补、市县利益整合方面的认知与共识。

一是合作重要性的共识,基于市场机制得以实现。市县合作能消除职能重叠,使政府行为的内部化,减少负外部性避免两败俱伤的"零和博弈";合作能避免争夺资源而内耗冲突,利于实现规模经济。这就需要市县对各自所拥有的资源进行盘点,详细列出可建立伙伴关系的业务清单,并界定属性和排定优先级,借助不同的合作方式以增补(府际契约)、互补(联合、互助等)、替代(府际契约、外包等)、整合(兼并、市县合并、组建跨区域性协调机构)等多元合作方式构建"区域性伙伴关系",③并形成制度化合作机制,以调和利益、互利共赢。

二是认清和区分服务性质,采取不同的关系形式。合作并非越多越好,合作也有可能存在协调困难、人事变动损失、为对方所套牢、行动受限等方面的成本。对市县而言,应考量公共服务性质,合作主要集中在资本密集型和有赖规模经济效应、基础设施发展与维护(如垃圾处理、供水、机场等)等不会影响生活方式选择及较大争议性的服务领域展开。当合作成本过高时,可鉴于实际情况考虑是否可能通过组织结构变革即市

---

① William Anderson. *Intergovernmental Relations in Review*. Minneapolis: University of Minnesota Press. 1960, P. 4.

② Deil S. Wright. "Intergovernmental Relations: an Analytical Overview." *The Annals of the American Academy of Political and Social Science*, No. 1, 1974, p. 2.

③ Julie C. Olberding. "Does Regionalism Beget Regionalism? The Relationship between Norms and Regional Partnerships for Economic Development." *Public Administration Review*, Vol. 62, No. 4, 2002, pp. 480 – 491.

县合并或兼并以外部交易内部化。

2. 区域共识为导向，在合理维护市县利益的同时，创造公共价值，避免"公害效应"

公共服务具有公民满意、公民参与和公共责任等价值取向[①]，而公共管理者应与公民及其他组织一起创造公共价值[②]，这是一个集体偏好形成过程。此过程需要基于政府和利益相关者的协商而建立网络来实现公共价值[③]。以区域主义视角来看，市县关系过程中要防止生产"公害品"，要在达成合作共治共识的基础上，创造公共价值。

一是打破狭隘的本位主义，增进互利共赢效用目标的认识。市县应打破旧有本位主义和掌控地盘的思想藩篱，以共生性思维及协作视野，树立地方治理中荣辱与共、利弊共担、责任共负的思维，提高投资信任、谈判磋商、学习反思能力，激发市县合作治理的内在动力。市县要有区域信念共享，落实市县空间规划与分工，合理安排产业结构，要互补发展、合作共赢。

二是适应区域治理形势，融入区域协同。交通、环保、流动人口管理等跨区域性公共事务的增长，特别是大都市区的治理与协同，能促进市县增进合作共识，意识到区域内市县间的共生性相互依赖关系，必须借由双方甚至企业、NGO、公众等多个利益相关者间的资源和行动整合以发挥协同效应，实现地方治理。改革过渡期，作为区域经济中心地位的市级，应发挥好区域性公共事务治理的辐射、带动和协调作用；各县则尽其所能，配合市级做好区域性公共事务合作共治。

[①] 姜晓萍、郭金云：《基于价值取向的公共服务绩效评价体系研究》，《行政论坛》2013年第6期，第8—13页。

[②] Mark H. Moore. *Creating Public Value: Strategic Management in Government*. Harvard University Press, 1995.

[③] Gerry Stoker. "Public Value Management: A New Narrative for Networked Governance." *Public Administration Review*, Vol. 36, No. 1, 2006, p. 47.

第六章

结论与展望

前面五章基于"框架—理论—模型"的研究设计,从理论上勾勒出地方行政层级改革中的市县关系的关系维度、关系类型与影响因子,并从实践层面进行了验证,得出相关验证结论,为有针对性地提出省直管县改革试水期—过渡期的市县关系转型与优化的可行方略创造了前提。本章对整个研究进行总结,并鉴于市县不仅处在省域区划范围内,还是特定区域内(intra-region)的构成甚至区域间(inter-region)的节点的事实,特别是综合考量全球化、城镇化背景中市县融入区域治理、大都市区治理的情境,对未来市县关系的基本走势、市县合作进化、大都市区治理中的城市转型、市县结构化调整、市场化竞争和合作化机制等内容进行展望分析。

第一节 本书的主要结论

一 市县关系研究缘起

(一)市县关系:地方行政层级改革的动因与地方府际治理的基点

以省直管县改革为主要内容的地方行政层级改革,形式上表现为向县级下放权力、市县脱钩解除隶属关系,但实质上是试图通过体制变革达到破解传统市管县体制下的市县关系矛盾和构建新型市县良性关系的目的。随着改革的推进,市县之间原有的纵向行政隶属关系将被打破,面临着横向分治与合作的转型;同时转型中伴生的利益竞争与矛盾冲突、治理碎片化、区域性公共事务治理失灵等问题的凸显又要求适时改进与优化市县关系。可见,地方行政层级改革既因市县关系问题而缘起,又始终面临着市县关系转型的挑战:市管县体制中市县纵向协调存在潜在矛盾;省直管县改革试水期—过渡期市县纵横向关系出现分歧、竞争甚至冲突；省直管县体制下特别是市县分治后，区域性公共事务又要求市县展开横向合作治理。由此，市县关系特别是市县合作，不仅是地方行政层级改革能否顺利推进的关键，更是关乎未来府际关系和地方治理绩效的基点。这表明，市县关系转型已成为地方行政层级改革中亟待解决的突出难点和重要课题。

（二）地方行政层级改革中的市县关系研究的必要性

省直管县改革的实质，主要在于调整省、市、县之间的权责关系，并进而调整三者之间的利益关系。[①] 作为一项系统工程，地方行政层级改革涉及纵向体制变革、行政区划调整、财政体制改革、府际关系协调等多个复杂内容，其中的一个突出难点，即市与所辖县的关系转型、嬗变与新型合作关系的构建问题。然而，不论理论研究还是实务部门都主要聚焦于如何推进这一改革，对改革过程中最为突出和棘手的市县关系问题缺乏足够的关注：比如，市县关系在改革整个进程中将经历怎样的变迁，其类型、趋势、规律与因素（背后的因子）有哪些？特别是省直管县改革试水期—过渡期的利益博弈中，市县关系面临哪些可能的矛盾与困境？市县如何重构各自角色以解决可能面临的矛盾与冲突？有条件的地区推行市县分治后，市县如何就解决跨界公共问题展开横向合作治理？未来新型的市县关系又将如何？市县如何有效融入都市圈与区域治理？为此，剖析市县关系转型与演变，特别是分析省直管县改革试水期—过渡期的矛盾困境，并有针对性地提供未来市县关系的完善策略，实属必要。

二　市管县体制与省直管县体制并非绝对排他和完全替代关系

（一）运用 PEST – SWOT 战略分析法比较两种体制得出，二者并非完全的替代关系，而是总体上的互补关系

第二章 PEST – SWOT 战略分析显示：省直管县与市管县两种体制能够优势互补；省直管县总体彰显更多优势也更符合地方治理趋势，但也会屏蔽市管县的部分优势；二者并非绝对的替代关系而是总体呈互补关系的同时，相互间存在增补关系，但省直管县对市管县增补更大。两种体制的

[①] 吴金群等：《省直管县体制改革：现状评估及推进策略》，江苏人民出版社 2013 年版，第 15 页。

并存关系、市管县体制的惯性,特别是我国幅员辽阔、各个省份的差异性决定了实行不同的层级管理体制的必要。两种体制在我国版图内可同时并存:省直管县体制适合于经济条件好、交通便利、非农业人口比重大、自主性强的县域且省级政府管理能力较强的地区推开实行;其他不具备完全推行省直管县条件的地区,可视情况适当保留现有的管理体制。然而,即便是从当前看适合推行市管县体制的地区,也要打破依靠行政手段推行市县合治的格局,明确市县间的职能定位、权责分工和优化财政管理,地级市回归城市建制属性,主要定位在城市发展与公共服务提供上,逐步弱化涉农职能;县主要定位在县城与农村发展;市为县提供制度环境、技术管理、公共服务和财政上的帮扶。

总的来看,两种体制都是特定时代情境的产物,均有其存在的时代条件。省直管县体制符合扁平化、市县分治、城乡共同发展、都市区治理的未来趋势;而市管县体制作为主要适应计划经济下的产物,其存在的现实条件虽发生变化,但总体上却仍有强大的生命力。鉴于两种体制间的关系,省直管县全面取代市管县将是一个曲折的过程,正如有学者运用政策终结视角预见并指出,"'省管县'替代'市管县'的过程是在一个集小胜为大胜的期待和实现中,逐步完成的,但这一过程不会过于平顺,其间有曲折、反复甚至是退缩。"[①]

(二)两种体制在同一辖区内为排他关系,双轨制并行不但无法发挥增补效应,反而产生体制摩擦的"内卷化"负效应

两种体制在中华版图内是互补并行关系,但在同一辖区实际上是矛盾排斥关系。第五章的调研发现,同一辖区内同时并行市管县体制与省直管县两种体制(推行省直管县改革试点,但仍以市管县体制为主,或者实际上无法真正绕开市管县体制),形成了事实上的双轨制运行,由此产生了"内卷化"现象,导致市县尴尬、矛盾分歧、基层工作量增加不堪负担、省级因管理幅度太大难以顾及等问题。省直管县实践中暴露出的问题,一定程度上又赋予了市管县新的存在理由。所谓省直管县改革"内卷化"是指:省直管县改革进程中,受体制内外等诸多因素影响,在干

[①] 王翀、严强:《"市管县"到"省管县":基于政策终结的视角》,《南京社会科学》2012年第3期,第80页。

部人事、业务管理、工作考核、统计汇总、日常监管等方面仍很大程度上沿袭和依赖原有的市管县体制，由此形成了省直管县和市管县两种体制并行、省直管县改革被"内卷""嵌入"原有的市管县体制，部分地区甚至出现改革试点后又被迫回到原初市管县体制的复杂现象（见图6-1）。可见，两种体制在同一辖区内的排斥与矛盾关系，决定了其无法同时双轨制运行，"内卷化"问题必须尽快解决。"内卷化"表明，全面行政上的省直管县试点改革总体并不成功。究其原因在于，在省直管县的先天条件不足（特别是市管县体制的强大惯性），加上改革动力缺乏持续性、过渡期相对保守求稳、省市县关系未理顺的情况下，试点很难真正奏效。为此，完成从"内卷化"到省直管县的转变，需要：一是充分考虑省直管县在经济发展、交通地理、县级自主性、市县关联度、省级管理能力、制度环境等方面的条件，只要条件达到，即可探索推行；二是达到条件，坚持全面推行，改革过渡期不宜太长，以消融市管县体制的影响。

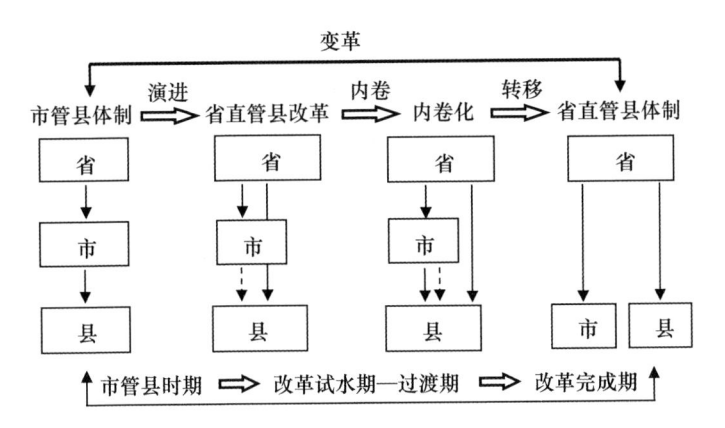

图6-1 地方行政层级改革进程中的省直管县改革"内卷化"

资料来源：笔者自制。

（三）制约两种体制绩效的因素是市县关系，在特定体制下如何适时优化市县关系是关键

第二章市管县体制的历史回顾分析显示，市管县体制下，市县纵向间的矛盾冲突关系（资源分配上的"市刮县卡县挤县"、县级财力和县域经济受限、县级缺乏自主权与权责不对等、市县关系紧张）以及所导致的体制弊端（增加行政成本、降低行政效率、影响信息沟通、城乡难以真正统筹等）直接引发省直管县改革的必要。可见，市县关系是省直管县改革的导引。而省直管县又面临市县转型（从隶属到分治中的市县分歧、矛盾和冲突）与优化（良性市县关系构建）问题。因此，两种体制背后的真正问题并不是层级，而是市县关系。不论是省直管县，还是市管县，都面临着市县关系问题，可见，行政层级体制改革的关键在于背后的市县关系。因此，两种体制各有优劣，其背后都隐藏着复杂的市县关系问题，亦即不论是省直管县，还是市管县，都面临着市县关系的调整、转型与优化问题。

三　地方行政层级改革进程各个阶段都涉及市县关系

（一）地方行政层级改革进程大体上包括市管县体制期、省直管县改革试水期—过渡期、改革完成期三个阶段

肇始于1992年浙江、2005—2016年全国多数省域探索的省直管县体制改革，就是要打破市县间的行政隶属关系，使"省—市—县"三级为"省—市、省—县"二级管理，优化地方治理。整个改革的进程大体包括市管县体制期、改革试水期—过渡期、改革完成期三个阶段（见图6-1）。一是市管县体制期。市县之间的上下级行政隶属关系决定了市对县有着在财力、行政、人力、技术等资源上的绝对支配权，但总体上除少部分地区（强县弱市）外，市县矛盾未公开化。同时，市管县下的城乡合治模式，也一定程度上限制了县域经济的发展。市管县体制在实践中暴露出的种种弊端，引发省直管县改革的呼吁与需要，这是整个改革的序幕。二是改革试水期—过渡期。针对市管县体制的弊端，从20世纪90年代起，一些地方（浙江、湖北、山东与福建）扮演地方制度变迁的发起者角色，通过财政省直管县、强县扩权、扩权强县等改革，试水推行省直管县，并导引2005—2016年全国范围内多数省份的改革探索，一些省份（河南省、安徽省、江西省、湖北省等）还选取部分地区推行行政上的省直管，试图过渡到全面省直管县，此为改革的试水期—过渡期。总体上看，存在市管县与省直管县双轨制运行，有的地方甚至出现省直管县改革"内卷化"现象。三是改革完成期。这是未来的愿景，在具备条件的省区，真正推行省直管县，实行市县分治，省市县关系法定化，职责明晰，

积极做好地方治理与融入区域治理；其他地区仍实行市管县体制。

（二）三个时期都面临复杂的市县关系，可将市县关系放到不同时期的时间序列内加以考察

在本研究看来，地方纵向层级变革，实质上是府际关系的变革与调整。改革进程中的每一阶段都必然涉及府际关系，其中，受影响最大的是市县关系。因此，大体上可以将市县关系放在改革进程中的三个阶段予以考察。鉴于市管县体制期、省直管县改革试水期——过渡期均已出现，本书前面主体章（第二章历史和战略分析两种体制，得出两种体制间的互补关系的同时重在得出市县关系是根本这一重要结论；第三章构建市县关系理论和对国外市县关系进行比较；第四章构建了三个不同时期的模型，并通过第五章的实证检验了市管县体制期、改革试水期——过渡期的模型并得出相关结论）重点完成了前面两个时期的市县关系考察，而在本章第二节则对第三个时期即未来的市县关系进行展望分析。至此，完成将市县关系放在行政层级改革进程中的三个阶段予以考察的全部研究目标。

四 市县关系研究囊括关系的实质、性质和内容

（一）市县关系是基于结构关系维系的多样化形式的利益关系

市县关系既是结构关系又是利益关系。结构关系是静态关系，通常是鉴于一国国情及地方治理实际，由政治权威、习俗文化或法律制度规定的已制度化的关系，包括组织结构关系、权责结构关系、财政结构关系等。利益关系是动态关系，在特定的情境中，由市和县双方基于自身利益、价值偏好和效用目标的考量所选择的策略互动关系，往往因情况而异，具有可变性。横向市县间的动态关系一般为竞合关系，其形式多样；纵向市县间的动态关系为隶属前提下的策略互动关系，主要表现为领导—服从、压制—顺从、强制—敷衍、彼此协调、帮扶—被扶、兼并—合并等；斜向上，市管县体制下，市县较少互动，多为间接竞合关系，但随着区域性公共事务的增多，斜向市县间互动相应增加。实践中，静态关系决定、制约并影响动态关系，而动态关系的演变也会推动静态层面上结构关系的建立、修订与完善。因此，市县关系实质上是基于结构关系维系的利益关系。

针对受访公务员问卷结果发现：理论研究与实务部门公务人员的理解

不一致：在受访公务系统人员看来，市县关系在实际中的表现更多是"公共行政关系"，其次是"权力关系"和"财政关系"。当被问及在四种关系中最核心的关系时，认为更多是"权力关系"，其次是"公共行政关系"和"财政关系"。"利益关系"不论是在类型中（仅占12.68%）还是在核心选项中（8.69%）占比都是最低。这也反映出实务部门对抽象的实际上是最根本性的"利益关系"相对把握不够，更多看到现实中关系的外在"权力"和"行政"表现。而实际上，利益是所有关系的根本，关系背后是利益。

（二）市县关系从性状和效果维度看有三种类型，需要不断优化

从属性的效果维度看，作为主体间相互关联的关系，有良莠之分。关系因内部收益（各自及共同目标实现度）与外部效应（社会目标实现度、社会成本及资源节约度）的不同，可能呈现良性、中性、恶性三种状态。依应然的规范要求，市县间需要构建起良性关系。合作有助于组织间良性关系的形成。然而，合作也可能产生分歧，需要不断优化。优化并非最优，而是达成良性关系的手段。特别是，鉴于组织间关系动态性，三种关系状态可能发生转化，需要借助优化以保持、促成或转向良性状态。总体上看，市县关系优化的主要方式为：市县府际合作、府际关系管理和市县合并。

（三）衡量市县关系至少应涉及关系维度、关系因子和关系类型三个方面

维度确定了衡量关系的标准，是总的面向，同时，还包括因子和类型两个具体方面。一是关系维度。关系至少应涉及关系主体（市县为主体的府际多元参与者）、关系背景（地方行政层级改革的进程情境）、关系过程（关系的嬗变情况）、关系结果（类型）。因此，本书旨在针对地方行政层级进程这一特定的情境，分析研究市县关系主体在特定关系情境中的关系过程与关系结果。二是关系因子。关系的主体、发生、嬗变过程与形式，均受到特定情境中的因素影响。三是关系类型。不同情境（市管县体制、省直管县改革试水期—过渡期、行政层级改革完成期）中的关系类型不同，关系影响因素（因子）的变化也会产生不同的关系结果（类型）。

五　市县关系可进行"框架—理论—模型"研究设计

（一）框架—理论—模型的研究设计

Ostrom（2011）① 和萨巴蒂尔（2004）② 关于框架、理论、模型的分析，为行政层级改革中的市县关系研究提供了可行的设计思路：一方面，构建起有效的整合性分析框架以确定市县关系研究的分析基面；另一方面，综合运用理论分析与模型构建用以预测和推导出市县关系内容（关系维度、相关因子和关系类型），为经由实证对市县关系内容特别是关系因子的验证和最后基于因子与优化策略的内在逻辑提出治理策略创造前提。

（二）框架：可将市县关系"维度—类型—因子"分析融合进整合性SPP分析框架中

关系研究或者说关系分析框架至少应涉及关系的主体（S）、情境（S）、关系过程（P）、关系结果（P）四个维度。由于主体是市县双方，主体的感知受特定情境的影响，因此，四维实际上可整合为三个维度，形成地方行政层级改革中的市县关系总体分析框架——SPP分析框架。

一是 S（Situation），即分析特定情境中市县关系主体的构成、感知、市县关系的来源。情境提供了关系主体所赖以存续的总体背景。实际上不论是体制维度（两种体制）、规范性维度（制度与政策）、自主性维度（情境制约）、互动性维度（关系感知）、协调性维度（即时情境），还是体制因子、认知因子、管理因子、制度因子，其既是特定情境的构成，更是特定情境中的产物。

二是 P（Process），即市县关系从形成到变迁的过程情况。府际关系研究关注关系的形成及变迁演进过程。为此，不仅可分析地方行政层级改革进程中三个时期的市县关系演变，还可分析市县关系特别是合作关系的进化过程。

三是 P（Performance），即市县关系的结果（关系类型、关系形式）

---

① Elinor Ostrom. "Background on the Institutional Analysis and Development Framework." *The Policy Studies Journal*, Vol. 39, No. 1, 2011, p. 8.

② ［美］保罗·A. 萨巴蒂尔：《政策过程理论》，彭宗超、钟开斌等译，生活·读书·新知三联书店2004年版，第11页。

及影响，不仅涉及对市县及相关府际主体的影响，还包括对区域及社会治理的影响乃至公共价值的实现。

（三）理论：探寻理论中关于"维度—类型—因子"的共性内容并归总

基于府际关系理论（IGR）、组织间关系理论（IOR）这两大涉及关系研究的理论分析和提炼可得关系的维度、类型与影响因子。一是维度方面，最终可得自主性维度、互动性维度、规范性维度、协调性维度四大方面。二是类型方面，主要涉及：（1）保持各自组织独立身份的关系形式，通常有非正式的联合、呼吁、心理契约，正式的契约合同与协议等；（2）保持各自组织独立身份但成立相应的关系管理机构，如联席会议、政府间委员会（COGs）、特别公共团体等；（3）消解原有组织独立身份的合并与兼并。三是影响因子方面，为情境因子、认知因子、管理因子、制度因子四个方面。

（四）模型：基于"关系维度—影响因子—关系类型"形成地方行政层级改革进程三个不同时期的模型，以此洞悉市县关系嬗变类型、影响因子与规律趋势

一是维度归类。市县在不同时期和同一时期的不同情境中的互动策略完全取决于：规范性维度（体制及制度对市县关系的明文性或内隐性限定与约束）、自主性维度（由体量、财政、地位、领导者能力等所决定的县级实现自身目标与行动的能力及实力）、互动性维度（是否采取互动或者采取何种互动选择）和协调性维度（关系润滑、冲突解决与矛盾消解）。

二是因子归类。第四章模型中最终形塑10项因子：F1——市管县体制情境特别是由此决定的市县隶属关系；F2——县级对市级政策命令的合理性与政治性强度的感知；F3——市级自主性程度；F4——县级自主性程度；F5——省域范围内省直管县体制改革的力度与强度；F6——制度约束与要求；F7——合作机制；F8——市县对关系的预期及认知；F9——外压（上级或社会的压力）；F10——管理协调。可归类为：其一是体制因子：F1、F2、F3、F4、F5（其中的省管县体制）、F9。其二是制度因子：F5（其中的省直管县政策）、F6、F7、F10。其三是认知因子：F2、F8。其四是管理因子：F7、F10。

三是类型归类。(1) 市管县体制条件下，总体上呈现出命令服从、帮扶带动、潜在矛盾关系，表现形式主要有：领导—服从、领导—协同、领导—协调、帮扶—协作、压制—顺从、压制—应付、压制—协商、压制—抗衡。(2) 省直管县改革试水期—过渡期，既带有市管县体制下的关系特点，又由双轨制运行而总体上呈现出命令服从、暗中争利、矛盾冲突等新的关系类型，主要表现形式有：兼并—被并、兼并—抵制、放权—容忍、放权—争权、领导—协调、限制—顺从、争利—冲突、突破—摩擦。(3) 改革完成期，总体上呈现出分立、竞争、对抗、协调、合作、协作、契约、依赖、兼并等多元竞合市县关系类型。

六 省直管县体制改革试水期—过渡期的市县关系问题多元复杂

(一) 体制因子方面，体制性摩擦引发市县尴尬与分歧

主要表现在：(1) 财政体制与行政体制不匹配，省直管与市代管双轨制不协调，省直管县难以真正实现；(2) 省直管与市代管双轨制运行的体制性摩擦，导致多头管理、重复工作与双重考核，增加县乡负担；(3) 行政上省直管县后的体制不一、上下对接和配套问题。

(二) 认知因子方面，逐利性认知诱发市县摩擦与冲突

主要表现在：(1) 市优先市本级，对县的帮扶积极性有所减弱；(2) 权限下放受到市级掣肘和县自主性约束，下放不彻底与不紧要并存；(3) 市县潜在矛盾甚至公开冲突；(4) 主导市县关系调整的主要是政策利益、地位实力和外部压力因素，而非社会效用目标认知。

(三) 制度因子方面，规范性缺失导致关系照旧与失范

主要表现在：(1) 缺少顶层设计以及相关法律制度；(2) 没有理顺关系、缺少运行保障。

(四) 管理因子方面，协调性滞后加剧市县争利与矛盾

主要表现在：(1) 省级管理能力与自主性问题；(2) 市县缺少针对合作关系管理的合作机制。

(五) 能力与自主性因子，县级自主性弱和缺少相关配套

主要表现在：(1) 机构、编制和技术受限，级别相差悬殊影响沟通；(2) 相关法律法规未配套；(3) 市县主政者的能力情况影响市县间的合作；(4) 市县官员晋升交流渠道未畅通。

七 省直管县体制改革试水期—过渡期的市县关系调查结果与发现

（一）维度和类型得到证实

规范性维度、自主性维度、互动性维度和协调性维度均得到证实。新发现的能力与自主性因子，实际上可归为体制维度。市县关系类型基本上得到证实，即市县关系类型为：领导—服从、领导—协同、领导—协调、帮扶—协作、压制—顺从、压制—应付、压制—协商、压制—抗衡、兼并—被并、兼并—抵制、放权—容忍、放权—争权、领导—协调、限制—顺从、争利—冲突、突破—摩擦等。但总体上，不论是市管县体制下，还是在省直管县改革试水期—过渡期的双轨制运行看，市县间的配合、合作多于竞争和冲突。

（二）因子总体上得到证实，但也有新发现

对比第四章经由框架—理论—模型的地方行政层级改革中的市县关系分析框架不难发现，除F2、F7、F10不明显外（但分别在认知因子、管理因子中得到验证），所得的因子都得到验证，同时发现：一是"能力因子"，表现为机构、编制、技术、级别等硬件条件和工作能力软件条件，可归类为自主性维度，并可化归为F4——县级自主性程度，根源于F1——市管县体制情境特别是由此决定的市县隶属关系和F5——省域范围内省直管县体制改革的力度与强度。二是新发现了F11——体制上下对口、F12——省级政府管理能力、F13——县的级别定位和官员的晋升交流通道等这些新的因子。因此，理论推导的研究结论总体上得到了证明。

八 省直管县体制改革试水期—过渡期的市县关系优化路径

（一）因子与对策点的逻辑

（1）宏观层面——制度因子，即F5、F6所得。从根本上说，市县关系受"嵌入"（embededness）于其中的制度环境影响：市县压力型体制中政策指令的政治性程度，以及国家层面省直管县政策的导引特别是地方省直管县改革制度变迁这一总体的制度环境，都极大程度上影响甚至左右市县关系。鉴于"F1 韧性＋惯性＋弹性"，即市管县体制虽然对省直管县改革有强大的抗拒性、短期内影响力仍存在且能形成照旧的惯习，但存在弹性空间。关键是需要有强大的外部压力和制度保障。因此，所需配套条件：C1——顶层设计与省直管县制度变迁；C2——府际关系法制完善。政策的合理性（市县间职能分工）及相对完善的政府间关系法案是市县

关系规范有序的前提和保障。

（2）中观层面——体制机制（协调性）因子，一是体制因素，即F1、F3、F4、F5、F9与F11。这需要条件：C3——减少双轨制，有条件的地区过渡到省直管县。鉴于自主性取决于体制因素，需要合理维护市级利益（C4）的同时，切实增加县级自主性（C5）。另外，市县间的博弈，双方平等是关键：只有平等才能对等，才能良性合作，因此，C6——市县分等。二是机制因素，即F7、F9、F10、F12、F13。相对于制度因子及行动者因子分属宏观与微观层面，机制因子关联市县关系的中观层面，发挥着超越市县双方但联结二者的桥梁作用。市县双方间需要建立起涉及利益分享、协调磋商、相互信任等在内的有效合作机制与干部交流考核机制，即C7——有赖于外部激励和导引机制条件、C8——省级政府加强市县领导在任职上的交流及考核机制。

（3）微观层面——行动者认知因子，即F2、F3、F4、F8、F9所得。在自主性（F3、F4）的基础上，关键还取决于：一是条件C9，即市县双方提升对公共事务治理的敏感度及合作共识的认同度；二是条件C10，即促进市县双方增进公共价值共识。

（二）优化对策建议

一是宏观层面的规范性维度——制度因子：强化制度因子，提供政策支持。（1）在有条件的地区，坚持省直管县改革方向，进行顶层设计和出台政策；（2）强化制度因子，出台并完善府际制度规范。

二是中观层面自主性维度——体制因子：弱化体制因子，增强县级自主性。（1）有条件推行省直管县的地区，明确省直管县体制改革的方向，解除双轨制冲突，消解市管县体制的纵向掣肘；（2）合理维护地级市利益，通过行政区划、职能调整、转移支付和有偿服务增强地级市区域带动职能；（3）做好纵向权力下放与分权，向基层放权赋能，减轻基层负担，切实提升县级自主性；（4）完善顶层设计，加大省域范围内的省直管县改革力度。

三是中观层面的协调性维度——管理因子：跟进协调因子，做好府际管理。（1）省级及时做好府际关系的协调与管理；（2）推动市县间构建多元合作机制，为市县良性关系提供有效的机制安排。

四是微观层面的互动性维度——认知因子：转变认知因子，促进互利共赢。（1）转变认知因子，增进合作共识并调和利益，防止"零和博弈";（2）区域共识为导向，在合理维护市县利益的同时，创造公共价值，避免"公害效应"。

九 地方行政层级改革进程中的市县关系嬗变机理

（一）改革进程三个阶段中的市县关系转型与嬗变

地方行政层级改革进程的三个阶段中，市县关系总体上将历经从改革前的纵向行政隶属关系，到改革试水期—过渡期的纵横向竞合关系，再到完全省直管县体制下的横向分治关系之嬗变。此过程中，受分别对应于关系自主性、互动性、规范性、协调性四个维度的体制、认知、制度、管理四大因子影响，市县关系形成了不同时期的特定性多元关系类型；同时，从各因子的应然变化情况看，大体呈现出体制因子逐步消解、认知因子亟待转变、制度因子有赖加强和管理因子有待跟进的趋势（见表4-2）。

一是自主性维度——体制因子。综观三个阶段，市管县体制因子从固化（市管县体制期）到减弱（省直管县改革试水期—过渡期）再到消解（省直管县体制期），根本上主导了不同时期的市县关系内容。但从长远来看，资源要素的跨行政区流动及区域公共事务治理的横向联合必然取代传统的体制性纵向权力分合，伴随体制因子逐渐消减的必将是县级自主性的渐趋增强，而这将推动市县形成伙伴型与网络型关系，今后主导市县关系的主要因素应是资源使用及区域性公共事务治理，而非纵向体制因素。

二是互动性维度——认知因子。市县双方对于关系的感知判断（改革前的隶属、试水期的半隶属、完成期的分治）、行为导向（服从性、机会主义性、协作性）与策略选择（改革前的命令与顺从、试水期—过渡期的尴尬与冲突、完成期的竞争与合作）等认知，不但影响了彼此的互动性程度，也从根本上决定了关系内容（隶属、分立、顺从、竞争、对抗、协调、合作等）与关系性质（恶性、中性、良性）。

三是规范性维度——制度因子。由于地方组织法并未对市县关系予以明确和规范，市管县体制下，市县关系几乎完全取决于体制性因素。改革试水期—过渡期，当既有的市县关系格局为省直管县改革所打破的情况下，本应及时出台的旨在规范市县关系运行的多元制度的缺失，一定程度上加剧了市县关系的无序与失范。对比前两个阶段制度的不足与缺失、特别是第三个阶段良性市县分治关系对府际制度完善的终极依赖看，制度因子可谓市县关系规范有序与否之关键。

四是协调性维度——管理因子。三个阶段的市县关系都难免竞争冲突，协调尤为必要。省直管县改革之前，市县关系更多基于市管县体制的命令等级链协调；省直管县改革试水期—过渡期，在原有的市管县体制协调功能有所减弱的情况下，省级政府本应发挥的府际协调与关系管理职能仍显滞后，在应对市县关系的矛盾与失控上彰显乏力；省直管县运行期，市县关系需借助横向上的市县间合作机制得以协调，但仍有赖于省级政府的即时性府际管理。

（二）省直管县改革进程中需要不断优化市县关系

由市管县体制向省直管县体制改革进程中，一方面，市县竞争难免，甚或出现画地为牢、重复建设、资源浪费、管理真空之类的恶性竞争；另一方面，市县间如何通过合作以解决共同事务既是挑战又可能面临矛盾冲突。因此，需要不断优化市县关系。市县关系优化的标准为满足市县利益的同时，促进区域公共价值的实现。市县关系优化的主要方式为：市县共识与合作、府际关系管理和市县合并。

（三）省直管县改革中的市县合作关系进化[①]

鉴于实际主导省直管县改革中（Stag1 市管县体制—Stag2 省直管县改革过渡期—Stag3 省直管县改革完成期—Stag4 市县分治期）的市县合作关系变迁的是一个包括引力（省直管县体制改革政策、市县分治趋势与区域合作示范效应）、压力（体制内压力、体制外压力）、阻力（本位主义、资源限制、风险感知、地位变化）、动力（相互依赖、信任互惠、激励机制）等在内的"力场"系统，为此，借用力场理论可以构建起"力场"4F（Force）分析模型（见图6-2）。

一是结合试水期—过渡期的情境可得各力的变化情况：（1）阻力总体增大，但可能因情境不同而存在变数；（2）引力显著增强，但在导引合作上仍疲软；（3）压力逐步加大，但因缺乏强制性和实效性而总体孱弱；（4）动力在过渡期总体减弱，但分治期可能会逐步增强。

[①] 此内容中的部分出自笔者已发表的阶段性研究成果。详见韩艺《省直管县改革中的市县合作关系：一个组织间关系的"力场"分析框架》，《北京社会科学》2017年第7期，第42—46页。

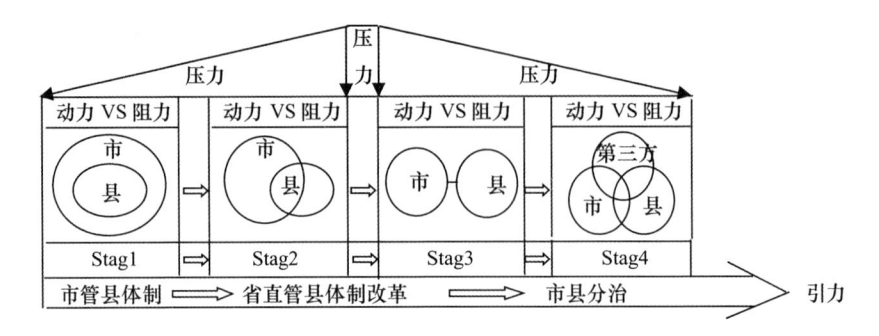

图 6-2　省直管县改革中市县合作关系变迁之"力场"4F 分析模型

资料来源：自制。

二是结合试水期—过渡期的情境可得"力场"绩效：（1）场内形成了以阻力为主导的单核结构，总体走势呈利于市县横向分治方向发展，但不利于市县合作。在促进市县关系转型上，引力及压力总体上均增强，推动市县关系由纵向隶属到横向合作转型。但客观地看，引力疲软、压力屡弱、动力减弱，且尚未实质性整合为有效的推力，即仅是"力的分立"而非"力的复合"。而阻力强大且在特定时期内会随着省直管县改革的推进而增大，"力场"内由此形成了以阻力为主导的单核结构，市县合作不容乐观。可见，省直管县改革在推动市县关系转型上卓有成效，但对于市县合作的效用仍难以彰显。（2）"力场"决定市县合作关系进化，但可能出现"回潮现象"和"钟摆效应"。改革进程中，市县将历经四个时期的五种类型合作进化（见图 6-3）：市管县时期（Stag1），引力、动力、压力均弱小，属隶属型合作。① 过渡期（Stag2），阻力增大，引力、动力与压力虽弱但有所增强，然双轨制条件下，市县间逐渐貌合神离，出现离心式合作和应付式合作。完成期（Stag3）和市县分治期（Stag4），当引力、动力与压力均增大时，若阻力大，市县分治式合作（比如，激烈竞争的同时被迫合作）；若阻力小，市县协同式合作（比如，基于以往合作经历的信任互惠）。受"力场"作用，市县合作进化的理想情形是历经隶属型合作—离心式合作—应付式合作—分治式合作—协同式合作。然而，当引

---

① 隶属型合作包括：一是多数情况为隶属服从式合作；二是强县弱市时，阻力可能较大，出现隶属应付式合作。

力、动力与压力均增大但未整合为利于合作的推力时，Stag2 极有可能出现退回 Stag1 的"回潮现象"，而力的博弈可能使得 Stag2—Stag4 的市县合作出现循环往复的"钟摆效应"。

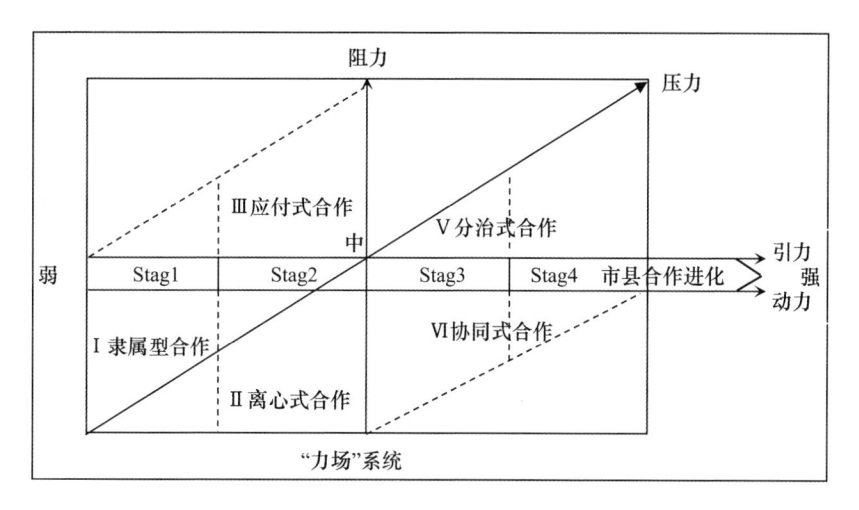

图 6-3 基于"力场"分析的省直管县改革中市县合作关系变迁

图表说明：沿箭头方向，力由"弱"增"强"，经过原点处为"中"。

资料来源：韩艺：《省直管县改革中的市县合作关系：一个组织间关系的"力场"分析框架》，《北京社会科学》2007 年第 7 期，第 45 页。

三是市县关系的作用逻辑：（1）市县关系特别是合作之变迁，根本上受"力场"所左右，"力场"视角提供了解析市县关系的有效路径。阻力、压力、动力、引力存在并作用于其间的"力场"，决定了市县合作关系变迁的方向、阶段、过程及形式：由市管县到省直管县改革过渡期再到完成期，市县从纵向隶属型合作往横向分治型合作的过程中，将历经隶属型合作—离心式合作—应付式合作—分治式合作—协同式合作五种形式的渐进进化；然而，场内力的博弈，也可能使市县合作关系出现"回潮现象"和"钟摆效应"。因此，市县合作的进化是一个在四种力作用下历经四个阶段五种合作类型的渐进过程。（2）省直管县改革中，引力、压力与动力的复合作用未显现，不利于市县合作。在阻力总体增大的情况下，引力、压力与动力在趋势上有利于但结果上却不利于市县合作：引力显著增强，但在导引合作上仍疲软；压力逐步加大，但因缺乏强制性而总体雇弱；动力在过渡期总体减弱，分治期才可能会逐步增强。究其原因，压力、引力、动力分散，复合作用未显现，未形成有效的推力；而能够同时决定和影响阻力、引力、压力和动力等四力的省直管县改革政策的应有作用未有效发挥。目前各个层面的省直管县改革政策，在导引市县关系从垂直依存（纵向隶属关系）过渡到水平依存（横向竞合关系）再到共生依存（多向网络关系）的趋势转型上作用明显，但在市县合作的制度设计上却未提供明显的激励结构、压力机制和引导诱因，市县合作不容乐观。（3）"力的来源—力的形成—力的复合—治理机制—市县合作"，是"力场"中的市县合作关系背后的深层次作用机理。追根溯源，引致四种力产生及变化，是现实需要、政策制度、体制机制、观念认知等因子的综合作用。然而，力的存在并不意味着能整合为市县合作的推动力，如何变外部的压力为合作动力，再加上引力的导引，形成"力的复合"效应是关键。但此时只解决了合作意愿和动力问题，最终达成合作还有赖于合作机制。因此，"力场"作用下的市县合作关系背后实际上隐藏着"力的来源—力的形成—力的复合—治理机制—市县合作"这一深层次作用机理。

十　从体制改革走向府际关系、关系管理与府际治理

研究显示，市管县无法解决的问题，省直管县不一定能解决。事实上，省直管县与市管县都是传统的体制改革视野和区划导向思维，从市管县下市域合治调整为省直管县下省域合治，本质上仍未完全超脱"板块式行政合治"的窠臼，在囿于层级调整和行政区划改革的传统体制性视野下，无论是省直管县，还是市管县，皆非治本之策。原因在于，行政区与经济区的矛盾并不能通过层级调整和区划改革得到真正解决。实际上，如果不改变纵向地方政府间集权模式，不真正转变地方政府职能（纵向间职能划分，横向市场和社会分权），不以市场配置资源，不突破体制中的行政区限制打破"行政区经济"，省直管县和市管县都无法从根本上解决问题。而职能转变、市场配置资源、区域经济最终指向的都是关系，因此，真正的核心与问题，并不是表面上的体制与结构，而是背后的关系，也即关系具有超越区划体制的性质。这就要求从体制改革走向府际关系、关系管理与府际治理：跳出传统的体制改革和区划调整导向，将视野转向府际关系、市场机制和区域治理。真正从重构政府间关系、处理好政府与

市场关系、区域治理结构创新关系、城乡关系等方面作系统分析。以战略视角看，经济的横向联合必然突破原有的体制限制和纵向权力传承，淡化建立在等级原则上的隶属，迈向更为广阔的区域治理。

第二节 展望：未来的市县关系

一 未来市县关系的基本走向

省直管县适合于管理幅度小、经济和社会发展状况好、交通便利、县级自主性强、市县关联度不高的地区，其他地区均可视情况是否采用省直管县体制。对于强市弱县型且市县关联度高的地区、民族自治地区、偏远山区可推行现有市管县体制。在全国不"一刀切"，两种体制同时并存的情境下，市县关系的格局为：市县分工协作、市县分治竞合①、市县合并整合，主要的关系优化工具为府际关系和府际管理。而鉴于市县不仅处在省域的区划范围内，还是特定区域内的构成甚至区域间的节点，同时，在城镇化战略、经济全球化、全球城市的背景下，市县关系终将超出固有的"体制—结构"限制迈向更为广阔的"治理—过程"②，即冲破行政区禁锢，打破"行政区"与"经济区"的地域重合，更多走向区域治理与大都市区治理，主要的关系优化工具为府际治理（见图6-4）。正如有学者所指出："大都市区治理模式的主要优势在于它是一种高度融合的功能区，而非行政区，也就意味着不需要通过行政整合实现统筹发展和地域融合，也就避免了省管县或市管县体制的行政化弊端。"③

（一）市县关系格局：市县分工、市县分治与市县合并

1. 市管县体制下，市县分工协作

市县虽不对等，主要是领导、配合、协作关系，但市级要尊重城市治

---

① 详见 Adma M. Brandanburger, Baryr M. Nalbeuff. *Co-opetition*. New York：Doubleday. 1996。
② 此处受到城市与都市治理领域著名学者 Hamilton、Savitch、Vogel 的启发，他们认为，结构是提供服务的地方或区域政府，如市县乡镇等，而治理是功能和议题导向，不完全是政府结构本身，而是以政府参与并引导其他部门合作治理。详见 David H. Hamilton. *Governing Metropolitan Areas: Response to Growth and Change*. New York：Garland Publishing, Inc. 1999. pp. 34 – 37；Hank V. Savitch, Ronald K. Vogel. "Path to New Regionalism." *State and Local Government Review*, Vol. 32, No. 3, 2000, pp. 158 – 168。
③ 曹海军：《国外城市治理理论研究》，天津人民出版社2017年版，第110页。

理规律，改变以往主要依靠行政手段集中县域资源、发展市域经济的传统方式，更多赋予县级自主权，提升县级治理能力。理想的情形是，总体上呈纵向隶属的市县关系，但市县在区域一体和城乡分治上进行合理分工：中心城市主要提供城市治理与促进区域治理，市对县主要是政策、技术、管理和服务上的帮扶带动；周边县域主要承载工业经济和农业经济；市县间分工协作，同时通过关系管理不断优化关系，达成良性市县关系的动态平衡。

2. 省管县体制下，市县分治竞合

总体上是市县分治，不具有隶属关系，合作与竞争共生。短期内在行政级别上市县可对等（强县提升为正厅级），也可不追求行政级别对等，但在法律地位上对等。长期看，市县不再受行政层级和区划的限制，充分利用经济、社会、行政和法律等多重方式发生关系，进行合作治理，同时能基于区域一体和"创造公共价值"① 导向，平等竞争与合作，在达成互利的同时，促进区域治理的实现和公共价值产出。

3. 两种体制下，市县合并与整合

不论是市管县体制，还是省直管县体制，不管是市县分工协作还是市县分治竞合，在市县关系的发展过程中，随着情境的改变和条件的成熟，特别是当市县地理位置毗邻，都有着相同的文化，产业同质性强，合并能产生更协同的公共政策、更大的规模经济效应、能提供更高效的公共服务且符合民意时，可采用结构上的市县合并与整合方式，不但能解决分散化的市县治理冲突和纷争的税收问题，还能提供更加集中、高效和低成本的服务。比如，除市县间的合并外，地级市周边的经济发达且与地级市关联紧密的县改为市辖区，地域相邻的较小的县合并为大县或形成新的城市。然而，市县合并与整合的条件非常苛刻，是优化市县关系上少有的处理方式，条件若不成熟，须谨慎推行。

4. 未来的市县关系将超出体制因素，更多适用治理因素融入区域治理

随着城镇化战略的推进，城市向郊区扩张，城郊城市化进程的加快，

---

① John Bryson, Alessandro Sancino, John Benington and Eva Sørensen. "Towards A Multi-Actor Theory of Public Value Co-Creation." *Public Management Review*, Vol. 19, No. 5, 2017, pp. 1–15.

城市与周边连片的市、镇、区、县连为整体，开始向具有复合性功能的大都市或大都市区发展。同时，经济全球化和"城市国家"的日益深入，此过程中，作为城市单元和区域构成的市县，只有更多融入区域治理和全球竞争浪潮中，通过有效的合作才能互利共赢和适应时代情境需要。为此，可以肯定的是，虽鉴于中国大一统体制、层级管理和维护上级权威的需要，市县虽仍无法摆脱省直管县和市管县两种体制的框架约束，但今后将会超越体制因素，打破行政区的限制，跨越固有的行政疆界与管理樊篱，更多基于市场和区域发生多元化的互动关联，进行府际治理和区域治理。

5. 市县关系总体上历经城乡合治到城乡分治再到城乡共治

市县关系总体上从市管县体制的城乡合治（依靠行政力量以城带乡，试图城乡互补），到省直管县体制的城乡分治（市县间无行政隶属关系，分而治之，但视情境发生横向的互动关联），再到淡化体制与行政因素基于府际关系和府际治理实现城乡共治（市县与其他治理主体协同合作，城乡融合与包容性发展、互利共赢）。在整个过程中，正式化的结构—体制—级别因素减弱，而更具弹性化的网络—治理—关联因素增强。

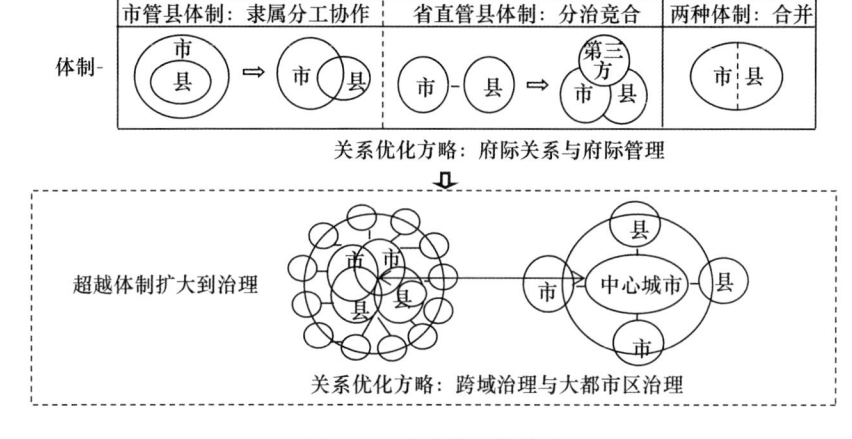

图 6-4 未来的市县关系

资料来源：笔者自制。

图表说明：图中的若干个○代表镇、社区、NGO、企业、公众等多元主体。

(二) 市县关系优化方略之一：府际治理与府际网络管理

市县关系处在省域的纵向区划内，是特定的情境系统构成，特别是鉴于未来体制因子逐渐减弱、市场经济的高度发达、社会力量的不断壮大，市县关系将从纵横向二元关系走向多向多元府际治理，这就要求即时性的府际管理。

1. 从市县关系走向府际治理

从长远看，超越市县二元主体和府际主体，扩大到包含体制外的 NGO、企业、公民等参与的多主体系统的"府际网络 (Intergovernmental Network)"①，以合理配置资源与达成合作治理是基本趋势。实际上，问卷第 23 题"市县关系可能会超越市县主体，扩大到以下哪些主体"检验发现，受访者在认可多元主体上的排序不同，共同上级政府、社会组织、企业、社区、专家学者等选项都有一定的权重。为此，从省直管县改革过渡期到完成期，可更多以行政协调、成立 COGs 跨域联盟甚至市县合并（如撤县并区）等科层治理为主②，同时在区域性公共事务治理中借助于契约、委托、第三方政府等市场机制。省直管县改革完成后的市县分治期，随着市场完善和社会自治成熟，基于省县之间、市县之间、县县之间乃至 NGO、企业等多主体间的关系网络，以"多层级治理的相互嵌入"展开自主合作③，形成互惠的伙伴关系。在此基础上发展信任互惠、联合决策和权力共享式关系，形成市县间的高度协作乃至协同，借助于协同共治及网络治理机制，形成区域治理中多主体间的多元性互动与网络化关联。

2. 从市县关系管理走向府际网络管理

从长远看，特别是当时机成熟后，府际关系中的权力关系从目前的纵向间单纯权力下放走向制度化分权，明确省市县三者间的职责划分，最关键在于做好市县间的法定权限分工，淡化行政级别。市县关系很大程度上

---

① Robert Agranoff, Micheal McGuire. "Inside the Matrix: Integrating the Paradigms of Intergovernmental and Network Management." *International Journal of Public Administration*, Vol. 26, No. 12, 2003, pp. 1401 – 1422.

② David K. Hamilton. *Governing Metropolitan Areas*. New York: Routledge. 2014, p. 170.

③ Jon Pierre, Guy B. Peters. *Governing Complex Societies*. New York: Palgrave Macmillan. 2005, p. 84.

是自主性问题，市县分治需要自主性增强但也要受到合理约束。为此，需要强化党建引领，增强省级政府对市县自主性的调控作用，除了对市县关系进行评价、管理外，更要对良性合作关系进行激励与引导。在省域范围内的多元府际治理主体所构成的复杂组织间网络中，优化关系管理的策略是做好目标管理、愿景分享、网络设计与冲突管理，充分发挥"跨域协调者"的谈判、仲裁、斡旋技能①，运用对话能力和协商技巧，促进"组织间的交易转为社会嵌入式关系"②。

(三) 市县关系优化方略之二：大都市区治理与跨域治理

市县不仅处在省域的区划范围内，还是特定区域内的构成甚至区域间的节点。特别是城市化的发展，形成了以中心城市为核心的连片大都市区，为避免各行其是、各自为政的区域负外部性，治理碎片化和"巴尔干化"现象，都需要市县镇等多个区域性主体间的合作治理；同时，跨区域性公共事务如环保、垃圾处理、水资源利用、交通一体、基础设施共建共享、公共政策的外溢性问题等的有效治理又要求冲破管理体制和行政区限制，进行跨区域、跨部门、跨领域的"跨域治理"③。

1. 新区域主义导向的大都市区治理方略

在20世纪八九十年代以来兴起的新区域主义看来，无论是采用都市区内政府间合并的"巨人政府"的传统整合路径④，还是主张分散化多中心竞争的公共选择学派观点，都无益于解决都市区面临的问题，大都市区治理必须构建起多主体间参与的网络化区域合作结构。在新区域主义视野下，形成了从非正式的交流到正式协议甚至扩大管辖区或者超越正式边界的多种地方政府间关系：市县合并、兼并⑤、府际协议、跨区域的外部管

---

① Paul Williams. "The Competent Boundary Spanners." *Public Administration*, Vol. 80, No. 1, 2002, pp. 103 – 124.

② Peter S. Ring, Andrew H. Van de Ven. "Development Process of Cooperative Interorganizational Relationships." *Academy of Management Review*, Vol. 19, No. 1, 1994, p. 107.

③ 林水吉：《跨域治理——一个个案研析》，中国台湾五南图书出版股份有限公司2009年版。

④ 又称"统一政府学派""单一政府论""大都会主义"。

⑤ 中心城市兼并邻近的乡镇等郊区，形成一个覆盖全区域的大都市政府。

辖区、多层级政府;① 或者成立大都市政府联席会、县（市）长论坛等；府际委员会（IGCs）②。Sybert 分析了单层选择方案中的兼并、城市合并、市县合并，双层选择方案中的大都市区、市县全面规划、联盟，以及合作选择方案的地方政府间服务协议、联合权力协议、非正式合作等类型。③ Olberding 总结了美国都市区内地方政府间所采用的两种合作形式：一是全面的合作，即"大扫除式策略"包括，大都市区政府、政府合并、兼并、区域性政府委员会；二是在少量服务上的协调，即"目标导向式策略"包括，区域性伙伴关系、正式书面合作协议、特区。④ 总结来看，尽管都市治理与跨域治理方式多元并不尽一致，但从属性上看，无非是整合（合并）、协作（参与主体间存在强势主体主导下的高度的合作关系）、协调（参与主体间的不对等的调适）、合作（参与主体间对等的较为松散的合作关系）四类，同时在难易程度和灵活度上有所不同，适合不同情境的需要。

2. 从市县关系走向都市区域治理和跨域治理

区域性公共事务的复杂性超出市县主体所能及的范围，应从市县关系走向市县治理，即有赖于与各类政府、企业、NGO、公民等主体之间的合作。此过程中，应因地制宜选择性地采用整合、协作、协调、合作等多元方略，建立起有效的都市区治理结构和形成多主体间合作机制，比如，可视情境的不同，选择关系光谱（见图 6-5）中结构化调整的合并，或者相对灵活的成立区域协调发展委员会、合作论坛、政府联席会，抑或更为灵活的在需要合作事项上形成策略性伙伴关系⑤、合作协议与契约等不同

---

① Hank V. Savitch, Ronald K. Vogel. "Paths to New Regionalism." *State and Local Government Review*, Vol. 32, No. 3, 2000, p. 158.

② Nicola McEwen. "Still Better Together? Purpose and Power in Intergovernmental Councils in the UK." *Regional And Federal Studies*, Vol. 27, No. 5, 2017, pp. 667–690.

③ R. Sybert. "Models of Regional Governance." In Kemp L. Roger (eds.). *Forms of Local Governance: A Handbook of City, County & Regional Option*. Farland Company Inc Publisher. 1999.

④ Julie C. Olberding. "Does Regionalism Beget Regionalism? The Relationship between Norms and Regional Partnerships for Economic Development." *Public Administration Review*, Vol. 62, No. 4, 2002, p. 481.

⑤ Jaakko Sivusuo, Josu Takala. "Trust and Strategic Partnerships: Barriers to Developing Dynamic Capabilities in a Public Organization." in Barbara Kożuch, Sławomir J. Magala, Joanna Paliszkiewicz (eds.). *Managing Public Trust*. Gewerbestrasse: Palgrave Macmillian, 2018, pp. 115–133.

形式，真正走向市县合作与区域治理，实现区域治理体系和治理能力现代化。

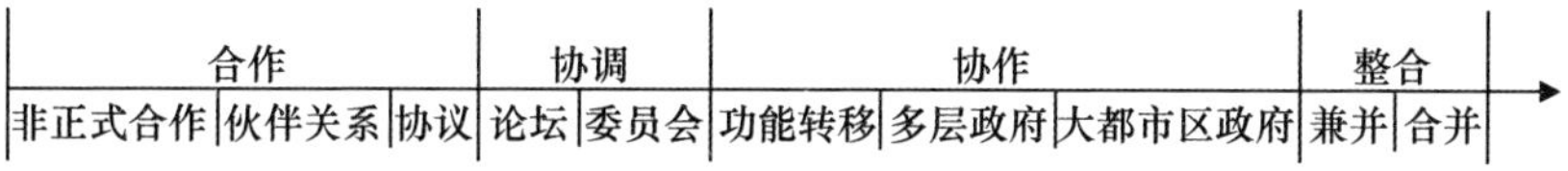

```
| 合作              | 协调        | 协作                          | 整合      |
| 非正式合作 伙伴关系 协议 | 论坛 委员会 | 功能转移 多层政府 大都市区政府 | 兼并 合并 |
```

从左到右：结构化度高；灵活性低；操作难度大。
从右到左：结构化度低；灵活性高；操作难度小。

图6-5　跨域治理与大都市区治理中的市县关系主要类型及属性

图表来源：笔者自制。

二　城市化与区域化背景中的市县关系

结合我国国情与发展路径，未来应奉行大中小城市和小城镇全面发展、城市与区域并举的城市化与区域化战略。省管县改革与城镇化发展不但不矛盾，而且有助于推动城镇化发展，关键是省管县改革要置于城镇化的大背景之下。[①] 城市化与城镇化，既要求城市治理功能的转型，更对身处城市化与城镇化背景中的市县关系提出挑战。一是城市化与城镇化背景中的城市治理转型。城市转型总的方向是，对内由广域型政区回归城市型治理，对外强化区域治理职能，市县合理分工与竞争合作。正是在这个意义上，有学者提出市县关系调整目标设定为"建立市县分工合理、互惠共生的区域治理体系"[②]。二是随着省直管县条件下市县隶属关系解除，特别是未来体制性和区划性因素的淡化，中心城市与周边县域间的关系发生新的排列组合，形成了乘数效应。同时，大都市区治理、镇改市的兴起和城市群的形成，也对新型的市县关系提出挑战。这就要求"坚持区域导向，将大都市区和城市群作为省管县实践的空间载体"[③]，构建市县等多主体参与并贡献能量的区域合作治理网络。

[①] 张占斌：《城镇化发展与省直管县改革战略研究》，《中国机构改革与管理》2011年第2期，第37—39页。

[②] 吴金群等：《省直管县体制改革：现状评估及推进策略》，江苏人民出版社2013年版，第106页。

[③] 陆军：《省直管县：一项地方政府分权实践的隐性问题》，《国家行政学院学报》2010年第3期，第42—46页。

（一）城市治理转型与市县关系

现代城市治理的基本逻辑与规律是，城市为城市型建制，治理以自主能力为基础，而不是主要依靠行政手段集中县域资源，在削弱县域经济社会发展潜力的同时谋求自身发展。发达国家基本奉行城乡分治，即便是存在一定程度的城乡合治，也主要是指城市和乡村在经济社会发展方面的差异逐步缩小，并最终形成城乡经济社会的一体化，它并不意味着在行政管理体制上实现城市对乡村的领导。[①] 因此，市县共治，市县虽分而治之，但不是各自分立、互不关联甚至画地为牢与相互隔绝，而是形成互补型市县关系。

1. 城市回归市政属性，突出特色，打造"善治城市"和"智慧城市"

21世纪仍将是城市的世纪。发达国家城市化以经济发展和经济规模为主线而非以行政级别，遵循了城市化的规律来安排城市层级，不人为构市。因此，应变"官位"和"级别"设市为按经济规模设市；变人为构市为产业建市；变全能城市为特色城市，避免低水平的"造城运动"和无序扩张。根据联合国人居署提出"善治城市"（good urban governance）的可持续性、权力下放、公平、效率、透明与问责、公民参与、安全这7项原则，通过纵向权力下放整合社会力量，政治上的参与、透明及增进公共价值责任，社会领域里的公平、包容与安全，实现城市治理的善治目标。另外，鉴于县域内镇改市的兴起，大量新兴边缘镇的出现，可适当鼓励小城镇发展，但要避免人为和行政构市，新设城镇前一定要科学论证，确有必要成立时也要做好区域规划与统筹，可采用类似德国的"城市联盟"（inter-municipal associations）[②]负责区域空间、布局、政策规划和污水管理、交通、旅游等公共服务提供。同时，各城市内部专注城市品位与质量提升，防止城市虚化。在市镇内部，可更多引入公众参与、邻里组织等社会力量，同时构建"智慧城市"，融

---

① 参见吴金群等《省直管县体制改革：现状评估及推进策略》，江苏人民出版社2013年版，第86页。

② 城市联盟为正式化组织但非科层制管理，且在立法的监督之下，其作用旨在支持市镇间的合作。详见 Karsten Zimmermann. "Re-Scaling of Metropolitan Governance in Germany." *Raumforsch Und Raumordnung/Spatial Research & Planning*, Vol. 75, No. 3, 2017, pp. 254 – 255。

入技术治理与精细化治理，发挥大数据、区块链、物联网、人工智能等在解决城市公共服务提供、突发事件与应急管理、公共安全等问题上的作用，优化城市治理。

2. 微观区域范围内做好市县间的合理分工，互利共赢

在市县构成的紧密相连的微观区域，总的原则是既有助于市县合作共赢，也利于区域协同治理。总的方向是做好市县间规划、空间布局优化，形成互补效应，避免产业趋同和重复建设。城市主要是经济建设、城市规划、交通管理、土地管理、基础设施建设、应急管理等城市治理与公共服务提供，同时依托自身在技术、设备、管理和人力等方面的优势，对县提供帮扶甚至有偿服务；而县域则主要是产业经济和农业经济，为城市发展提供产业支持、劳动力和市场。柯善咨的实证研究表明，省会和地级中心城市的经济增长对下级市县有显著的回流效应，而下级市县的经济增长对位于市场中心的上级城市有明显的市场区增长作用，同级市县经济增长有相互促进作用。[①] 从未来看，在市管县体制地区，这种互补相互促进作用，除了离不开市县间协调发展的理念共识、职责分工与相互支持，有可持续性的经济带动与回流绩效保障机制外，还需要扩展到政治、社会、文化等多方面互补；而在省直管县体制地区，当"市和县在政治问题和重大事务上是协商关系，在经济发展问题上是平等关系，在公共治理问题上是利益共享的合作关系"[②] 的情境下，更需要有效的治理结构、运行机制与制度构建。

3. 中心城市在市县构成的紧密相联的微观区域治理体系中扮演主导角色，促进市域社会治理的现代化

市域治理介于省域治理和县域治理之间，具有承上启下的枢纽作用。地级市在省直管县改革前承担对县域的领导功能，随着省直管县改革后市县关系发生改变，地级市对县乡的领导职能逐渐被弱化和消解，地级市特别是中心城市在区域治理中的辐射带动职能应强化。当然，在此过程中既

---

① 柯善咨：《中国城市与区域经济增长的扩散回流与市场区效应》，《经济研究》2009 年第 8 期，第 85—98 页。

② 吴金群等：《省直管县体制改革：现状评估及推进策略》，江苏人民出版社 2013 年版，第 146 页。

要避免出现"极化陷阱",即增长极点极化过度而扩散不足的状况①,又要避免陷入"非弹性城市"即中心城市处于静态,而外围郊区不停增长的现象②。针对某些跨区域性的公共事务如社会治安、区域统筹一体、交通、基础设施共建共享等都需要市县乡镇政府合作处理,在由市县构成的紧密相连的区域范围内,要求"以域代属"③,城市尤其是中心城市以"域"的理念替代原有的"属"的区划意识,扮演好区域性公共事务规划与战略者、合作治理倡导者和协调者、合作治理机制构建者等方面的职能,统筹区域规划,发挥辐射带动功能,通过中心城市品位的提升而带动整个周围市县的转型升级,实现中心城市和县域治理的优势互补与区域共同繁荣,共同推进市域社会治理的现代化。

(二)大都市区与城市群治理中的市县关系

区域协同治理主要体现为大都市区治理、城市群构建以及区域合作。城市的发展已超越传统市制,特别是大城市与周围的城镇连成一片,形成由多个次国家政府实体多元交织的大都市区(城市区域化),并进而形成了城市群(区域城市化)。在发达国家,大都市区经济已经成为各国经济增长的发动机,国与国经济竞争的基本单位正从国家竞争和企业竞争转变为大都市区竞争。《"十四五"规划和二〇三五年远景目标纲要》指出:"发展壮大城市群和都市圈,分类引导大中小城市发展方向和建设重点,形成疏密有致、分工协作、功能完善的城镇化空间格局。"从未来看,作为聚集着产业、能源、资本、人才和治理优势的核心聚合区,大都市区不仅在拉动经济增长和全球竞争中的作用更加突出,还是实现区域利益和公共福祉的关键。只有携手合作形成地方区域或联盟,聚合成具有空间结构的全球城市区域,才能促进区域的整体发展,提升总体竞争优势和增强协同能力。④ 在这种背景下,不难想象,市县关系不但将超出市县主体,还

---

① 周密:《我国区域经济中的"极化陷阱"及其内在机理》,《现代经济探讨》2009 年第 5 期,第 85—88 页。

② 对应"弹性城市",即中心城市与郊区同时拓展,且从郊区增长中获得收益,达到双赢。详见[美]戴维·鲁斯克《没有郊区的城市》,王英、郑德高译,上海人民出版社 2011 年版,第 60 页。

③ 王雪丽:《中国"省直管县"体制改革研究》,天津人民出版社 2013 年版,第 29 页。

④ OECD. *Local Partnerships for Better Governance*. Paris:OECD. 2001,pp. 14 – 15.

会超出市县赖以存续的微观区域，融入范围更大的中观大都市治理体系甚至宏观的全球城市体系中，基于大都市区治理、构建城市群以及区域合作等区域协同方式进行治理。

1. 市县突出特色，参与承接大都市区域内分工并积极贡献能量，融入中观区域内的合作治理"公共能量场"

作为一个由相对独立管辖权的地方政府单元构成的城市集系统，大都市区很大程度上是碎片化、分散的。为了形成和执行大都市区政策，克服治理碎片化，需要共同协调和共同合作的机制。在新区域主义看来，区域合作的出现源于全球经济背景中区域更具竞争力推动城市与郊区共同解决负外部性的需要，同时，郊区也需要依赖于中心城市提供各自以及整个区域内的经济利益。① 理想的大都市区治理格局，不是各独立单元杂乱无章的堆积和各自为政，而是形成较为合理的区域分工，彼此互补共治（见图6-6）。《"十四五"规划和二〇三五年远景目标纲要》指出："以城市群、都市圈为依托促进大中小城市和小城镇协调联动、特色化发展，使更多人民群众享有更高品质的城市生活。"为此，一是成立由各组成单元代表自愿组成的带有"俱乐部"性质的合伙性组织——都市区域委员会（大都市政府联席会），其并非行使有着至上权威的统一的大都市区政府实体的职责，而是通过"公共能量场"作用的发挥，承担区域规划、决策、监督和促进政策落实、筹集区域基金的职责，目标是使政策规划能获得充分的辩论与协调，谋篇整体布局，做好区域内公共事务的管理协调，最大限度地调动和发挥各成员单位能量的基础上，形成区域治理能量合集。二是市县融入都市区治理，以大都市区的整体视野，提前布局与战略规划，特别是充分利用大都市区溢出效应与契机，打造自身特色，突出优势，做好特色性职能的牵头承接工作，同时紧密配合好非牵头性职能，积极贡献能量。

---

① Marta Lackowska, Donald F. Norris. "Metropolitan governance (or not!) in Poland and the United States." *Miscellanea Geographica Regional Studies on Development*, Vol. 21, No. 3, 2017, p. 114.

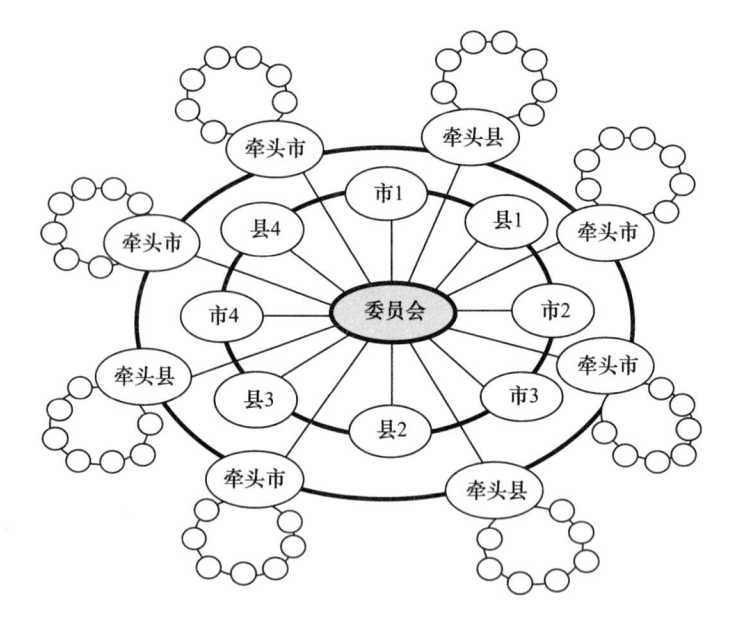

图 6-6　大都市区内的分工合作式治理

2. 市县按区域视野做好定位与分工，在区域"极化—涓滴效应"中谋求发展

府际领域的问题已经转向大都市区内的再分配问题的讨论。[①] 理论研究显示，大都市区内中心区与周边区联动产生"极化—涓滴效应"[②]，即中心区极化效应产生涓滴效应，衍生出购买、投资等经济行为，并提供大量发展机会。当极化效应达到某种程度会产生涓滴效应，极化区会发挥辐射带动作用，促进地区间的良性发展。当然，这种扩散与回流效应是建立在合理的区域分工及治理结构机制之上，比如城市群治理的激励与补偿机制，不但能从区域发展中分享利益，更能因贡献付出而得到补偿。同时，为避免出现区域中的"木桶效应"、单纯"极化效应"和负外部性，需要形成包括主导机制、合作网络和网络管理机制、激励与补偿机制、帮扶机

[①] Daniel Kübler, Philippe E. Rochat. "Fragmented Governance and Spatial Equity in Metropolitan Areas: The Role of Intergovernmental Cooperation and Revenue-Sharing." *Urban Affairs Review*, No. 1, 2018, p. 6.

[②] Albert O. Hirshman. *The Strategy of Economic Development*. New Haven: Yale University Press, 1958.

制与协作机制等。这也同时要求市县在区域涓滴效应过程中扮演积极角色，地级市应发挥微观区域范围内的辐射、带动、协调和催化作用；对县来说，对外积极寻求发展机遇，对内将"县政自治作为县政改革的目标"①，推进强镇扩权改革，发展新型特色城镇和推进乡村振兴，壮大县域实力，优化县域治理，促进共赢。

3. 市县主动融入，在构建合理的都市区域治理机制中发挥作用

公共事务的扩散性和复杂性，决定了区域治理超越了政府权力—行政区域，公共议题朝跨部门与跨区域方向转变。大都市区和城市群中，教育、医疗、卫生、环保等具有跨区域性特征的公共服务需要若干个地方行政主体间的合作甚至协同。一是针对较大跨界争议、难以协调或者虽可协调联合但协调成本高且联合行动效率低的公共服务，组建跨域治理机构。可考虑成立类似国外经法律授权专门提供一项或有限几项区域性公共事务（比如流域管理、污水处理、供水、公园等）的专区（管理局），以解决区域内交界地带的争议和权属。二是针对必须采取联合行动且配置效率高于分散提供的公共服务（比如区域规划与分工、都市圈一体、基础设施共建共享等），基于城市群的空间协作组织与重组达成集中提供。市县应主动融入府际互动论坛，增进互信，发挥"公共信任在策略性伙伴关系中扮演的重要作用"②，通过联合机制对区域性议题和政策进行评估、执行和监督。三是针对适合协作的公共服务，综合运用包括市场机制（委托授权、采购与购买、协议契约等）、社会治理（政府与社会合作，鼓励公民个人、私营部门和非营利组织积极参与区域性事务）甚至网络治理（多主体间的互动网络）等多元合作方式，实现区域治理。

---

① 于建嵘：《超越省管县：县政自治才是治本策》，《经济管理文摘》2009年第5期，第39—40页。

② Jaakko Sivusuo, Josu Takala. "Trust and Strategic Partnerships: Barriers to Developing Dynamic Capabilities in A Public Organization." in Barbara Kożuch, Sławomir J. Magala, Joanna Paliszkiewicz (eds.). *Managing Public Trust*. Gewerbestrasse: Palgrave Macmillian. 2018, pp. 115–132.

参考文献

一 中文部分

（一）著作

[1]《党的十八届三中全会"决定"学习辅导百问》，学习出版社、党建读物出版社2013年版。

[2]《十八大报告辅导读本》，人民出版社2012年版。

[3]《〈中共中央关于坚持和完善中国特色社会主义制度 推进国家治理体系和治理能力现代化若干重大问题的决定〉辅导读本》，人民出版社2019年版。

[4] 薄贵利：《中央与地方关系研究》，吉林大学出版社1991年版。

[5] 曹海军：《国外城市治理理论研究》，天津人民出版社2017年版。

[6] 陈安国：《城市区域合作》，商务印书馆2010年版。

[7] 陈瑞莲：《区域公共管理导论》，中国社会科学出版社2006年版。

[8] 陈瑞莲等：《区域公共管理理论与实践研究》，中国社会科学出版社2008年版。

[9] 陈振明：《公共管理导论》，中国人民大学出版社2003年版。

[10] 戴均良：《中国市制》，中国地图出版社2000年版。

[11] 费孝通：《乡土中国》，上海世纪出版集团2008年版。

[12] 风笑天：《社会学研究方法》，中国人民大学出版社2009年版。

[13] 冯兴元：《地方政府竞争：理论范式、分析框架与实证研究》，译林出版社2010年版。

[14] 何显明：《省直管县改革：绩效预期与路径选择》，学林出版社2009年版。

[15] 黄荣护：《公共管理》，（中国台湾）商鼎文化出版社1998年版。

［16］金太军：《中央与地方政府关系建构与调谐》，广东人民出版社 2005 年版。

［17］寇铁军：《中央与地方财政关系研究》，东北财经大学出版社 1996 年版。

［18］雷志宇：《中国县乡政府间关系研究——以 J 县为个案》，上海人民出版社 2011 年版。

［19］李瑞昌：《政府间网络治理：垂直管理部门与地方政府间关系研究》，复旦大学出版社 2012 年版。

［20］林尚立：《国内政府间关系》，浙江人民出版社 1998 年版。

［21］林水吉：《跨域治理——一个个案研析》，（中国台湾）五南图书出版股份有限公司 2009 年版。

［22］刘彩虹：《整合与分散——美国大都市区地方政府间关系探析》，华中科技大学出版社 2010 年版。

［23］刘君德、靳润成、周克瑜：《中国政区地理》，科学出版社 1999 年版。

［24］刘君德、汪宇明：《制度与创新——中国城市制度的发展与改革新论》，东南大学出版社 2000 年版。

［25］刘亚平：《当代中国地方政府间竞争》，社会科学文献出版社 2007 年版。

［26］楼继伟：《中国政府间财政关系再思考》，中国财政经济出版社 2013 年版。

［27］缪匡华：《福建"省直管县"体制改革实践和探索》，厦门大学出版社 2013 年版。

［28］潘小娟、吕芳：《攻坚：聚焦省直管县体制改革》，中国社会科学出版社 2013 年版。

［29］浦善新：《中国行政区划改革研究》，商务印书馆 2013 年版。

［30］浦善新等：《中国行政区划概论》，知识出版社 1995 年版。

［31］浦兴祖：《当代中国政治制度》，复旦大学出版社 1998 年版。

［32］宋彪：《分权与政府合作——基于决策制度的研究》，中国人民大学出版社 2009 年版。

［33］孙学玉：《垂直权力分合——省直管县体制研究》，人民出版社 2013

年版。

[34] 陶希东：《全球城市区域：跨界治理模式与经验》，东南大学出版社 2014 年版。

[35] 田穗生、罗斌：《地方政府知识大全》，中国档案出版社 1994 年版。

[36] 汪伟全：《地方政府合作》，中央编译出版社 2013 年版。

[37] 王佃利、张莉萍、任德成：《现代市政学》，中国人民大学出版社 2004 年版。

[38] 王佃利：《城市治理中的利益主体行为机制》，中国人民大学出版社 2009 年版。

[39] 王雪丽：《中国"省直管县"体制改革研究》，天津人民出版社 2013 年版。

[40] 王勇：《政府间横向协调机制研究——跨省流域治理的公共管理视界》，中国社会科学出版社 2010 年版。

[41] 吴济华、林皆兴：《跨域治理：县市合并课题与策略》，（中国台湾）巨流图书公司 2012 年版。

[42] 吴金群等：《省管县体制改革现状评估及推进策略》，江苏人民出版社 2013 年版。

[43] 吴理财：《县乡关系：问题与调适》，中国社会科学出版社 2011 年版。

[44] 辛向阳：《百年博弈：中央与地方关系 100 年》，山东人民出版社 2000 年版。

[45] 辛向阳：《大国诸侯：中国中央与地方关系之结》，中国社会出版社 1996 年版。

[46] 薛刚凌：《行政体制改革研究》，北京大学出版社 2006 年版。

[47] 薛立强：《授权体制：改革开放时期政府间纵向关系研究》，天津人民出版社 2010 年版。

[48] 闫思虎：《县域经济论纲》，暨南大学出版社 2005 年版。

[49] 杨宏山：《府际关系论》，中国社会科学出版社 2005 年版。

[50] 叶必丰：《行政协议：区域政府间合作机制研究》，法律出版社 2010 年版。

[51] 张紧跟：《当代中国地方政府间横向关系协调研究》，中国社会科学

出版社 2006 年版。

[52] 张紧跟:《当代中国政府间关系导论》,社会科学文献出版社 2009 年版。

[53] 张可云:《区域大战与区域经济关系》,民主与建设出版社 2001 年版。

[54] 张占斌:《城镇化与优化行政区划设置研究》,河北人民出版社 2013 年版。

[55] 张占斌:《省直管县体制改革的实践创新》,国家行政学院出版社 2009 年版。

[56] 张志红:《当代中国政府间纵向关系研究》,天津人民出版社 2005 年版。

[57] 赵永茂、孙同文、江大树:《府际关系》,(中国台湾)元照出版有限公司 2001 年版。

[58] 赵永茂、朱光磊、江大树、徐斯勤:《府际关系:新兴研究议题与治理策略》,社会科学文献出版社 2012 年版。

[59] 中国行政管理学会:《政府层级管理》,人民出版社 2009 年版。

[60] 周黎安:《转型中的地方政府:官员激励与治理》,格致出版社 2008 年版。

[61] 周振超:《当代中国政府"条块关系"研究》,天津人民出版社 2009 年版。

[62] 周振鹤:《中国历代行政区划的变迁》,中国国际广播出版社 2010 年版。

[63] 朱光磊:《地方政府发展与府际关系》,中国人民大学出版社 2013 年版。

(二) 译著

[1] [法] 皮埃尔·布迪厄、[美] 华康德:《实践与反思》,李猛、李康译,中国翻译出版社 1998 年版。

[2] [美] R. 科斯等:《财产权利与制度变迁》,上海三联书店、上海人民出版社 1994 年版。

[3] [美] W. 理查德·斯科特:《制度与组织——思想观念与物质利益》,姚伟、王黎芳译,中国人民大学出版社 2010 年版。

［4］［美］W. 理查德·斯科特：《组织理论：理性、自然和开放系统》，高俊山译，中国人民大学出版社2011年版。

［5］［美］埃莉诺·奥斯特罗姆：《公共事物的治理之道》，余逊达译，上海三联书店2000年版。

［6］［美］保罗·A. 萨巴蒂尔：《政策过程理论》，彭宗超、钟开斌等译，生活·读书·新知三联书店2004年版。

［7］［美］罗伯特·登哈特、珍妮特·登哈特：《公共行政：一门行动的学问》，谭功荣译，北京大学出版社2013年版。

［8］［美］罗伯特·C. 帕特南：《使民主运转起来》，王列等译，江西人民出版社2001年版。

［9］［美］马克·戈特迪纳、［英］莱斯利·巴德：《城市研究核心概念》，江苏教育出版社2013年版。

［10］［美］文森特·奥斯特罗姆、罗伯特·比什、埃莉诺·奥斯特罗姆：《美国地方政府》，井敏译，北京大学出版社2004年版。

［11］［美］沃尔特·W. 鲍威尔、保罗·J. 迪马吉奥：《组织分析的新制度主义》，姚伟译，上海人民出版社2008年版。

［12］［美］伊丽莎白森·奥沙利文、加里·R. 拉苏尔、莫琳·伯纳：《公共管理研究方法》，王国勤等译，中国人民大学出版社2014年版。

［13］［美］尤金·巴达赫：《跨部门合作》，周志忍、张弦译，北京大学出版社2011年版。

［14］［美］罗纳德·奥克森：《治理地方公共经济》，万鹏飞译，北京大学出版社2005年版。

［15］［日］松村岐夫：《地方自治》，孙新译，经济日报出版社1989年版。

（三）期刊与学位论文

［1］薄贵利：《稳步推进省直管县体制》，《中国行政管理》2006年第9期。

［2］鲍晨辉：《财政体制简化之路慎行——"省直管县"财政体制弊端分析》，《地方财政研究》2007年第1期。

［3］才国伟、黄亮雄：《政府层级改革的影响因素及其经济绩效研究》，《管理世界》2010年第8期。

［4］ 蔡英辉：《我国斜向府际关系初探》，《北京邮电大学学报》（社会科学版）2008年第4期。

［5］ 陈国权、李院林：《地方政府创新与强县发展：基于"浙江现象"的研究》，《浙江大学学报》2009年第6期。

［6］ 迟福林、汪玉凯：《稳步推进"省管县"》，《刊授党校》2009年第4期。

［7］ 崔凤军、陈晓：《"省管县"体制对不同等级行政区域经济发展的影响研究——以浙江省为例》，《经济地理》2012年第9期。

［8］ 戴均良：《行政区划应实行省县二级制——关于逐步改革市领导县体制的思考》，《中国改革》2001年第9期。

［9］ 戴均良：《省直接领导县：地方行政体制的重大改革创新》，《中国改革》2004年第6期。

［10］ 董娟：《央地视阈关系下的派出治理：以日本为例》，《北京行政学院学报》2015年第2期。

［11］ 段七零：《中国现行行政区划的问题分析与改革探究》，《扬州教育学院学报》2003年第1期。

［12］ 方洪：《试论实行省直接领导县的新体制》，《江海学刊》1988年第4期。

［13］ 付长良：《试论理顺地区行政公署的行政区划体制》，《政治学研究》1997年第2期。

［14］ 宫桂芝：《地级市管县：问题、实质及出路》，《理论探讨》1999年第2期。

［15］ 宫桂芝：《我国行政区划体制现状及改革构想》，《政治学研究》2000年第2期。

［16］ 郭峰、汤毅：《地域性城市与县域经济发展："市领导县"体制再评估》，《经济与管理研究》2017年第3期。

［17］ 韩艺：《地方行政层级改革中的市县关系：一个演化模型分析》，《国家行政学院学报》2014年第3期。

［18］ 韩艺：《省直管县体制改革进程中的市县关系——嬗变、困境与优化》，《北京社会科学》2015年第5期。

［19］ 韩艺：《在规范与事实之间：省直管县改革中的市县关系及其优

化》，《北京行政学院学报》2015 年第 4 期。

[20] 韩艺、陈婧：《省直管县改革政策中的府际关系——基于 22 个省的改革文本分析》，《北京行政学院学报》2017 年第 1 期。

[21] 何显明：《从"强县扩权"到"扩权强县"——浙江"省管县"改革的演进逻辑》，《中共浙江省委党校学报》2009 年第 4 期。

[22] 何显明：《市管县体制绩效及其变革路径选择的制度分析——兼论"复合行政"概念》，《中国行政管理》2004 年第 7 期。

[23] 华伟：《城市与市制》，《中国广域》1999 年第 3 期。

[24] 黄胜林：《机构改革呼唤省管县市》，《社会主义研究》1998 年第 5 期。

[25] 姜秀敏、陈华燕、单雄飞：《"省直管县"下的市县关系调整对策》，《大连海事大学学报》（社会科学版）2014 年第 6 期。

[26] 姜秀敏、戴圣良：《我国"省直管县"体制改革的阻力及实现路径解析》，《东北大学学报》（社会科学版）2010 年第 7 期。

[27] 柯善咨：《中国城市与区域经济增长的扩散回流与市场区效应》，《经济研究》2009 年第 8 期。

[28] 李淳：《关于政治体制改革的一些认识与设想》，《内部文稿》1998 年第 2 期。

[29] 李建军、谢欣：《地方财政健康与财政分权——基于湖北省县级数据的实证研究》，《当代财经》2011 年第 7 期。

[30] 李金龙、马珍妙：《行政省直管县体制改革的理性思考》，《湖南师范大学社会科学学报》2015 年第 3 期。

[31] 李院林：《浅析地方政府间的市县互动关系》，《才智》2013 年第 6 期。

[32] 李兆友、陈亮：《从"市管县"体制到"省直管县"体制改革：一个文献综述》，《东北大学学报》（社会科学版）2012 年第 1 期。

[33] 刘福超：《市县协调发展：四川"扩权强县"改革的目标和方向》，《四川省社会主义学院学报》2014 年第 2 期。

[34] 刘佳、马亮、吴建南：《省直管县改革与县级政府财政解困——基于 6 省面板数据的实证研究》，《公共管理学报》2011 年第 7 期。

[35] 刘佳、吴建南、吴佳顺：《省直管县改革对县域公共物品供给的影

响——基于河北省 136 县（市）面板数据的实证分析》，《经济社会体制比较》2012 年第 1 期。

［36］刘尚希：《改革成果存续时间是否太短——对"省直管县"欢呼背后的冷思考》，《人民论坛》2009 年第 2 期。

［37］刘铮：《省直管县改革的新路径：构建新型市县关系》，《行政管理改革》2015 年第 8 期。

［38］陆军：《省直管县：一项地方政府分权实践的隐性问题》，《国家行政学院学报》2010 年第 3 期。

［39］罗珉、何长见：《组织间关系：界面规则与治理机制》，《中国工业经济》2006 年第 5 期。

［40］罗珉：《组织间关系理论研究的深度与解释力辨析》，《外国经济与管理》2008 年第 1 期。

［41］罗湘衡：《对"市管县"和"省管县"体制的若干思考》，《地方财政研究》2009 年第 4 期。

［42］骆祖春：《省直管县财政体制改革的成效、问题和对策研究》，《经济体制改革》2010 年第 3 期。

［43］马春笋、张可云：《我国行政区划基本问题与走向探讨》，《中国行政管理》2009 年第 3 期。

［44］马骁、冯俏彬：《大省财政"省直管县"改革中的问题与对策》，《中国财政》2010 年第 4 期。

［45］马彦琳：《城乡分治与城乡合治——中国大陆城市型政区发展的回顾与展望》，《华中科技大学学报》（社会科学版）2006 年第 3 期。

［46］缪匡华：《"省直管县"体制改革中地级市面临的问题研究》，《天津师范大学学报》（社会科学版）2010 年第 6 期。

［47］宁静、赵国钦、贺俊程：《省直管县财政体制改革能否改善民生性公共服务》，《经济理论与经济管理》2015 年第 5 期。

［48］庞明礼、石珊、金舒：《省直管县财政体制改革的困境与出路》，《财政研究》2013 年第 4 期。

［49］庞明礼、徐干：《"强县扩权"体制改革的文本分析》，《北京行政学院学报》2015 年第 4 期。

［50］庞明礼：《"市管县"的悖论与"省管县"的可行性研究》，《北京

行政学院学报》2007 年第 4 期。

［51］任卫东、吴亮：《审视行政"第三级"》，《瞭望新闻周刊》2004 年第 23 期。

［52］孙学玉、伍开昌：《当代中国行政结构扁平化的战略构想——以市管县体制为例》，《中国行政管理》2004 年第 3 期。

［53］孙学玉、伍开昌：《构建省直接管理县市的公共行政体制》，《政治学研究》2004 年第 1 期。

［54］孙学玉：《撤销地区、市县分治：行政区划调整新构想》，《江海学刊》1998 年第 1 期。

［55］孙学玉：《省直管县市体制改革建议》，《瞭望新闻周刊》2004 年 10 期。

［56］锁利铭：《地方政府间正式与非正式协作机制的形成与演变》，《地方治理研究》2018 年第 1 期。

［57］汪宇明：《中国省直管县市与地方行政区划层级体制的改革研究》，《人文地理》2004 年第 6 期。

［58］王翀、严强：《"市管县"到"省管县"：基于政策终结的视角》，《南京社会科学》2012 年第 3 期。

［59］王春霞：《市管县体制：变迁、困境和创新》，《城乡建设》2000 年第 12 期。

［60］王佃利：《市管县实践的反思："复合行政"的视角》，《北京行政学院学报》2004 年第 4 期。

［61］王金炳：《对市管县体制的再思考》，《中国农业银行武汉培训学院学报》2007 年第 5 期。

［62］王娜：《"省直管县"体制下的市县关系新发展——基于复合行政的理念》，《惠州学院学报》（社会科学版）2011 年第 4 期。

［63］王庭槐、卞维庆：《市管县行政体制剖析及改革设想》，《南京师大学报》1995 年第 4 期。

［64］王雪丽：《新中国成立以来市县关系的逻辑演化与重构——兼论"省直管县（市）"改革》，《中共浙江省委党校学报》2011 年第 5 期。

［65］魏加宁：《日本政府间事权划分的考察报告》，《经济社会体制比较》

2007年第2期。

［66］文剑、光福:《行政领导体制必须适应经济发展的要求——关于"省直接领导县"新体制的设想》,《唯实》1988年第3期。

［67］吴金群:《省管县改革进程中市县竞合关系的演变与比较》,《江苏行政学院学报》2016年第6期。

［68］吴帅、陈国权:《中国地方府际关系的演变与发展趋势——基于"市管县"体制的研究》,《江海学刊》2008年第1期。

［69］吴帅:《"省管县"改革的维度与进度:基于政策文本的分析》,《北京行政学院学报》2010年第6期。

［70］伍开昌:《论市管县体制之局限性及新行政体制的构建》,《福建行政学院福建经济管理干部学院学报》2003年第3期。

［71］谢庆奎:《中国政府的府际关系研究》,《北京大学学报》(哲学社会科学版)2000年第1期。

［72］徐继敏、杨静愉:《我国"省直管县"改革现状评估及进一步改革建议》,《广西社会科学》2017年第11期。

［73］徐雪梅、王洪运、王宁:《"省直管县"管理体制改革对策研究——以辽宁省为个案》,《财政研究》2011年第2期。

［74］徐竹青:《省管县建制模式研究——以浙江为例》,《中共浙江省委党校学报》2004年第6期。

［75］杨德强:《省直管县财政改革需要处理好五大关系》,《财政研究》2010年第3期。

［76］杨宏山:《"省管县"体制改革:市县分离还是混合模式》,《北京行政学院学报》2014年第1期。

［77］杨文彬:《论河北省直管县改革与政府间关系重构》,《法制与社会》2016年第2期。

［78］杨志勇:《省直管县财政体制改革研究——从财政的省直管县到重建政府间财政关系》,《财贸经济》2009年第11期。

［79］姚中秋:《重构市制》,《文化纵横》2013年4月10日。

［80］叶敏:《增长驱动、城市化战略与市管县体制变迁》,《公共管理学报》2012年第2期。

［81］贠杰:《浙江"省管县"财政体制及其对我国行政体制改革的启

示》,《江苏行政学院学报》2008 年第 1 期。

[82] 张尔升、李雪晶:《管理层次及其相关变量的经济效应——来自中国典型的省直管县的证据》,《江南大学学报》(人文社会科学版) 2011 年第 4 期。

[83] 张国云:《浙江:从"市管县"到"省管县"》,《中国经济》2003 年第 30 期。

[84] 张铁军:《"市管县"体制的困境与"省管县"体制改革的可行性研究》,《厦门特区党校学报》2010 年第 5 期。

[85] 张银喜:《改革地方行政区划和设置的建议》,《中国行政管理》2001 年第 5 期。

[86] 张占斌:《城镇化发展与省直管县改革战略研究》,《中国机构改革与管理》2011 年第 2 期。

[87] 张占斌:《省直管县改革的经济学解析》,《广东商学院学报》2009 年第 4 期。

[88] 张占斌:《省直管县改革新试点:省内单列与全面直管》,《中国行政管理》2013 年第 3 期。

[89] 张占斌:《稳步推出省直管县改革配套政策》,《行政改革内参》2011 年第 3 期。

[90] 张占斌:《新型城镇化进程中的省直管县改革研究》,《西南大学学报》(社会科学版) 2014 年第 7 期。

[91] 张占斌:《政府层级改革与省直管县实现路径研究》,《经济与管理研究》2007 年第 4 期。

[92] 张仲梁:《看不见的城墙——城市化进程中的行政区划问题》,《中国统计》2002 年第 3 期。

[93] 郑定铨:《论市领导县体制》,《中国行政管理》1992 年第 3 期。

[94] 郑风田:《不宜神化"省直管县"》,《人民论坛》2009 年第 18 期。

[95] 周宝砚:《地方机构改革难点与对策分析》,《行政论坛》1999 年第 1 期。

[96] 周黎安:《中国地方官员的晋升锦标赛模式研究》,《经济研究》2007 年第 7 期。

[97] 周密:《我国区域经济中的"极化陷阱"及其内在机理》,《现代经

济探讨》2009 年第 5 期。

［98］ 周仁标:《市领导县体制的战略意涵、历史嬗变及重构理路》,《社会主义研究》2011 年第 2 期。

［99］ 周武星、田发、蔡志堂:《省管县改革对经济增长的实证研究——来自浙江省各县的经验分析》,《哈尔滨商业大学学报》2014 年第 4 期。

［100］ 周湘智:《我国省直管县（市）研究中的几个问题》,《科学社会主义》2009 年第 6 期。

［101］ 周一星、胡大鹏:《市带县体制对辖县经济影响的问卷调查分析》,《经济地理》1992 年第 1 期。

［102］ 周宇航:《省直管县体制改革中省市县政府关系研究——以河南省邓州市为例》,《学术园地》2012 年第 1 期。

［103］ 朱光磊、张志红:《职责同构批判》,《北京大学学报》2005 年第 1 期。

［104］ 曾祥瑞:《日本地方自治法研究》,博士学位论文,中国政法大学,2005 年。

［105］ 李清芳:《市县关系的法律研究》,博士学位论文,中国政法大学,2005 年。

二 英文部分

（一）著作

［1］ Adma M. Brandanburger, Baryr M. Nalbeuff. *Co-opetition*. New York: Doubleday. 1996.

［2］ Bian Yanjie. "Guanxi Capital and Social Eating in Chinese Cities: Theoretical Models and Empirical Analyses." in Nan Lin, Karen Cook, Ronald. S. Burt (eds.). *Social Capital: Theory and Research*. New York: Aldine De Gruyter. 2001.

［3］ Brian Fay, J. Donald Moon. "What Would an Adequate Philosophy of Social Science Look Like?" in Michael Martin, Lee C. McIntyre (eds.). *Reading in the Philosophy of Social Science*. Cambridge: MIT Press. 1994.

［4］ Bruce L. Berg. *Qualitative Research Methods for the Social Sciences*. MA:

Allyn & Bacon, 2001.

[5] Carl W. Stenberg, David K. Hamilton. *Intergovernmental Relations in Transition: Reflections and Directions*. New York: Routlege, 2018.

[6] CatherineAlter, Jerald Hage. *Organizations Working Together*. London: Sage Publications. 1993.

[7] Chris Huxham. *Creatig Collaborative Advantage*. London: Sage Publications. 1996.

[8] Karen S. Christensen. *Cities and Complexity: Making Intergovernmental Decisions*. London: Sage. 1999.

[9] David K. Hamilton. *Governing Metropolitan Areas*. New York: Routledge. 2014.

[10] David Rusk. *Cities without suburbs*. Washington, DC: Woodrow Wilson Center Press. 1993.

[11] Deil S. Wright. *Understanding Intergovernmental Relations*. California: Brooks/Cole Publishing Company, 1988.

[12] Deil S. Wright. *Understanding Intergovernmental Relations* (3rd). California: Pacific Grove, Brooks/Cole. 1998.

[13] Deil S. Wright, Carl W. Stenberg. "Federalism, Intergovernmental Relations and Intergovernmental Management: the Origins, Emergence, and Maturity of Three Concepts across Two Centuries of Organizing Power by Area and by Function." in Jack Rabin, W. Bartley Hildreth, Gerald J. Miller (eds.). *Handbook of Public Administration*. BocaRaton: CRC Press. 2007.

[14] Deil. S. Wright. "A Century of the Intergovernmental Administrative State." in Ralph C. Chandler (eds.). *A Centennial History of the American Administrative State*. New York: Free Press. 1987.

[15] Donald Haider. *When governments come to Washington: Governors, Mayors and Intergovernmental Lobbying*. New York: The Free Press, 1974.

[16] Early Babbie. *The Practice of Social Research* (12th). Belmont, California: Wadsworth, 2010.

[17] Henry Nicholas. *Public Administration and Public Affairs* (10th). New

Jersey: Pearson Prentice Hall. 2007.

[18] James D. Thompson. *Organization in Action*. New York: McGraw Hill. 1967.

[19] Jan Kooiman. *Governing as Governance*. London: Sage. 2003.

[20] Jay M. Shafritz, E. W. Russell. *Introducing Public Administration* (3rd). New York: Addison Wesley Longman, Inc. 2003.

[21] Jered B. Carr, Behtany G. Sneed. "The Politics of City-County Consolidation: Findings from a National Study." in Jered B. Carr, Richard C. Feiock (eds.). *City County Consolidation and Its Alternatives*. New York: Routledge. 2004.

[22] Jerry Wellington, etal. *Succeeding with Your Doctorate*. London: Sage Publications Ltd. 2005.

[23] Jon Pierre, Guy B. Peters. *Governing Complex Societies*. New York: Palgrave Macmillan. 2005.

[24] Kurt Lewin. *Field Theory in Social Science*. London: Harper and Row, 1951.

[25] Laurence J. O'Toole. "American Intergovernmental Relations: An Overview." in Richard J. Stillman II. *Public Administration: Concepts and Cases*. Boston: Houghton Mifflin Company, 2000.

[26] Laurence J. O'Toole, Jr. Robert K Christensen. *American Intergovernmental Relations: Foundations, perspectives and issues* (5th). California: CQ Press. 2012.

[27] Martha Derthick. *The Influence of Federal Grants: Public Assistance in Massachusetts*. Massachusetts: Harvard University Press, 1970.

[28] OECD. *Managing Across Levels of Government*. Paris: OECD. 1997.

[29] Patricia Gosling, Bart Noordam. *Mastering Your PhD: Survival and Success in the Doctoral Years and Beyond*. Berlin: Springer, 2006.

[30] Paul R. Dommel. "Intergovernmental relations." in Richard D. Bingham etal (eds.). *Managing Local Government: Public Administration in Practice*. California: Sage Publications. 1991.

[31] Philip Selznick. *TVA and the Grass Roots: A Study in the Sociology of Formal Organization*. Berkeley: University of California Press. 1949.

[32] R. A. W. Rhodes. *Understanding Governance: Policy Networks, Governance,*

Reflexivity and Accountability. Buckingham: Open University Press. 1997.

[33] Richard C. Feiock. *Metropolitan Governance: Conflict, Competition and Cooperation*. Washington, D. C.: Georgetown University Press. 2004.

[34] Robert Agranoff, Michael McGuire. *Collaborative Public Management: New Strategies for local Governments*. Washington, D. C: Georgetown University Press, 2003.

[35] Robert Agranoff. *Managing Within Networks: Adding Value to Public Organizations*. Washington, D. C.: Georgetown University Press. 2007.

[36] Robert B. Denhardt, Janet V. Denhard. *Public Administration: An Action Orientation*. Cengage Learning. 2008.

[37] Robert W. Gage, Myrna P. Mandell (eds.). *Strategies for Managing Intergovernmental Policies and Networks*. NewYork: Praeger. 1990.

[38] Stephens G. Ross, Nelson Wikstrom. *American Intergovernmental Relations: A Fragmented Federal Polity*. Oxford: Oxford University Press. 2007.

[39] Steven Van Evera. *Guide to Methods for Students of Political Science*. Ithaca: Cornell University. 1997.

[40] Vincent Kouwenhoven. "The Rise of the Public Private Partnership: A Model for the Management of Public-Private Cooperation." in Jan Kooiman (eds.). *Modern Governance: New Government-Society Interactions*. London: Sage Publications. 1993.

[41] W. Phillips Shively. *The Craft of Political Research* (9th). New Jersey: Pearson, 2013.

[42] Walter A. Rosenbaum, Gladys M. Kammerer. *Against Long Odds: The Theory and Practice of Successful Governmental Consolidation*. California: Beverly Hills. Sage Publications, 1974.

[43] Walter J. M. Kickert, Erik-H. Klijn, Joop F. M. Koppenjan (eds.). *Managing Complex Networks: Strategies for the Public Sector*. London: Sage Publications Ltd. 1997.

[44] William Anderson. *Intergovernmental Relations in Review*. Minneapolis: University of Minnesota Press. 1960.

(二) 期刊

［1］ Andrew H. Van de Ven. "On the Nature, Formation, and Maintenance of Relations among Organizations." *Academy of Management Review*, Vol. 1, No. 4, 1976.

［2］ Andrew W. Hoffman. "Institutional Evolution and Change: Environmentalism and the U. S. Chemical Industry." *Academy of Management Journal*, Vol. 42, No. 2, 1999.

［3］ Ann Marie Thomson, James L. Perry. "Collaboration Processes: Inside the Black Box." *Public Administration Review*, Vol. 66, No. S1, 2006.

［4］ Brendan F. Burke. "Understanding Intergovernmental Relations, Twenty-five Years Hence." *State and Local Government Review*, Vol. 46, No. 1, 2014.

［5］ Brett W. Hawkins, Keith J. Ward, Mary P. Becker. "Governmental Consolidation As A Strategy For Metropolitan Development." *Public Administration Quarterly*, Vol. 15, No. 2, 1991.

［6］ Bruce D. McDowell. "Reflections on the Spirit and Work of the U. S. Advisory Commission on Intergovernmental Relations." *Public Administration Review*, Vol. 71, No. 2, 2011.

［7］ Carl W. Stenberg, David B. Walker. "Federalism and the Academic Community: A Brief Survey." *Political Science and Politics*, Vol. 2, No. 2, 1969.

［8］ Carol A. Hackley, Qing W. Dong. "American Public relations Networking Encounters China's Guanxi." *Public Relations Quarterly*, 2001 (summer).

［9］ Charles M. Tiebout. "A Pure Theory of Expenditures." *The Journal of Political Economy*, Vol. 64, No. 5, 1956.

［10］ Chris Huxham, David Macdonald. "Introducing Collaborative Advantage: Achieving Inter-organizational Effectiveness through Meta-strategy." *Management Decision*, Vol. 30, No. 3, 1992.

［11］ Christine Oliver. "Determinants Interorganizational Relationships: Integration and Future Directions." *The Academy of Management Review*,

Vol. 15, No. 2, 1990.

[12] Clenn Abney, Thomas A. Henderson. "An Exchange Model of Intergovernmental Relations: State Legislators and Local Officials." *Social Science Quarterly*, Vol. 59, No. 4, 1979.

[13] Clyde F. Snider. "County and Township Government in 1935–1936." *American Political Science Review*, Vol. 31, No. 5, 1937.

[14] Dagney Faulk, Suzanne M. Leland, D. Eric Schansberg. "The Effects of City-County Consolidation: A Review of the Recent Academic Literature." http://www.state.in.us/legislative/interim/committee/2005/committees/prelim/MCCC02.pdf.

[15] Daniel J. Elazar. "The Shaping Intergovernmental Relations in The Twentieth Century." *The ANNALS of the American Academy of Political and Social Science*, Vol. 359, No. 1, 1965.

[16] Daniel Kübler, Philippe E. Rochat. "Fragmented Governance and Spatial Equity in Metropolitan Areas: The Role of Intergovernmental Cooperation and Revenue-Sharing." *Urban Affairs Review*, No. 1, 201.

[17] David B. Walker. "Snow White and the 17 Dwarfs: From Metro Cooperation to Governance." *National Civic Review*, Vol. 76, No. 1, 1987.

[18] David B. Walker. "Intergovernmental Relations and Dysfunctional Federalism." *National Civic Review*, Vol. 70, No. 2, 1981.

[19] David B. Walker. "Intergovernmental Relations and the Well-Governed City: Cooperation, Confrontation, Clarification." *National Civic Review*, Vol. 75, No. 2, 1986.

[20] David Cameron. "The Structures of Intergovernmental Relations." *International Social Science Journal*, Vol. 53, No. 167, 200.

[21] David Lowery. "A Transaction Costs Model of Metropolitan Governance: Allocation VS Redistribution in Urban America." *Journal of Public Administration Research and Theory*, Vol. 10, No. 1, 2000.

[22] David Lowery. "Metropolitan governance structures from a Neoprogressive perspective." *Swiss Political Science Review*, Vol. 7, No. 3, 2001.

[23] Deil S. Wright. "Intergovernmental Relations: an Analytical Overview."

The ANNALS of the American Academy of Political and Social Science, Vol. 416, No. 1, 1974.

[24] Dennis R. Young. "Alternative Models of Government Nonprofit Sector Relations: Theoretical and International Perspectives." *Nonprofit and Voluntary Sector Quarterly*, Vol. 29, No. 1, 2000.

[25] Douglas M. Fox. "Review Essay: The Study of Intergovernmental Relations Comes of Age." *American Politics Research*, Vol. 4, No. 4, 1976.

[26] Elinor Ostrom. "Crossing the Great Divide: Coproduction, Synergy and Development." *World Development*, Vol. 24, No. 6, 1996.

[27] Gerry Stocker. "Public Value Management: A New Narrative for Networked Governance." *The American Review of Public Administration*, Vol. 36, No. 1, 2006.

[28] Gerry Stocker. "Intergovernmental Relations." *Public Administration*, Vol. 73, No. 1, 1995.

[29] Guy B. Peters. "Managing Horizontal Government: The Politics of Coordination." *Public Administration*, Vol. 76, No. 2, 1998.

[30] Hank V. Savitch, Ronald K. Vogel. "Path to New Regionalism." *State and Local Government Review*, Vol. 32, No. 3, 2000.

[31] J. E Benton, Darwin Gmable. "City-County Consolidation and Economies of Scale: Evidence from a Time Series Analysis in Jacksonville, Florida." *Social Science Quarterly*, Vol. 65, No. 1, 1984.

[32] Janet A. Weiss. "Pathways to Cooperation among Public Agencies." *Journal of Policy Analysis and Management*, Vol. 7, No. 1, 1987.

[33] Jered B. Carr, Richard C. Feiock. "Metropolitian Government and Economic Development." *Urban Affairs Review*, Vol. 34, No. 3, 1999.

[34] John Bryson, Alessandro Sancino, John Benington and Eva Sørensen. "Towards A Multi-Actor Theory of Public Value Co-Creation." *Public Management Review*, Vol. 19, No. 5, 2017.

[35] John Kincaid, Richard L. Cole. "Is the Teaching of federalism and Intergovernmental Relations Dead or Alive in U. S. Public Administration?" *Journal of Public Affairs Education*, Vol. 22, No. 4, 2016.

[36] John Kincaid, Carl W. Stenberg. "'Big Questions' about Intergovernmental Relations and Management: Who Will Address Them?" *Public Administration Review*, Vol. 71, No. 2, 2011.

[37] John Kincaid, Richard L. Cole. "Is the Teaching of federalism and Intergovernmental Relations Dead or Alive in U. S. Public Administration?" *Journal of Public Affairs Education*, Vol. 22, No. 4, 2016.

[38] John Phillimore. "Understanding Intergovernmental Relations: Key Features and Trends." *Australian Journal of Public Administration*, Vol. 72, No. 3, 2013.

[39] Jonas Prager. "Contracting out Government Services: Lessons from the Private Sector." *Public Administration Review*, Vol. 54, No. 2, 1994.

[40] Julie C. Olberding. "Does Regionalism Beget Regionalism? The Relationship between Norms and Regional Partnerships for Economic Development." *Public Administration Review*, Vol. 62, No. 4, 2002.

[41] Jun Ma. "Monetary Management and Intergovernmental Relations in China." *World Development*, Vol. 24, No. 1, 1996.

[42] Keith G. Provan, Jörg Sydow, Nathan P. Podsakoff. "Network Citizenship Behavior: Toward a Behavioral Perspective on Multi-organizational Networks." *Academy of Management Annual Meeting Proceedings*, No. 1, 2014.

[43] Laurence J. O'Toole, Jr. "Treating Networks Seriously: Practical and Research-Based Agendas in Public Administration." *Public Administration Review*, Vol. 57, No. 1, 1997.

[44] David Lowery. "A Transaction Costs Model of Metropolitan Governance: Allocation VS Redistribution in Urban America." *Journal of Public Administration Research and Theory*, Vol. 10, No. 1, 2000.

[45] Maria Holmlund, Jan-Åke Törnroos. "What Are Relationships in Business Networks?" *Management Decision*, Vol. 35, No. 4, 1997.

[46] Mark Granovetter. "Economic Action and Social Structure: The Problem of Embeddedness." *The American Journal of Sociology*, Vol. 91, No. 3, 1985.

[47] Mark Granovetter. "The Strength of Weak Ties." *American Journal of Sociology*, Vol. 78, No. 1, 1973.

[48] Michael McGuire. "Intergovernmental Management: A View from the Bottom." *Public Administration Review*, Vol. 66, No. 5, 2006.

[49] Michael T. Hannan, John Freeman. "Structural Inertia and Organizational Change." *American Sociological Review*, Vol. 49, No. 2, 1984.

[50] Paul J. Dimaggio, Walter W. Powell. "The Iron Cage Revisited: Institutional Isomorphism and Collective Rationality in Organizational Fields." *American Sociological Review*, Vol. 48, No. 2, 1983.

[51] Richard C. Box. "Teaching Intergovernmental Relations and Management." *Journal of Public Administration Education*, Vol. 1, No. 1, 1995.

[52] Richard C. Feiock. "City County Consolidation Efforts: Selective Incentives and Institutional Choice." Available on line. http://localgov.fsu.edu/publication_files/Feiock&Park&Kang_Consolidation_K3.pdf.

[53] Richard C. Feiock. "The Institutional Collective Action Framework." *The Policy Studies Journal*, Vol. 41, No. 3, 2013.

[54] Robert Agranoff, Beryl A. Radin. "Deil Wright's Overlapping Model of Intergovernmental Relations: The Basis for Contemporary Intergovernmental Relationships." Paper Prepared for the DEIL S. WRIGHT SYMPOSIUM (Understanding Intergovernmental Relations: Reflections and Directions). ASPA 2014 Conference, March 14, 2014.

[55] Robert Agranoff, Michael McGuire. "Expanding Intergovernmental Management's Hidden Dimensions." *The American Review of Public Administration*, Vol. 29, No. 4, 1999.

[56] Robert Agranoff, Michael McGuire. "Inside the Matrix: Integrating the Paradigms of Intergovernmental and Network Management." *International Journal of Public Administration*, Vol. 26, No. 12, 2003.

[57] Robert Agranoff. "Autonomy, Devolution and Intergovernmental Relations." *Regional & Federal Studies*, Vol. 14, No. 1, 2004.

[58] Ronald M. Burns. "Intergovernmental Relations in Canada." *Public Administration Review*, Vol. 33, No. 1, 1973.

[59] Suzanne M. Leland, Kurt Thurmaier. "Metropolitan Consolidation Success: Returning to the Roots of Local Government Reform." *Public Administration Quarterly*, Vol. 24, No. 2, 2000.

[60] Sharon S. Dawes. "Interagency Information Sharing: Expected Benefits." *Journal of Policy Analysis and Management*, Vol. 15, No. 3, 1996.

[61] Stephen E. Condrey. "Organizational and Personnel Impacts of City-County Consolidation." *Journal of Urban Affairs*, Vol. 16, No. 4, 1994.

[62] Vincent Ostrom, Charles M. Tiebout, Robert Warren. "The Organization of Government in Metropolitan Areas: A Theoretical Inquiry." *The American Political Science Review*, Vol. 55, No. 3, 1961.

[63] Vincent Ostrom, Elinor Ostrom. "A Behavioral Approach to the Study of Intergovernmental Relations." *The ANNALS of the American Academy of Political and Social Science*, Vol. 359, No. 1, 1965.

[64] Vivien Lowndes, Chris Skelcher. "The Dynamics of Multi-Organizational Partnerships: An Analysis of Changing Modes of Governance." *Public Administration*, Vol. 76, No. 2, 1998.

后　　记

从选择行政管理专业学习与研究以来，迄今已愈二十余年，行政改革一直是自身的研究兴趣与方向。本著作从确定选题、实践调查、研究过程到完成初稿历经6年，完稿后由于工作繁忙、研究焦点转移等原因耽搁了修订完善，至去年才重新拾起历经修改后完成定稿。地方行政层级改革主题缘起于我主持的第一个国家社科基金，正是国家社科基金的资助，让我获得这一领域研究项目支持的同时，能够通过在对地方行政层级改革中的市管县体制、省直管县体制、市县关系研究基础上，对府际关系理论特别是市县关系理论、地方行政层级做了一些探索，或可对地方行政层级改革、府际关系领域里的学术研究贡献绵薄之力。

公共管理研究的难点之一是全面的调查研究。为了完成行政层级改革这一研究，2013—2016年，我带领课题组对当时探索省直管县体制改革的多个省份和市县进行了调查研究，通过对政府部门的人员访谈、座谈、问卷，获得了宝贵的案例素材、实践经验与情况反馈。可以说，没有这些实务部门慷慨接受调研和相关受访对象的访谈与问卷支持，本书难以顺利完成。在此，特别感谢为课题研究提供调研帮助与支持的所有部门、受访干部以及大量的问卷填写对象！也感谢赖廷桢、杨开挺、谢婷、刘莎莎、许玉婷、万双、陈婧等十多位研究生对调研的参与和调研资料总结。当然，由于人力、物力、时间、资料以及个人能力的限制，本书研究与预期还是存在差距，在全面准确的研究结果方面或有所欠缺。

市县关系是地方治理的基点，地方行政层级改革是适应行政环境的调适过程。相信在党和国家的领导下，地方治理结构不断完善，未来市县关系不断优化，基层治理体系与治理能力现代化加快推进和实现。

本书是对地方行政层级改革、市县关系领域的一种探索，然由于个人能力限制，著中难免有不当之处，恳请学界同仁不吝赐教。本著作的顺利付梓得益于国家社科基金和南昌大学"哲学社会科学学术精品培育资助"项目的大力支持，对此，谨表示诚挚谢意。同时，也由衷感谢中国社会科学出版社编辑在出版过程中所付出的辛勤劳动。最后，感谢我的家人、感谢钰淇，尤其是年过七旬的父母，养育之恩无以回报，唯有在学术上不断努力以聊表谢意。

韩 艺

2023年3月22日于文法楼潜心阁